2018优秀统计课题集粹
浙江省统计局 编

GLAMOUROUS
DATA

数字的魅力

基于统计视野的
浙江经济社会发展研究
（2018）

浙江工商大学出版社
ZHEJIANG GONGSHANG UNIVERSITY PRESS

图书在版编目(CIP)数据

　　数字的魅力：基于统计视野的浙江经济社会发展研
究. 2018 / 浙江省统计局编. — 杭州：浙江工商大学
出版社，2019.7
　　ISBN 978-7-5178-3270-6

　　Ⅰ. ①数… Ⅱ. ①浙… Ⅲ. ①区域经济发展－研究－
浙江②社会发展－研究－浙江 Ⅳ. ①F127.55

　　中国版本图书馆 CIP 数据核字(2019)第 121079 号

数字的魅力
——基于统计视野的浙江经济社会发展研究(2018)
SHUZI DE MEILI
——JIYU TONGJI SHIYE DE ZHEJIANG JINGJI SHEHUI FAZHAN YANJIU(2018)

浙江省统计局 编

责任编辑	吴岳婷
封面设计	林朦朦
责任校对	郑梅珍
责任印制	包建辉
出版发行	浙江工商大学出版社
	(杭州市教工路 198 号　邮政编码 310012)
	(E-mail:zjgsupress@163.com)
	(网址:http://www.zjgsupress.com)
	电话:0571－88904980,88831806(传真)
排　　版	杭州朝曦图文设计有限公司
印　　刷	杭州恒力通印务有限公司
开　　本	710mm×1000mm　1/16
印　　张	19.25
字　　数	286 千
版印次	2019 年 7 月第 1 版　2019 年 7 月第 1 次印刷
书　　号	ISBN 978-7-5178-3270-6
定　　价	54.00 元

目　录

浙江开展新经济统计的探索和实践

随着以新产业、新业态、新商业模式为代表的新经济的迅猛发展,新经济统计问题引起了人们的普遍关注。浙江省是我国新经济发展最活跃的地区之一,也是全国"三新"统计试点地区之一。近几年来,我们贯彻落实国家统计局的部署,结合浙江实际情况,在新经济统计方面开展了一些探索性的工作。

一、统筹推进新经济统计工作

新经济统计工作是一项系统工程,必须在科学理论指导下,借鉴国际经验,理清工作思路,统筹加以推进,避免少走弯路和事倍功半。一是加强新经济统计的整体研究和顶层设计。国际经验表明,"尽可能全面度量新经济"是开展新经济统计的一个重要原则。经合组织(OECD)等主要国际组织共同指出:"必须找到一种方法并运用现有的全部统计数据资源来描述新经济或新经济现象……单纯依靠单个现象来描述新经济存在危险性,即这种方法遗漏了其他重要因素,诸如 GDP 核算、全要素生产率的提升、知识和技术的开发与创新、国家和国际层面的竞争加剧、供需匹配改进等。因此,找出一种尽可能全面描述因新经济的出现而导致宏观经济各种结构性变化的方法非常重要。"[①]这就要求我们必须从国民经济核算的角度出发,以满足测算和分析新经济活动规模、结构和质量为目标,避免出现统计上的"真

---

① 转引自国家统计局内部资料《国际统计界认识和测算新经济的做法》,第 2 页。

空地带",或者产生新经济统计"进不来、分不开、抓不住"等问题。为此,我们加强统筹规划,在认真执行国家统计局制定的"三新"统计报表制度的基础上,结合浙江实际,有重点、有步骤地开展新经济统计研究和试点。加强国民经济核算与专业统计之间、各专业统计之间的相互衔接,加强专业联动,使各专业在新经济统计工作中各司其职,通力协作。统筹省、市、县三级各类新经济统计试点工作,加强试点的针对性和有效性,避免一哄而起和低水平重复试点。

二是把解决各种新经济活动的漏统问题作为新经济统计的出发点和落脚点。习近平总书记指出,统计工作既要去水分,也要避免对各种新经济活动的漏统。避免对新经济活动的漏统,是新经济统计工作最主要的目标。2016年浙江被列为全国"三新"统计试点地区之后,我们明确提出,新经济统计不能就事论事,也不是为了单纯反映某个领域新经济发展状况,而是要着力解决新经济活动的出现造成GDP总量漏统和增速低估问题。为此,把解决新经济活动漏统问题作为"三新"统计工作的出发点和落脚点,积极探索建立新经济统计调查制度,努力使工作成果在相关行业增加值乃至GDP核算中能够得到实实在在的体现。

三是把推动大数据等现代信息技术的应用作为新经济统计的重要内容。新经济对政府统计带来挑战的核心在于,根据现有调查手段,有可能造成一些新经济活动被漏统或低估。OECD、欧盟统计局和联合国统计委员会于2000年共同指出:"由信息通信技术(ICT)等引发的新经济带来大量新产品、新服务、新的商业模式,以及新的经济活动等,这些基于互联网的持续创新为国民经济核算带来了挑战。"如果按现有统计制度方法的要求,许多新经济活动在数据来源、数据采集等方面都会面临很多困难。经合组织2016年6月的一份报告指出,GDP完全不能顺应经济的数字化趋势。在互联网上提供民宿中介服务的美国空中食宿网站市值总额堪比希尔顿酒店,但它对GDP的影响难以量化。依靠现有的统计方法,即便在传统行业也无法进行一以贯之的测定。新经济统计要运用新技术手段。现代信息技术与互联网、物联网、云计算技术的快速发展,使人类进入大数据时代。比如在网络销售领域,一些电子商务平台每天在生产经营的同时,积累了数以百万计的交易信息。利用现有统计手段,显然无法捕获通过互联网平台发生的大量新经济活动。因此,必须大力推动互联网、大数据、云计算等现代信息技术在新经济统计工作中的应用。

二、探索测算"三新"经济增加值

国际统计界有一种观点认为,新经济的发展产生了国民经济核算体系2008能否准确测度新经济的问题,因此有必要修订和完善2008年联合国《国民账户体系》。而在研究层面,已有一些国家较早开展新经济的测算工作。美国商务部经济分析局于2000年发表了《测算新经济》研究报告[①],法国国家统计局于2001年发表了《新经济与国内生产总值增长的测算》的研究报告[②],瑞典于2001年成立了由国家统计局牵头,由政府有关部门、研究机构和互联网公司等构成的工作组,梳理测算新经济的数据缺口,研究测算新经济对GDP及其增速,以及对价格、劳动生产率、就业等方面的影响。借鉴国际统计界的做法和经验,我们也以测算新经济增加值及其对经济增长的贡献作为新经济统计的重要内容。浙江在实践中主要有两种做法。

一是采用"行业法"。这是浙江省统计局的做法。主要根据国家统计局制定的《新产业新业态新商业模式统计分类(试行)》,结合浙江实际情况,进行"三新"经济增加值的测算。在核算范围上,在国家确定的9个大类、50个中类、278个小类(最新的《新产业新业态新商业模式统计分类(2018)》已扩大为9个大类、63个中类、353个小类)基础上,适当增加电子商务核算和银行业中新业态服务。在核算方法上,对不带 * 的小类行业全部计算其增加值。对带 * 号部分活动属于"三新"经济的许多行业,按工业和服务业做不同的处理:(1)工业。先对这些行业内的规模以上工业企业按是否属于高

---

① 作者为美国商务部经济分析局长 J. Steven Landefeld 及首席经济学家 Barbara M. Fraumeni。

② 作者为法国国家统计局国民经济核算司司长以及 OECD 统计局核算司司长 Fran-cois Lequiller。

新技术企业或战略性新兴产业企业进行身份认定。若是,全部计算其增加值;若不是,按企业新产品产值的比重,测算其部分增加值。(2)服务业。对这些行业内的规模以上服务业企业是否属于"三新"企业进行身份认定。若是,按照增加值收入法的四项构成直接计算企业增加值,并计算"三新"企业增加值占该小类行业增加值比重,以推算该小类行业新经济增加值。

二是采用"企业法"。这是浙江省嘉兴市统计局的做法。首先,他们根据《新产业新业态新商业模式统计分类(试行)》,在全市范围内开展新经济活动单位摸底调查,掌握有新经济活动的法人单位和个体户。其次,对有新经济活动的法人单位和个体户,采取不同的调查方式:对"一套表"的"四上"企业,主要利用现有统计资料,辅助开展以问卷形式的补充调查;对非"一套表"的小企业和个体户,按"三新"统计分类的中类进行抽样调查;此外,还组织开展对电子商务和基金小镇等特殊行业和地区的专项调查。再次,根据调查资料,对农业、"一套表"单位、小企业、个体户、特殊行业和地区的"三新"增加值,分别采取直接核算法、增加值率法、人均增加值推算法、比例推算法等不同的核算方法。

三、注重解决新经济活动的漏统问题

浙江在新经济统计探索中,始终把避免对新经济活动的漏统作为重点来抓。2013 年,浙江开展电子商务统计工作,浙江省统计局与浙江省商务厅等 5 部门联合制定电子商务行业统计实施方案。通过对电子商务网络平台销售活动的仔细梳理和分类,我们发现,绝大部分的网络零售活动都已经纳入现行批发零售统计范围,被遗漏的主要是未经工商等行政主管部门登记注册的个人网上卖家(即"未在库卖家")零售额。自 2014 年国家统计局批复同意浙江开展电子商务统计试点以来,我们将未在库卖家零售额作为电子商务统计试点的重要内容。浙江省统计局与阿里巴巴集团合作,根据淘宝网平台商品分类标准,对比第三次经济普查贸易商品分类比例,采用分层抽样方法,对 IP 地址在浙江的有效淘宝卖家进行抽样调查,测算浙江省未在库卖家比例,同时采用快递业务人员上门问卷调查方式对未在库卖家比例进行验证。在此基础上,测算全省及分市、县的未在库卖家零售额。据测算,2015 年浙江省未在库卖家零售额 1534 亿元,比上年增长 31.9%,占社会消费品零售总额的 7.8%。如果不包括未在库卖家零售额,当年浙江社会消费品零售总额仅比上年增长 8.8%;而包括未在库卖家零售额,社会消费品零售总额比上年增长 10.9%。到 2017 年,浙江省未在库卖家零售额达到 2215 亿元,占社会消费品零售总额的比重上升到 9.1%。最近几年,我们协助国家统计局测算全国和分省、市、区未在库卖家网上零售额比例,为解决全国社会消费品零售总额漏统问题提供依据。

乡村旅游统计的漏统问题,也是我们着重解决的一个领域。近几年,随着美丽乡村建设的推进和大众旅游的兴起,乡村旅游成为消费新热点。另一方面,乡村旅游业态不断创新,从农家乐到乡村民宿再到乡俗旅游如火如荼地发展。从事乡村旅游经营活动的,相当一部分是无证无照的个体旅游经营户,没有纳入原有统计调查范围。为此,浙江省统计局联合浙江省旅游局,在全国率先建立《乡村旅游统计制度》,并组织开展了对乡村无证无照餐饮业、住宿业经营户的抽样调查。调查结果显示,乡村从事餐饮业、住宿业的经营户中,有 22% 为无证无照经营户。据测算,这部分旅游经营户营业收入约占乡村旅游总收入的 15%。在此基础上,我们还在全省开展全域旅游统计工作,进一步从制度层面解决乡村旅游统计中对象遗漏、数据分散、统计不全面等问题。

四、推动大数据技术在新经济统计中的应用

一是建立电子商务交易平台大数据采集制度。2015 年 10 月,国家统计局批复浙江义乌市开展县域电子商务大数据应用统计试点。义乌市将辖区内所有电商交易平台上从事电子商务经营活动的法人、产业活动单位、个体工商户和未列入统计名录库的个人账号均纳入大数据采集范围,利用网络机器人(网络爬虫)技术,定期采集淘宝、天猫、阿里巴巴、京东、义乌购和

义乌通等6家国内主要电子商务平台上义乌电商经营主体的目录、基本信息、交易信息等数据。同时，按统一分类标准自动整理海量交易数据，形成行业归类交易的电子商务大数据库和大数据统计应用平台。充分利用大数据资源，研究建立电子商务综合发展指数。

二是利用部门行政记录和大数据，检验统计基本单位入库率和联网直报数据准确性。早在2016年，浙江省统计局将统计部门信息库与国税部门纳税主体基础信息库进行全面比对分析。比如，从国税局信息库中分析出2015年状态为正常经营的单位共116.5万个，与统计基本单位名录库中的相应单位进行比对，找到单位116.4万个，由此得出基本单位名录库的入库率为99.95%。又如，将2015年企业所得税申报数据与统计联网直报单位年报数据进行比对，得到两者相符企业3.69万个，将这些企业所得税申报的营业收入与统计"一套表"营业收入进行比对，验证联网直报企业统计数据准确性，并为解决"三新"企业入库问题提供线索。

三是智能编码行业分类。浙江省统计局总结温州市龙湾区统计局有关人员提出的行业分类智能编码思路，研制行业代码智能编码系统，即利用单位业务活动的"大数据词库"和分词技术，编制相应软件，以解决业务人员行业编码难、准确率低等问题。2015年，国家统计局确定浙江为全国行业代码智能编码试点省份，全省名录库系统中内嵌了行业代码智能编码、智能审核功能，使行业分类编码准确率由之前的不到60%提高到90%以上。试点成功后，国家统计局先是在6个省份、接着在全国统计单位名录库建设中推广应用行业分类智能编码系统。2017年，温州市统计局又组织力量对行业分类智能编码系统进行改造升级，在第四次全国经济普查单位清查和现场登记中得到全面应用。

此外，我们还积极探索运用大数据技术解决统计单位地址编码问题，即根据工商等部门信息中的单位详细地址，从商业公司的地名地址库获得对应的经纬度坐标，再从统计地理信息系统中获得具体的行政区划代码，以解决12位区划代码编码问题。浙江省统计局、衢州市统计局与移动公司联合，推动移动大数据在人口调查和人口数据评估中的应用，更好地反映人口变动趋势。

五、积极开展具有浙江特色的新经济统计工作

一是开展软投入统计工作。随着知识经济的快速发展,以固定资产投资为主的实物投资对经济增长的贡献逐渐降低,以研发设计、人力资本、管理提升为主要内容的"软投入"对经济增长的贡献日益提高。为适应这一新形势,浙江从 2016 年开始开展软投入统计工作。先是进行企业软投入统计调查,将软投入分为研发费用(其中主要为 R&D 经费)、知识产权费用、信息化费用、人力资本费用、组织管理费用等 5 个部分,在杭州、嘉兴、长兴、新昌 2 市 2 县试点基础上,在全省范围内开展企业软投入统计工作;接着探索建立政府层面软投入统计指标,主要包括科技投入、人才投入、税收减免、政府奖励和扶持等 4 个方面;最后将企业软投入与政府软投入相加,并扣除两者重复部分,形成全省及各市、县(市、区)的全部软投入。软投入统计工作得到省委、省政府的高度重视,浙江省委全面深化改革领导小组听取浙江省统计局的专题汇报。下一步将开展包括固定资产投资和软投入在内的"综合投资"测算和分析,更好地发挥投资评价考核的导向作用。

二是建立特色小镇统计监测制度。特色小镇建设是近几年来浙江"以新理念、新机制、新载体推进产业集聚、产业创新和产业升级"的重要举措,是聚焦浙江八大万亿产业,融合产业、文化、旅游、社区功能的创新创业发展平台。根据特色小镇建设的特点和进程,统计监测制度包括特色小镇基本情况、发展进程和特色建设三部分,监测范围由 2015 年的 37 个第一批省级创建小镇,逐步扩大至 2018 年的 186 个省级特色小镇,所形成的统计监测分析报告,多次得到省委、省政府主要领导的批示肯定。

三是建立八大万亿产业统计监测制度。2015 年,浙江省委、省政府提出大力发展信息经济、环保、健康、旅游、时尚、金融、高端装备制造等,将其打造成七大万亿产业,成为浙江经济新的增长点。为此,浙江省统计局分别制定了信息经济、环保、健康、旅游、时尚、金融、高端装备制造的统计监测制度,科学界定各产业范围,合理确定统计方法和资料来源,开展各产业增加

值的测算和统计分析。2017 年,又将文化产业纳入万亿产业统计监测范围,形成八大万亿产业统计监测制度。我们还根据形势的发展,将信息经济统计监测改为数字经济统计监测,除测算数字经济核心产业增加值外,还探索开展数字经济"间接贡献"的测算。同时对时尚、旅游、高端装备制造等产业统计监测进行相应的完善。

四是建立现代农业产业统计监测制度。为了全面反映农业发展方式转变、农业供给侧结构性改革成效和农业新业态发展情况,及时跟踪监测现代农业与第二、第三产业融合发展进程,浙江省统计局在丽水市进行试点的基础上,制定了《浙江省现代农业产业统计监测方案(试行)》,现代农业产业统计范围包括农业生产和产前、产中、产后各个阶段,覆盖第一产业、为现代农业提供支持和服务,以及由第一产业衍生的第二、第三产业相关行业。

五是开展新金融核算问题研究。对新金融活动的主要业务类型,如银行服务(包括服务方式、经营模式、业务内容、经营范围)创新、第三方支付、大数据金融与互联网借贷、P2P 网贷、众筹融资、私募投资基金、金融服务交易平台进行深入分析和归类,梳理了新金融活动的行业归属、融资渠道和收入来源,提出了核算新金融活动增加值的基本原则、方法思路和对策建议,完成了《关于新金融核算问题的研究报告》并报国家统计局。

六、全面摸清某些新经济领域的发展状况

电子商务是新经济中最具典型意义的新领域、新业态,全面深入解剖和研究电子商务的经营方式、发展趋势和统计工作,对于做好新经济统计有着探路和引导作用。2014 年 4 月,国家统计局批复同意浙江开展电子商务统计试点之后,浙江省统计局系统全力以赴、各有侧重地开展电子商务统计工作。浙江省统计局重点解决前面所述的网上"未在库卖家"零售额的漏统问题。根据试点方案和国家统计局的要求,在 2014 年测算全省未在库卖家比例以及全省和分市、县未在库卖家零售额的基础上,不断深化与阿里巴巴的战略合作,对天猫和淘宝平台的交易数据进行深入分析,2015 年起协助国

家统计局贸易外经司测算全国及分省、区、市未在库卖家网上零售额比例，为全国社会消费品零售总额统计改革提供依据。近两年，我们建立电子商务企业名录库并做好更新维护工作，继续深化电子商务统计工作。杭州市重点开展跨境电子商务统计。实施《杭州市电子商务报表制度》，开展跨境电子商务企业的排查摸底。杭州市承担了海关总署、商务部和国家统计局联合布置的跨境电子商务进出口货物统计试点，以摸清跨境电子商务进出口货物在整个进出口贸易中的份额及其发展情况为目标，研究建立相应的统计标准，形成跨境电子商务进出口货物统计制度框架，为最终建立科学规范的全国跨境电子商务进出口货物统计制度提供经验。嘉兴市重点掌握各类电子商务活动参与者的情况。嘉兴市统计局与阿里学院开展合作，通过抽样调查，分别抽取数以千计的企业、个体户和家庭住户，全面掌握企业、个体户和住户等电子商务活动参与者在网购、网销方面的基本特征和发展态势。同时，根据阿里淘宝系零售平台交易数据，推算零售网店构成、网店零售额构成及其对社会消费品零售总额的影响，为全面分析嘉兴市电子商务发展规模、水平、结构、质量以及与周边城市的比较提供依据。在此基础上，还推算了嘉兴市电子商务增加值。义乌市开展县域电子商务大数据应用统计试点。在运用大数据技术抓好网上数据收集的同时，开展线上线下联动电子商务统计。线下统计采用全面调查和抽样调查相结合方式，对全市 20 个电子商务专业园区、45 个电子商务重点村（居委会）开展全面调查，对 50 个一般村（居委会）开展等距抽样调查，共采集有效样本近 8.8 万户，样本电子商务主体超过 1.7 万户。根据线下调查结果和与大数据比对的综合分析，全面掌握义乌市电子商务的发展规模以及在行业、区域的布局情况。

近几年，浙江虽然加强了对新经济统计的研究和实践，也取得了一些成效，但总的来说，新经济统计工作成效是初步的、阶段性的。解决新经济活动的漏统问题做到"应统尽统"还存在不少短板，真正落实"试点成果在相关行业增加值乃至 GDP 核算中能够得到实实在在的体现"仍然还有许多工作要做，大数据等现代信息技术在新经济统计中的应用还不够充分，统计干部队伍的知识结构、能力水平与加大新经济统计工作力度的要求相比也存在不少差距。我们要坚定信心，正视问题，努力当好新经济统计的先行者和实千家,进一步开展富有成效的新经济统计探索性工作,为我国新经济统计工作提供"浙江素材"和"浙江经验"。

王　杰,浙江省统计局局长

浙江房地产业竞争力研究

一、研究背景及思路

浙江房地产业是随着改革开放的不断推进而逐步发展壮大起来的,尤其近些年来,在推动经济发展增长,提供就业机会,改善居民居住条件,带动其他相关产业发展等方面发挥了巨大作用。房地产业增加值占浙江省GDP 的比重从 1990 年的 2.6% 提高到 2017 年的 6.2%。2017 年,房地产业税收达到 1207 亿元,占全部税收的 12.5%。由于房地产业具有产业链长、融资量大、波及面广等特点,一旦发生大的波动,将会对地区经济运行产生较大影响。

近些年,浙江房地产业取得长足发展,但与全国其他地区相比,处于什么样的竞争力水平,竞争优势和不足主要表现在哪些方面,2012 年以来发生了怎样的变化,这些都是值得思考的问题。尤其是当前,全面分析评价浙江房地产业竞争力及其变动情况,揭示房地产业存在的优势和薄弱环节,提出相应的政策建议,对于下一阶段引导房地产业持续健康发展具有重大的现实意义。

二、浙江房地产业发展现状及作用

浙江房地产业随着改革开放的推进而不断发展壮大,其间保持了较为快速的增长态势,取得了显著的经济效益和社会效益。

(一)总量规模不断扩大,对经济发展产生重要影响

2017 年,浙江房地产开发投资 8227 亿元,是 1990 年的 862 倍,年均增速达 28.4%。作为固定资产投资的重要组成部分,房地产开发投资占投资的比重由 1991 年的 4.9% 上升至 2017 年的 26.4%,对固定资产投资的贡献不断提高。房地产业在拉动内需、扩大消费等方面,对地区经济发展发挥着重要影响。房地产业增加值从 1990 年的 23.9 亿元增至 2017 年的 3223 亿元,占地区生产总值的比重从 2.6% 上升至 6.2%。

(二)市场体系逐步完善,人民居住条件不断提高

随着经济社会的不断发展和城市化的快速推进,浙江房地产市场体系逐步完善,人民居住条件日益提高。2017 年,商品房销售面积 9600 万平方米,是 1990 年的 46 倍,年均增长达 15.3%。在加快商品住宅建设的同时,经济适用房、廉租房等也大量增加,住房租赁市场培育也在逐步实施,有效改善了人民的居住条件。城乡居民人均住房建筑面积 48.1 平方米,其中,城镇人均住房建筑面积 41.5 平方米,是 1990 年的 3.1 倍。

(三)房地产企业数量逐步增加,市场竞争力明显提高

随着房地产业深入发展,浙江房地产开发企业不断涌现并迅速成长。房地产开发企业从 1990 年的 238 家增至 2017 年的 6336 家,其中,一级资质企业 118 家,二级、三级资质企业有 1719 家。企业利润总额 836 亿元,单个企业平均实有资本 1.1 亿元,涌现出绿城、滨江等一批在全国拥有较高市场知名度和份额的房地产开发公司,市场竞争力不断提高。

(四)房地产业快速发展有力推动了新型城市化进程

近些年来,房地产业的快速发展,改善了城市居住条件,扩大了城市就业,有力推动了城市化进程。1978 年,浙江城市化率为 14.5%,落后全国平均水平 3.4 个百分点。到 2017 年,城市化率为 68.0%,高出全国平均水平 9.5 个百分点。

三、浙江房地产业竞争力实证研究

(一)房地产业竞争力指标评价方法

区域产业竞争力,指某一产业在区域之间的竞争中,在合理、公正的市场条件下,能够提供有效产品和服务的能力,是产业供给能力、价格能力、投资盈利能力的综合体现。

目前反映房地产业运行情况的单项指标较多,如产业增加值、开发投资、销售面积、资产利润率等,但它们仅反映一个区域内房地产开发建设、经营及企业的某个方面,并不能全面反映地区房地产业发展的竞争力状况。本文拟构建综合评价指标体系,对 2017 年、2012 年浙江和全国各省、市、区的综合实力进行量化分析,通过 5 年来房地产业竞争力现状和变动情况,以此揭示浙江房地产业住房制度长效机制建设探索成效。

(二)房地产业竞争力实证研究

1. 房地产业竞争力研究指标的选取

根据现有统计数据及评价指标设计原则,拟将房地产业竞争力评价指标体系分为三个层次,即总目标层、目标层和指标层。总目标层是单一层,即全面分析评价省级区域房地产业竞争力,这也是本研究的最终目的;目标层主要组成部分通过主成分分析得到,由几个具体指标综合成的代表某方面竞争力水平的因子;指标层是选取的分析评价省级区域房地产业竞争力的各个具体指标。根据指标的可获取性,经过反复尝试,拟选取房地产业增加值、房地产开发投资、销售面积、资产利润率等 15 个指标对省级区域房地产业进行评价,这些指标能够较为全面地反映影响房地产业竞争力的各方面因素(见表 1)。

2.房地产业竞争力评价指标体系构建

在指标体系构建过程中,首先使用数据分析软件 SPSS17.0 对上述 15 个指标进行主成分分析。BARTLETT 检验,省级区域 2017 年、2012 年数据 F 值均为 0.000;KMO 值分别为 0.635 和 0.620(见附表 1),表明均可以进行主成分分析。根据提取原则,确定累计方差贡献率为 80%,提取主成分结果见附表 2。2017 年和 2012 年前 4 个主成分累计方差贡献率分别为 89.3% 和 81.5%,均超过 80% 的水平,故均提取 4 个主成分。

根据 2017 年各主成分旋转成分矩阵(见附表 3),代表地区规模竞争力的房地产业增加值、销售面积等指标在主成分 1 上具有较高的载荷,称为总量因子;人均生产总值、城镇居民人均可支配收入等指标在主成分 2 上有较大的载荷,这几个指标反映各地区经济社会发展水平,是房地产企业开拓市场需要重点关注的因素,称为环境支撑因子;主营业务收入增长、资产负债率等指标在主成分 3 上具有较大载荷,反映企业的持续发展潜力,称为发展潜力因子;营业利润增速、资产利润率等指标在主成分 4 上有较大的载荷,反映了企业的盈利能力,称为盈利能力因子。利用同样方法,对 2012 年指标数据进行分析(见附表 4),可以得到与 2017 年大致相同的 4 个主成分。据此,建立起区域房地产业竞争力指标评价体系。

表1 房地产业竞争力指标评价体系一览表

	目标层	指标层
房地产业竞争力评价体系	地区规模竞争力	1.房地产业增加值;2.房地产开发投资;3.销售面积;4.到位资金;5.企业个数
	环境支撑能力	1.人均生产总值;2.城镇居民人均可支配收入;3.城镇化水平;4.商品房平均销售价格
	持续发展能力	1.企业资产增速;2.主营业务收入增速;3.资产负债率
	企业盈利能力	1.资产利润率;2.营业利润增速;3.主营业务利润率

3.区域房地产业竞争力各因子及其变动情况评价

对浙江及其他省级区域房地产业综合实力进行评价,需要对上述 4 个主成分计算其得分并进行排序。然后,以每个主成分的贡献率为权数进行计算,得到综合得分和总名次。2017 年数据处理结果及排序见表 2,2012 年结果见附表 5。由表 2 可知,主成分 F_1 所代表的指标在评价中贡献率所占比重最高,2012 年、2017 年占比分别为 31.3% 和 32.3%。这表明现阶段开发投资、销售面积、房地产业增加值等总量指标对省级区域房地产业竞争力排名至关重要,且重要程度比 2012 年有一定程度的提高。其次,代表地区社会经济发展水平的主成分 F_2 贡献率紧随其后,2017 年贡献率为 28.2%,与主成分 F_1 差距不大,表明社会经济发展水平对房地产业发展也具有较大影响。代表企业发展潜力的主成分 F_3 在评价体系中贡献率提升最快,2017 年为 15.5%,比 2012 年(11.0%)提升 4.5 个百分点。代表企业盈利能力的主成分 F_4 的贡献率 2017 年为 13.4%,与主成分 F_3 的贡献率相差不大,比 2012 年(9.6%)提高 3.8 个百分点。5 年间,主成分 F_3 和 F_4 贡献率提高快,这表明现阶段各地区通过加强运营能力、注重发展潜力、提高企业效益等推动开发房地产业持续发展、提升核心竞争力效果更显著,这也是企业今后努力的重点方向。

4.浙江房地产业竞争力综合评价

2017 年,浙江房地产业竞争力综合得分仅次于广东、江苏和上海等省、市,居第 4 位,显示出较强的综合实力(见表 2)。北京、山东、福建等省、市紧随其后,这些地区基本上是我国东部沿海经济较为发达区域。其中,房地产业发展潜力因子浙江排名比 2012 年提高较快,使得房地产业竞争力排名比 2012 年前进了 1 位。

表 2   2017 年各主成分及综合评价得分及排名表

地　区	综合得分	综合实力排名	因子 F_1	F_1 排名	因子 F_2	F_2 排名	因子 F_3	F_3 排名	因子 F_4	F_4 排名
广　东	1.33659	1	3.00457	1	0.47184	7	0.13195	11	0.52344	8
江　苏	0.99760	2	2.19738	2	0.70043	5	0.344	5	−0.51668	24
上　海	0.96922	3	−0.61652	21	3.03538	2	0.44431	3	1.05702	2

地区	综合得分	综合实力排名	因子 F_1	F_1 排名	因子 F_2	F_2 排名	因子 F_3	F_3 排名	因子 F_4	F_4 排名
浙 江	0.78787	4	1.33237	5	0.78333	4	0.2098	8	0.152	19
北 京	0.68394	5	−0.71509	23	3.11273	1	−0.50014	25	0.32069	16
山 东	0.38528	6	1.51672	3	−0.20969	13	−0.07495	17	−0.56137	25
福 建	0.36205	7	0.13621	11	0.62346	6	0.23439	6	0.50483	9
河 南	0.22001	8	1.41059	4	−0.95752	31	−0.14285	18	0.24329	18
西 藏	0.19881	9	−1.07699	30	−0.53863	21	4.69401	1	−0.36954	23
天 津	0.18438	10	−0.83159	26	1.60643	3	0.09605	14	−0.25283	21
湖 北	0.18325	11	0.42263	8	−0.1926	12	0.10437	13	0.48732	10
安 徽	0.03733	12	0.57651	7	−0.5929	25	−0.20776	20	0.34522	14
四 川	0.03366	13	0.65825	6	−0.7466	28	−0.20194	19	0.44002	11
重 庆	−0.02413	14	−0.0025	12	0.1264	9	0.22032	7	−0.67561	26
江 西	−0.07207	15	−0.26703	16	−0.44813	19	0.19329	10	0.88243	3
湖 南	−0.09737	16	0.22632	10	−0.58617	23	0.0428	16	−0.01249	20
河 北	−0.10806	17	0.23386	9	−0.48804	20	−0.79697	28	0.66264	7
海 南	−0.11498	18	−0.92382	29	−0.39176	17	0.20311	9	2.05105	1
广 西	−0.18831	19	−0.26268	15	−0.54321	22	0.11535	12	0.38648	12
贵 州	−0.23865	20	−0.4336	19	−0.87418	29	0.36619	4	0.86904	4
陕 西	−0.24183	21	−0.33063	17	−0.44387	18	−0.50432	26	0.70087	6
辽 宁	−0.30546	22	−0.15838	14	0.1249	10	−0.28083	22	−1.59399	30
云 南	−0.36865	23	−0.11592	13	−0.5897	24	0.45455	2	−1.46545	29
黑龙江	−0.40723	24	−0.71038	22	−0.05708	11	0.0471	15	−0.93753	27
新 疆	−0.47720	25	−0.74716	24	−0.61751	26	−0.39407	24	0.37316	13
山 西	−0.48417	26	−0.45365	20	−0.68061	27	−0.37217	23	−0.27417	22
甘 肃	−0.50250	27	−0.79883	25	−0.89175	30	−0.2272	21	0.71288	5
吉 林	−0.54624	28	−0.85348	27	−0.36461	16	−0.98693	30	0.32269	15
内蒙古	−0.65393	29	−0.35321	18	0.24711	8	−0.53992	27	−3.4065	31

地区	综合得分	综合实力排名	因子 F_1	F_1 排名	因子 F_2	F_2 排名	因子 F_3	F_3 排名	因子 F_4	F_4 排名
宁 夏	−0.72539	30	−0.87783	28	−0.25882	14	−0.82546	29	−1.22311	28
青 海	−0.82379	31	−1.18611	31	−0.35862	15	−1.84607	31	0.25419	17

(1)规模竞争力总体较强,居全国前列

2017年,浙江房地产业规模竞争力以得分1.33237分的排名全国第5位,与2012年持平。同期,广东规模竞争力超过江苏排名升至第1位,山东和河南两个人口大省紧随其后,分列第3、4位。其他省市得分和浙江相比还存在较大差距。2012年,江苏、广东、山东等经济大省的规模因子得分居全国前3位,浙江和上述三省在房地产企业个数、开发投资、销售面积等指标上的差距并不大,甚至部分指标还曾领先山东等地区。但到2017年,浙江多数总量指标和上述三省的差距明显扩大,主要原因是人口、土地资源禀赋总量等方面处于劣势,总量指标的提升空间相对较小。仅仅依靠总量规模的不断扩张,难以长久保持浙江房地产业在全国的竞争优势。

(2)环境支撑因子保持较高水平,有力促进了房地产业发展

从反映经济社会发展水平的环境支撑因子来看,2012年和2017年浙江得分都比较高,仅仅落后于北京、上海、天津等三个直辖市,居全国第4位,领先于其他地区。较强的经济社会发展水平,有力地促进了浙江房地产业较快发展和市场化程度不断提升。但值得注意的是,浙江和其他地区该因子得分差距与2012年相比有缩小趋势。其中,江苏、重庆、山东等省、市近些年来经济社会发展水平指标明显提高。

(3)发展潜力因子提高较快,仍存在上升空间

2017年浙江发展潜力因子得分为0.2098分,在全国排名第8位,落后于西藏、云南、上海、贵州和江苏等地区,但与2012年相比前进12位。从数据可知,该因子排名并没有表现出明显的地域特征,西藏自治区由于企业资产、主营业务收入等指标总量极小,发展很快,该因子排名全国第一。上海、江苏、福建等部分东部省市该因子排名居前,意味着浙江这方面还有一定的

提升空间。

(4)企业盈利能力总体较弱,亟待加强

2017年浙江房地产企业盈利能力因子得分为0.152分,仅排全国第19位,与2012年相比,后退4位。盈利能力因子大幅落后,表明浙江房地产企业效益和部分省市还存在较大差距,企业亟待加强经营管理,降低运营成本、提高盈利能力。目前,浙江房地产业总量规模指标已先后被山东、广东、江苏等超越,如果企业发展潜力、盈利能力等方面指标不能再有所作为,浙江房地产业竞争力在全国的位次还可能继续下降。2017年盈利能力因子排位较低且比2012年出现下降,须引起关注。

四、提高浙江房地产业竞争力的对策建议

总体而言,目前浙江房地产业仍具有较强的竞争实力,位居全国前列。但通过上述研究,结合房地产业发展实际情况,可以发现仍存在一些亟待解决的问题。

1.确保总量规模适度扩大,促进经济平稳运行

浙江房地产业竞争力处于全国前列,主要在于房地产业总量规模较大且经济社会环境相对领先。房地产业是一个产业链长、带动作用明显的产业部门。房地产市场的波动也将最终影响到经济社会的平稳运行。在当前世界和国内经济均面临较大下行压力的严峻形势下,保持房地产业平稳健康运行就愈加重要,其中必然要求房地产业相关总量指标保持在一个适度的增长水平上。

2.切实增强房地产企业持续发展和盈利能力,提高企业核心竞争力

发展潜力、盈利能力两大因素是影响房地产企业未来运行的重中之重。浙江房地产业持续发展和盈利能力在全国范围内看,还有一定的提升空间,尤其是房地产企业盈利能力提升空间更大。浙江作为市场经济起步较早的地区之一,房地产市场化水平相对较高,竞争充分且激烈,基本已不存在暴

利。房地产企业要推进自身转型发展,通过管理创新降低成本,品质提升增强品牌溢价,拓展增值服务扩大利润空间,提高企业核心竞争力,形成良好的经营循环,增强抵御市场风险的能力。

3. 不断优化调整房地产开发结构,切实提升商品房品质

浙江较高的经济社会发展水平在为房地产业发展提供较好的环境条件的同时,也使得购房者对商品房品质、结构、环境等方面的要求越来越高。2017 年,房地产开发投资中土地购置费占比达到 40.8%,远高于全国21.1%的水平。土地购置费占比过高,不可避免地挤占了企业建安工程、技术研发等方面的投资,不利于商品房品质提升。地方政府要充分利用土地这个宝贵资源,合理控制投放节奏,防止土地市场价格过快上涨,引导房地产业健康发展。企业要科学规划,把握好开发时序、节奏和力度,优化、升级产品结构,努力提高房屋品质,促进企业长远发展。

4. 坚决执行国家调控政策,构建和完善房地产市场健康发展长效机制

近几年,浙江严格执行国家相关调控政策,坚持"房子是用来住的、不是用来炒的"定位,因城施策、分类指导,加快推进住房制度长效机制建设。当前,政府及相关部门要夯实主体责任,完善住房市场体系和住房保障体系。应结合当地经济发展和房地产业实际状况,充分发挥市场机制作用,制定适合的政策,综合采取财税、金融、土地等联动措施,因地制宜开展下一步调控,切实发挥对房地产业发展的引导作用。同时,政府及相关部门还要建立健全房地产相关法律法规,营造良好的市场环境,优化房地产市场供需结构,加快推进多主体供给、多渠道保障、租购并举的住房制度建立和完善,保证房地产市场健康有序发展,满足人民日益增长的美好生活需要。

课题负责人:竺　园

执　笔　人:杨士鹏

[参考文献]

[1] 浙江省统计局.浙江省统计年鉴2018[M].北京:中国统计出版社,2018.

[2] 徐琍.安徽省房地产业竞争力评价[J].宿州学院学报,2010(10).

[3] 薛微.软件分析SPSS的应用[M].北京:电子工业出版社,2001.

[4] 盛世豪.产业竞争论[M].杭州:杭州大学出版社,1999.

附录:

附表1　2012年和2017年数据变量的KMO检验和BARTLETT检验结果

		2017年	2012年
KAISER—MEYER—OLKINMEASURE OF SAMPLING ADEQUACY		0.635	0.620
BARTLETT'S TEST OF SPHERICITY	APPROX. CHI-SQUARE	621.670	556.645
	DF	105	105
	SIG.	0.000	0.000

附表2　2012年和2017年主成分分析表

COMPONENT		ROTATION SUMS OF SQUARED LOADINGS		
		TOTAL	% OF VARIANCE	CUMULATIVE %
2017	1	4.847	32.310	32.310
	2	4.224	28.162	60.472
	3	2.322	15.483	75.955
	4	2.009	13.390	89.345
2012	1	4.691	31.276	31.276
	2	4.446	29.640	60.916
	3	1.643	10.955	71.871
	4	1.447	9.646	81.517

附表 3　2017 年各主成分旋转成分矩阵

	主成分 1	主成分 2	主成分 3	主成分 4
企业个数	0.961	0.039	−0.058	0.070
房地产开发投资	0.953	0.209	−0.009	0.169
本年实际到位资金	0.917	0.310	0.014	0.148
商品房销售面积	0.963	−0.134	−0.015	0.088
商品房平均销售价格	−0.034	0.918	0.027	0.260
资产负债率	0.090	−0.353	−0.758	−0.100
资产利润率	0.451	0.303	0.152	0.754
主营业务利润率	0.222	0.543	0.141	0.722
房地产业增加值	0.909	0.285	0.006	0.106
城镇化水平	0.158	0.894	−0.301	−0.022
人均生产总值	0.230	0.932	−0.016	0.024
城镇居民人均可支配收入	0.204	0.930	0.053	0.075
企业资产增速	0.161	−0.239	0.863	0.199
主营业务收入增速	−0.104	−0.174	0.902	0.143
营业利润增速	0.044	−0.092	0.218	0.837

附表 4　2012 年各主成分旋转成分矩阵

	主成分 1	主成分 2	主成分 3	主成分 4
企业个数	0.917	0.139	0.148	0.182
房地产开发投资	0.935	0.254	0.085	0.093
本年实际到位资金	0.884	0.404	0.089	0.088
商品房销售面积	0.934	−0.098	0.166	0.088
商品房平均销售价格	0.086	0.945	0.046	0.130
资产负债率	0.018	−0.243	−0.787	0.176
房地产业增加值	0.859	0.344	0.090	0.007
城镇化水平	0.148	0.886	0.209	0.058
城镇居民人均可支配收入	0.259	0.927	0.055	0.059

	主成分 1	主成分 2	主成分 3	主成分 4
人均生产总值	0.206	0.883	0.090	−0.068
企业资产增速	−0.399	−0.370	0.289	0.072
主营业务收入增速	−0.238	−0.026	−0.649	−0.087
营业利润增速	0.067	0.032	−0.116	0.910
资产利润率	0.377	0.265	0.472	0.539
主营业务利润率	0.290	0.697	0.390	0.446

附表 5　2012 年各主成分及综合评价得分及排名

地　　区	综合得分	综合实力排名	因子 F_1	F_1 排名	因子 F_2	F_2 排名	因子 F_3	F_3 排名	因子 F_4	F_4 排名
广　东	1.06314	1	2.20932	2	0.45349	6	0.31695	11	0.06758	14
江　苏	1.01044	2	2.52105	1	0.38307	7	0.06533	17	−0.88644	28
北　京	1.00118	3	−0.28954	15	3.15913	1	−0.93315	26	0.75211	5
上　海	0.95850	4	−0.62809	23	2.91329	2	1.11729	4	−0.08415	19
浙　江	0.81181	5	1.07324	5	1.1236	4	−0.02976	20	−0.03814	15
辽　宁	0.51309	6	1.54576	4	0.03155	9	−0.0227	19	−0.74707	26
山　东	0.51131	7	1.87142	3	−0.35015	18	−0.55362	24	−0.04216	16
福　建	0.42096	8	0.02692	12	0.82219	5	0.18639	12	0.73213	6
四　川	0.13481	9	0.79429	7	−0.65661	26	0.11865	14	0.44671	9
河　南	0.10865	10	0.79674	6	−0.92963	30	0.58236	7	0.52997	7
湖　北	0.09587	11	0.17303	11	−0.28096	14	0.53193	9	0.50839	8
天　津	0.06553	12	−1.21384	31	1.64632	3	−0.16975	23	−0.37647	23
重　庆	0.04789	13	−0.02849	13	−0.24215	13	1.27509	2	−0.20695	21
安　徽	0.01649	14	0.35704	9	−0.60283	25	0.36636	10	0.41801	10
河　北	−0.07729	15	0.60547	8	−0.3519	20	−1.71268	29	0.41005	11
江　西	−0.09221	16	−0.62565	22	−0.30405	16	1.12079	3	0.91077	3
湖　南	−0.10287	17	0.31435	10	−0.57609	23	−0.05194	21	−0.05938	18

地　区	综合得分	综合实力排名	因子 F_1	F_1 排名	因子 F_2	F_2 排名	因子 F_3	F_3 排名	因子 F_4	F_4 排名
陕　西	−0.17834	18	−0.4961	19	−0.2346	12	−0.12884	22	0.96858	2
内蒙古	−0.20764	19	−0.52795	20	−0.04008	10	0.65839	6	−0.66752	25
新　疆	−0.27053	20	−0.86829	26	−0.50027	21	1.10152	5	0.81531	4
广　西	−0.27250	21	−0.13435	14	−0.54436	22	0.55163	8	−0.82103	27
云　南	−0.28373	22	−0.46606	18	−0.90921	29	−1.19206	27	3.26098	1
吉　林	−0.31820	23	−0.55626	21	−0.35142	19	−0.00452	18	0.19952	13
黑龙江	−0.33130	24	−0.78836	25	−0.68912	27	2.6062	1	−1.08594	29
海　南	−0.40069	25	−1.09449	30	0.05766	8	0.16948	13	−0.20708	22
宁　夏	−0.51683	26	−1.05248	29	−0.33344	17	0.10133	16	−0.04564	17
贵　州	−0.55621	27	−0.41811	16	−0.96556	31	0.11125	15	−0.50422	24
山　西	−0.56696	28	−0.46218	17	−0.29243	15	−2.01625	30	−0.10427	20
甘　肃	−0.72179	29	−0.95107	28	−0.73651	28	−0.86258	25	0.22674	12
青　海	−0.85364	30	−0.94243	27	−0.10865	11	−2.05117	31	−1.4949	30
西　藏	−1.00892	31	−0.74487	24	−0.59027	24	−1.25194	28	−2.87548	31

浙江乡村振兴评价指标体系研究

实施乡村振兴战略,是党的十九大做出的重大决策部署,是决胜全面建成小康社会、全面建设社会主义现代化国家的全局性、历史性任务,是新时代"三农"工作的总抓手。研究建立乡村振兴评价指标体系,全面、准确、及时地评价乡村振兴战略实施成效,为党委政府解决"三农"问题科学决策提供优质统计服务,是新时代统计工作的重要内容和亟须探索研究的重要课题。如何用量化指标评价乡村振兴战略实施进程,客观反映乡村振兴战略实施成效和发展短板,是社会各界关注的热点,也是对新时代统计工作提出的新要求。

一、开展乡村振兴评价的意义

研究建立乡村振兴评价指标体系,开展乡村振兴评价,对于全方位展示乡村振兴战略落地落实的状态,评价各地推进乡村振兴战略的实绩、动态掌握各地乡村振兴战略规划进程,及时反映乡村振兴战略推进中的薄弱环节,准确研判乡村振兴战略目标实施前景,有力推进浙江省"两个高水平"建设具有十分重要的意义。

(一)开展乡村振兴评价是全面评价乡村振兴战略实施状况的重要手段

实施乡村振兴战略是一个多维度的复杂工程,其实施的状况必须从不同的角度进行全方位的认识和评判。然而,现行统计制度侧重于农业农村生产情况调查,对乡村振兴战略实施过程和结果缺乏系统、全面的评价标准。建立乡村振兴评价指标体系,可以从乡村振兴战略的产业、人才、生态、组织等方面对乡村振兴战略进展情况做出全面分析和评价,从而为推动乡村振兴战略实施提供统计支撑。

(二)开展乡村振兴评价是科学度量乡村振兴战略进程的有效方式

准确了解和精确把握乡村振兴战略实施进程中的各方面情况,从而有利于协调战略实施过程中的各方面关系,提高乡村振兴战略任务的长期性、艰巨性的认识,做到准确聚焦阶段任务,科学把握节奏力度,梯次推进从容实施,有利于扎实推进乡村振兴战略各阶段目标的顺利实现。建立乡村振兴评价指标体系,为多维度、分阶段科学度量乡村振兴战略实施进程提供了有效方式。

(三)开展乡村振兴评价能及时发现乡村振兴战略推进短板

通过对不同区域、不同阶段乡村振兴战略目标实现度的比对评价,指出各地乡村振兴战略实施进程中的薄弱环节及存在的问题和不足,按照坚持遵循乡村发展规律要求,抓住突出问题和重点领域,提出有针对性的对策建议,及时为党委政府科学决策、分类指导、精准施策提供优质服务。

(四)开展乡村振兴评价可以准确预判乡村振兴战略实施前景

通过长期动态跟踪乡村振兴战略的实施情况,对战略总体前景进行研判和描绘,定期向社会公布乡村振兴战略蓝图实现概况,使各级各部门和广大群众明确主攻方向,增强实施乡村振兴战略的信心和决心,着力推动农业农村现代化走在前列,不断提升人民群众的获得感和幸福感。

二、浙江乡村振兴评价指标体系设计原则

乡村振兴评价指标体系的构建,要紧紧围绕"产业兴旺、生态宜居、乡风

文明、治理有效、生活富裕"总要求,体现不同地域、不同阶段特征,特别是要与浙江走在前列的美丽乡村建设基础和特点有机结合,既要系统全面又要特色鲜明,既要坚持科学性又要具有可操作性,既要评价短期现状又要考虑长远发展。在乡村振兴评价指标体系的设计中,具体要遵循以下原则。

(一)系统全面原则

评价指标体系综合考虑经济、政治、文化、社会、生态等诸多方面及其协调性。根据乡村振兴战略五方面 20 字总要求,全面反映乡村振兴的基础、进程和成效等各个方面,准确揭示乡村振兴重点任务进展情况及整体效果。乡村振兴战略的实施既是目标又是过程。因此,指标体系既考虑乡村振兴战略实施的动态化特点,又具有一定的弹性,在动态过程中与时俱进、适时调整,以便能够较为灵活地综合反映乡村振兴战略实施现状和发展趋势。

(二)科学性原则

评价指标体系的设计及具体指标的选择既要反映乡村振兴战略的总目标及其内涵要求,同时还要符合乡村经济社会发展的规律及内在联系。既要保证与所反映问题高度相关,又要确保指标含义明确,准确反映乡村振兴战略的科学内涵和本质要求,并可通过一些辅助指标进行相互校核。同时,为了保持在每个阶段内对乡村振兴战略实施成效评价的持续性、可比性,避免出现短期行为,必须保持指标体系的相对稳定,不宜频繁变动。

(三)可行性原则

评价指标体系力求简约,依靠现有统计资料、部门行政记录等方式能获得可靠数据,或能通过努力容易获取的,确保指标体系具有较强的可操作性。在满足省级评价要求的同时,还应注重各区域、各层级、各地功能定位的个性差异,采取共性指标和个性指标相结合的方式,满足市县乡镇分级分类评价的要求。

(四)体现浙江特色

评价指标体系注重体现浙江"走在前列"的要求,充分体现浙江"两个高水平"建设的要求。评价指标体系既立足当前,又考虑长远;既同向对接国家评价体系,又充分体现浙江特色,发挥评价指标体系的导向和引领作用。

三、浙江乡村振兴评价指标体系框架

为科学制定浙江省乡村振兴评价指标体系,课题组按不同资源禀赋和区域特点、自然环境和人文特色,选择宁海县、衢江区、临海市等地开展专题调研,结合《全面实施乡村振兴战略高水平推进农业农村现代化行动计划(2018—2022年)》《浙江省乡村振兴战略规划(2018—2022年)》,初步形成浙江乡村振兴评价指标体系,并先后召开设区市统计部门座谈会、省级有关部门座谈会,广泛听取意见,几易其稿;在此基础上,省乡村振兴战略领导小组办公室先后两次将乡村振兴评价指标体系(征求意见稿)下发各市、县(市、区)党委政府征求意见;根据各方修改意见,对征求意见稿做了进一步补充完善,形成目前的浙江乡村振兴评价指标体系,并在近期选择宁海县和衢江区分别进行了试填。

浙江乡村振兴评价指标体系具体由产业兴旺、生态宜居、乡风文明、治理有效、生活富裕等5个方面34个指标构成(表1)。

表1 浙江乡村振兴评价指标体系一览表

领 域	序号	指 标 名 称	单 位
产业兴旺	1	粮食总产量	万吨
	2	农业增加值增长率	%
	3	农业主导产业产值增长率	%
	4	农产品加工产值与农业总产值比	—
	5	主要食用农产品"三品一标"认证率	%

领　域	序号	指　标　名　称	单　位
产业兴旺	6	农业劳动生产率	万元/人
	7	农业科技进步贡献率	%
	8	农村实用人才(新型职业农民)占比	%
	9	休闲农业和乡村旅游接待人次	亿人次
	10	电子商务配送服务网点村占比	%
生态宜居	11	村庄绿化覆盖率	%
	12	农村居民合格饮用水覆盖率	%
	13	农村无害化卫生厕所普及率	%
	14	农村生活垃圾分类处理率	%
	15	畜禽粪污综合利用率	%
	16	农村公路优良中等路率	%
	17	规范化村卫生计生室建设率	%
	18	农村信息基础设施普及率	%
乡风文明	19	县级以上文明村镇占比	%
	20	农村文化礼堂建成村占比	%
	21	农村义务教育标准化学校达标率	%
	22	农村义务教育专任教师本科以上学历占比	%
	23	农村等级幼儿园占比	%
	24	农村居民教育文化娱乐支出占比	%
治理有效	25	村党支部书记兼任村委会主任占比	%
	26	全科网格建设达标率	%
	27	省级民主法治村占比	%
	28	集体经济强村占比	%
生活富裕	29	农村居民恩格尔系数	%
	30	农村居民人均可支配收入增长率	%
	31	低收入农户人均可支配收入增长率	%
	32	城乡居民人均收入比	—
	33	基本养老保险参保率	%

领 域	序号	指 标 名 称	单 位
生活富裕	34	基本医疗保险参保率	%

注:权重、目标值、基期值待浙江省乡村振兴战略规划出台后一并明确。

(一)产业兴旺方面指标

产业兴旺是乡村振兴的重点,是乡村经济建设的核心,生态宜居、生活富裕都离不开实体经济的支撑。近年来,浙江深入推进农业供给侧结构性改革和农村一、二、三产业融合发展,现代农业产业发展活力不断增强。根据浙江省现代农业产业统计监测方案测算,2017 年,全省现代农业产业增加值 4915 亿元,是传统第一产业增加值的 2.4 倍,占 GDP 的比重为 9.5%,比第一产业占比高 5.6 个百分点;2014—2017 年年均增长 4.1%,比第一产业同期年均增幅高 0.7 个百分点。同时,新型经营主体、经营方式、新业态加快形成。至 2017 年末,累计建成粮食生产功能区 10172 个,面积 819 万亩;累计建成现代农业园区 818 个,总面积 516.5 万亩。拥有省级骨干农业龙头企业 494 家,省级智慧农业示范园区 11 个,农业物联网示范基地 234 个。因此,产业兴旺方面浙江已经形成了良好的基础,评价的重点不能只局限于传统农业产业,应当在保证粮食安全的前提下,着重体现以三产融合、产业链延伸等高质量发展引领产业振兴。因此,在产业兴旺方面,主要由反映稳粮保供、农业转型升级、农村一二三产业融合发展、乡村新兴产业、乡村人才培育、农业科技进步、农业劳动生产率提高等内容的 10 个指标组成。

(二)生态宜居方面指标

生态宜居是乡村振兴的关键,是乡村生态建设的重点。乡村振兴不仅要百姓富,还要生态美。2003 年以来,浙江深入践行习近平总书记"绿水青山就是金山银山"理念,持续推进"千村示范、万村整治"和美丽乡村建设,先后实施垃圾处理、污水治理、卫生改厕、村道硬化、村庄绿化、"四边三化"、历史文化传统村落保护利用等行动。至 2017 年底,建制村村庄环境综合整治比例达到 97%,农村卫生厕所普及率达 98.6%,建成 A 级景区村 2236 家,美丽乡村创建先进县(市、区)58 个,数量居全国第一。创建省级美丽乡村示范县 12 个、示范乡镇 200 个、美丽乡村风景线 136 条,呈现出"诗画江南、山水浙江"美好景象,为浙江实施乡村振兴打下了生态宜居的良好环境基础。因此,乡村振兴评价体系在生态宜居方面指标设置、权重确定上要体现浙江走在前列的先进性,弱化已经基本达到的生态环境指标,突出以绿色发展引领生态振兴。同时,考虑指标获取的可能性,具体主要由反映生态保护与修复、人居环境、安全卫生、便捷通畅等方面的 8 个指标组成。

(三)乡风文明方面指标

乡风文明是乡村振兴的保障,是乡村文化建设的主线。乡风体现了农耕文明和现代文明的有机结合,是维系农情、乡情、亲情的重要纽带,也是治理有效、生活富裕的精神支持。浙江历来重视文化建设,近年来,持续开展社会主义核心价值观"六大行动",以农村文化礼堂为主阵地,打造出嘉善"善文化"、德清"德文化"、义乌"信义文化"等一批区域道德品牌。至 2017 年底,建成农村文化礼堂 7916 个、农家书屋 25335 个、文化广场 26109 个,村级文化活动室实现全覆盖,成为广大乡村的精神文化家园。但由于浙江人口整体受教育程度偏低,加之外来人口影响,乡村人口受教育程度是明显的短板。考虑上述因素,乡风文明方面主要由反映乡村精神文明建设、文化教育投入、培育新时代新风尚、传承传统公俗良序、丰富乡村文化生活等方面的 6 个指标组成。

(四)治理有效方面指标

治理有效是乡村振兴的基础,是乡村社会建设的基石。治理是否有效体现在乡村组织建设是否健全、乡村治理方式是否先进合理、乡村治理能力是否强劲和乡村是否和谐安定等方面,浙江持续开展法治浙江、平安浙江建设,积极探索自治、法治、德治相结合的乡村治理体系,形成了"四个平台""枫桥经验""后陈经验"和小微权力清单等先进经验。2017 年全省全科网格建设达标率达到 40%,党群服务中心达标村占比达到 70%,城乡社会和谐美好、安定有序。群众安全感满意率从 2012 年的 95.93%提升至 2017 年的 96.58%,连续 14 年居全国前列,被认为是最具安全感的省份之一。治理有效方面的评价要以清廉乡村建设、提高乡村治理能力,强化"自治、法治、德治"三治融合,提高群众安全、公平、和谐、民主的感受为重点,主要由反映组织建设的"村党支部书记兼任村委会主任占比"、反映社会协同、自治法治德治结合的"全科网格建设达标率"、反映民主公正情况的"省级民主法治村占比"和体现班子带领致富能力的"集体经济强村占比"等方面的 4 个指标组成。

(五)生活富裕方面指标

"小康不小康,关键看老乡"。生活富裕是乡村振兴的根本。广大农民对美好生活的向往是推动乡村振兴的动力,维护广大农民根本利益、促进广大农民共同富裕是推动乡村振兴的出发点和落脚点。浙江省农村居民人均可支配收入水平连续 33 年居省区第一,先后实施欠发达乡镇奔小康、山海协作、百亿帮扶致富建设、低收入农户奔小康等扶贫工程,城乡收入差距不断缩小,2017 年城乡居民人均可支配收入比为 2.05∶1,为全国各省区最低。2017 年,全省基本公共服务均等化实现度为 91.6%。城乡一体化保障制度不断完善,基本养老保险制度、基本医疗保险制度实现应保尽保,并将农民工纳入职工社会保险覆盖范围。从生活富裕的角度看,浙江乡村振兴是高起点的振兴发展。因此,在乡村振兴评价指标的选择上更加注重于以高品质建设提升生活水平来反映生活富裕程度,主要由反映增收致富、基本保障、公共服务均等化等方面的 6 个指标组成。

同时,为验证评价指标体系的科学性与可操作性,保证能客观、准确、及时评价各地乡村振兴战略实施情况,课题组选择了宁海县和衢江区分别进行了试填。从试填情况看,指标体系中绝大多数的指标可以获取,但也有个别指标如"农业科技进步贡献率"等在县级层面测算获得的难度较大,"农村信息基础设施普及率"等指标计算方法、口径范围还需进一步明确完善等。

四、评价对象和评价方法

评价指标体系是多指标综合评价体系,评价指标体系中的各个指标从不同角度整体反映乡村振兴战略的实施成效。为从整体上反映乡村振兴战略的实施成效,需对每个指标进行综合化处理,采用综合指数法做出综合评价。乡村振兴评价对象为省、市、县(市、区),每年进行一次综合评价。

(一)指数的编制

根据评价指标体系先分别计算 34 项个体指数,再根据各指标权重加权汇总得到产业兴旺指数、生态宜居指数、乡风文明指数、治理有效指数、生活富裕指数等 5 项分类指数和总指数。

(二)权重设置和计算办法

一是指标权重确定。指标权重应体现各指标的相对重要程度,这是指标权重设计的基本原则。指标越重要,权重越高。对于区分度较低、应用效果不够理想的指标,赋予较低权重。采用专家咨询法确定指标权重,根据专家对各指标重要程度的判断,实现定性到定量的转化,得到各指标的权重。

二是指数计算办法。确定标准化指标值和指标权重后,将标准化值进行综合合成,通过无量纲化处理的各单项指标标准化值乘以相应权数,汇总相加,得到乡村振兴战略实施成效的综合值,即乡村振兴战略完成程度评价综合指数。

(三)数据收集方法

评价指标体系的指标数据,由省级有关部门负责收集、整理、审核后报送省统计局。各级有关部门要加强数据审核工作,确保数据质量,并对所提供的数据的真实性、准确性、完整性、及时性负责。

（四）公众满意度调查

实施乡村振兴战略就是要解决农业农村发展不平衡不充分的问题，实现农业强、农村美、农民富的目标，使社会更和谐美好、安定有序，全面不断提升人民群众的获得感、幸福感。乡村振兴与否、振兴程度如何，可以通过量化指标来度量和反映，但有些方面是难以用数据来描述感受和体验的，只能通过公众满意度得到反映。因此，在乡村振兴评价中，对"产业兴旺、生态宜居、乡风文明、治理有效、生活富裕"五个方面的量化评价外，有必要与公众满意度调查结合起来。公众满意度调查，由省乡村振兴战略领导小组办公室委托第三方调查机构组织开展。公众满意度进行独立评价，不参与乡村振兴战略综合指数计算。

课题负责人：方腾高

课题组成员：张晟立　　胡永芳　　王兆雄

　　　　　　王俊菁　　吴圣寒

执　笔　人：王兆雄

浙江省"三新"经济核算及实证研究

当前,以新产业、新业态、新商业模式为代表的新经济(以下简称"三新"经济)和以互联网、云计算、大数据等为代表的新一代信息技术蓬勃发展,企业创新层出不穷,生产经营突破过去传统模式,横跨第二、三产业。如何反映新常态下创新驱动战略落实成效和"双创"进展态势,对统计的全面性、准确性、时效性提出了新的要求,对变革统计生产方式、深化统计改革创新也提出了更高要求。本文通过对浙江"三新"经济范围界定、数据核算及基本结果的分析研究,初步揭示浙江经济发展中的新动能变化,并对进一步完善"三新"经济增加值的核算工作提出研究建议。

一、"三新"经济增加值核算范围和资料来源

浙江"三新"经济比较活跃,以"互联网＋"为特征的信息经济发展迅猛,因此如何界定统计范围、获取基础数据也比较困难。本着先易后难、原则性和可操作性相结合的原则,我们对浙江省"三新"经济的核算方法做以下界定。

(一)核算范围

以国家统计局制定的《"三新"经济统计分类》为标准,结合浙江实际,主要增加了电子商务以及银行业中的新业态,更加全面科学地反映浙江新动能发展情况。如表1所示。

表1 浙江新增的"三新"经济类型

行　业	主要表现形式及计算方法
1.批发零售业 51*,52*	电子商务,以网上零售额占全社会消费品零售总额比重进行推算
2.金融业	
银行业的新经济 66*	银行业的资管、公司、投行、理财,以银行业投资收益占营业收入的比重进行推算
金融租赁服务 6631	直接租赁、回租、转租赁、委托租赁等,资料取自 GDP 核算年报
控股公司服务 6920	控股公司服务,资料取自 GDP 核算年报
非金融机构支付服务 6930	网络支付、预付卡的发行与受理等,资料取自 GDP 核算年报
金融信息服务 6940	财经类资讯服务、金融分析报告、金融数据库服务等,资料取自 GDP 核算年报
其他未列明金融业 6990	外汇交易服务、黄金及贵重物品交易服务、金融资产管理服务等,资料取自 GDP 核算年报

注:带 * 号行业为部分计入新经济,6930 国家《"三新"经济统计分类》为部分计入,浙江为全部计入。

(二)资料来源以及单位认定

本文在核算"三新"经济增加值时,基础资料来源以国家统计局《新产业新业态新商业模式统计监测制度》规定的统计内容为主要依据,结合地区生产总值统计年报、各专业统计现有相关资料,再加上部分行业的典型调查资料。企业认定主要根据国家对"三新"企业特征的描述,结合浙江目前开展的战略性新兴产业、高新技术产业等单位认定标准,由基层统计人员负责执行。

二、浙江"三新"经济发展现状

近年来,浙江深入贯彻党中央、国务院和省委、省政府决策部署,坚定不移打好转型升级系列组合拳,深入推进"三去一降一补",大力发展信息、环保、健康、旅游、时尚、金融、高端装备制造、文化等八大万亿产业。新旧动能转换取得积极成效,企业活力增强,"三新"经济发展较快,带动全省经济运行稳定向好。

(一)"三新"经济规模接近全省经济总量的四分之一,增长贡献率接近 40%

经测算,2016 年浙江"三新"经济增加值为 10824 亿元,按现价计算,比 2015 年增长 15.1%,高于同期 GDP 现价增速 6.6 个百分点。"三新"经济总量占全省 GDP 的比重为 22.9%,比上年提高 1.3 个百分点,对 GDP 现价增长的贡献率达到 38.6%。其中,第一产业中"三新"经济增加值 478 亿元,占第一产业增加值的比重为 24.3%;第二产业"三新"经济增加值 5679 亿元,占 26.8%;第三产业"三新"经济增加值 4667 亿元,占 19.4%,其中比重较高的行业分别为批发零售业(电子商务)、信息传输软件和信息技术服务业、金融业,三者合计占三产"三新"经济增加值的比重超过 60%。如表 2 所示。

浙江"三新"经济一、二、三产业结构比为 4.4∶52.5∶43.1,以工业经济为主的第二产业占比最高,这与经济新动能培育政策导向是一致的,信息软件、网络技术等服务业既是"三新"经济的重要内容,又是工业经济转型升级的主要举措和手段,这样的新动能发展结构是符合现阶段发展特征的。

表 2　浙江省"三新"经济增加值

	2016 年 (亿元)	占比(%)	2015 年 (亿元)	占比(%)	同口径 增长(%)
三新经济增加值	10824	22.9	9403	21.6	15.1
第一产业	478	24.3	429	23.4	11.5
第二产业	5679	26.8	4918	24.2	15.5
第三产业	4667	19.4	4056	18.9	15.1

注:表格中的占比为三新经济增加值占 GDP 对应产业的比重。

从产业类别来看,"三新"经济占比最高的是先进制造业,2016 年增加值 5379 亿元,占"三新"经济比重为 49.7%;其次是电子商务,创造增加值

1489 亿元,占比 13.8%。增长最快的是节能环保活动和互联网与现代信息技术服务两个类别,分别比上年现价增长 27.6% 和 22.3%。如表 3 所示。

表 3　浙江省"三新"经济增长按产业类别分

	2016 年(亿元)	2015 年(亿元)	同口径增长(%)
合计	10824	9403	15.1
现代农林牧渔业	491	4383	12.0
先进制造业	5379	4675	15.0
新型能源活动	136	118	15.3
节能环保活动	198	155	27.6
互联网与现代信息技术服务	755	617	22.3
新技术与双创服务活动	353	298	18.4
现代生产性服务活动	1023	871	17.4
新型生活性服务活动	834	728	14.6
现代综合管理活动	167	145	14.9
电子商务	1489	1357	9.7

(二)"三新"经济增长动因分析

1.市场经济发展日新月异

市场新生力量不断增加。2016 年,全省新设市场主体 95.8 万户,其中,新设企业 30.8 万户,比上年增长 21.3%;新设个体工商户 64.5 万户,增长 16.2%。新产品层出不穷。2016 年,全省规模以上工业新产品产值 23861 亿元,增长 11.6%,对规模以上工业总产值增长的贡献率为 90.2%。新产品产值率为 34.3%,比上年提高 2.3 个百分点。列入国家"三新"统计的 10 种新产品产量中,有 6 种呈两位数增长,其中,新能源汽车、智能电视、光纤、智能手机、光缆和太阳能电池分别增长 19.9 倍、29.1%、28.5%、25.1%、18.0% 和 11.8%。

2.工业新动能不断积聚

大力实施创新驱动发展战略,推进传统产业改造,加快提高自主创新能力是浙江省提升产业水平、打造浙江竞争新优势的重大战略部署。2016年,全省先进制造业中,比重较高的是新材料制造、新能源汽车制造和生物制品及设备制造,分别占先进制造业增加值的 29.7%、18.9% 和 14.9%。增长较快的是新能源汽车制造、先进医疗器械制造和生物制品及设备制造,分别比上年增长 35.4%、23.4% 和 18.3%。如表 4 所示。

表4　浙江部分先进制造业产业增加值及增幅

	2016 年(亿元)	2015 年(亿元)	现价增长(%)
先进制造业	5379	4675	15.0
其中:新材料制造	1600	1459	9.7
新能源汽车制造	1016	750	35.4
生物制品及设备制造	801	677	18.3
新一代信息技术设备制造	681	6201	9.6
节能环保设备与产品制造	495	452	9.6

3. 网络消费持续快速增长

电子商务的快速发展,网上销售成为浙江省批发零售行业的重要业态。2016 年,全省网上零售额 9335 亿元,占全国的 18.1%,占全国比重比社会消费品零售总额高 11.5 个百分点;同比增长 29.9%,增幅高于全国 3.7 个百分点。限额以上批发零售业法人企业中,从事电子商务交易活动的企业为 2241 家,比 2014 年增加 967 家,占 12.9%,比重比 2014 年提高 4.9 个百分点。

4. 城市商业综合体集聚效应明显

2016 年,浙江省符合"三新"统计标准的城市商业综合体 55 家,总客流量 4.8 亿人次,比上年增长 8.3%;商户数近千家,期末从业人员 8.8 万人,营业面积 328.9 万平方米;实现销售额(营业额)333.6 亿元,增长 17.4%;租金收入 29.5 亿元,增长 19.7%。综合体内的主导业态为零售业,2016 年实现销售额 222 亿元,比上年增长 12.6%,高于同期全省商品零售额增速 1.8 个百分点。

5. 信息传输、软件和信息技术服务业发展较快

作为全国首个信息经济示范区,浙江省工业化与信息化融合进一步加强,信息经济成为经济发展的新引擎。2016 年,信息传输、软件和信息技术服务业增加值 2240 亿元,占 GDP 的 4.7%,对经济增长的现价贡献率为 14%,对第三产业的现价贡献率为 19.5%,是拉动浙江省经济增长的主要动力。规模以上信息传输、软件和信息技术服务业营业收入 4297 亿元,比上年增长 34.4%,增速居服务业各行业首位,对规模以上服务业营业收入增长的贡献率达 59.6%。

6. 资本市场服务发展迅速

近年来,金融改革取得了积极成效,直接融资渠道进一步拓宽,资金供给主体更趋多元化,直接融资占比屡创新高。2016 年末,浙江省境内上市公司总数 329 家,居全国第 2 位。其中:中小板上市公司 131 家,占全国中小板上市公司总数的 15.9%,居全国第 2 位;创业板上市公司 60 家,占全国创业板上市公司总数的 10.5%,居全国第 4 位。有 1421 家私募基金管理人完成登记,管理资产规模 6969 亿元,比上年增长 1.5 倍。

7. 创新投入不断加大

浙江 R&D 支出总量在 2015 年突破千亿元大关,2016 年达到 1131 亿元,列江苏、广东、山东、北京之后居全国第 5 位,比 2012 年增长 56.5%,年均增长 11.8%,相当于 GDP 比例为 2.39%(按 GDP 核算包含 R&D 支出口径计算),比全国平均水平高 0.31 个百分点。R&D 人员总量稳居全国第三位。

(三)"三新"经济发展中的主要问题

1. 先进制造业占规模以上工业比重不高

虽然浙江"三新"经济中工业占比较高,且增加值增速较快,但这并没有改变以传统制造业为主的工业结构模式。2016 年,装备制造业和高技术产

业增加值占规模以上工业增加值的比重分别为 38.8％和 11.5％,分别低于江苏 7.0 个和 7.8 个百分点,低于广东 1.4 个和 16.1 个百分点。

2. 新金融业态发展规模不大

一直以来,浙江金融业都走在全国前列,不仅金融机构的存贷款规模居前,而且以温州、台州为代表的民间金融也蓬勃发展。然而 2008 年金融危机以后,企业出口受到影响,"两链"风险显现、不良贷款率上升,金融机构利润下降,金融业对经济增长的拉动作用逐渐减弱。2016 年,浙江新金融占金融业比重仅为 15.2％,且多以小企业为主,影响力小,金融业占 GDP 的比重低于全国 1.9 个百分点。

三、做好"三新"经济统计的工作重点

1. 完善"三新"经济企业界定标准,加强"三新"经济统计基础

浙江"三新"经济发展快,特别是新业态、新模式方式多样,但市场主体整体较小,难以纳入经常性统计项目。在"三新"经济企业界定中,也需要简化条件,比如用"是否有研发支出"作为认定企业是否为新经济的标准等,既便于基层统计人员操作认定,又增强了各地区数据的可比性。

2. 充分利用大数据,完善和充实核算基本信息

信息化时代,各部门各单位都掌握了不少有用且详细的信息,打破信息孤岛,调动一切信息资源,并通过进一步加强与部门的沟通协作和精准对接,将部门统计资料和原始行政记录等数据资源转化为"三新"经济核算的基础数据,进行多目标、多角度、多层次的加工、分析,使基础信息更丰富、更立体、更有用,更加全面地梳理出符合"三新"特征的核算依据,更加客观地核算新动能及其增长贡献。

3. 推进统计方法制度改革,及时改进核算方法

以法人为基本调查单位的统计体制,已经跟不上市场经济的多样化发

展,要逐步推进以产业活动单位为基础的填报方式改革,以利于经济发展新常态下统计数据的采集、分析与利用。同时,针对社会发展中出现的新现象、新问题,要及时改进经济新动能核算方法,准确反映经济发展中的新情况。

课题负责人:王美福

执　笔　人:汪维薇

浙江全域旅游产业统计的探索与实践

　　旅游业作为国民经济发展的战略性支柱产业,在促进增收、拉动消费、满足人民日益增长的美好生活需要方面发挥着日益重要的作用。为反映旅游产业的发展状况,国家旅游局在1998年颁布《旅游统计管理办法》,对全国旅游业开展常规统计。2014年2月,启用以过夜游客统计指标为核心的国内旅游接待统计指标评价办法,推进我国旅游统计与国际标准接轨。2015年7月,国家统计局发布《国家旅游及相关产业统计分类(2015)》,明确旅游统计范畴。旅游统计已经成为部门统计的重要组成部分。

　　浙江旅游统计始于1980年,伴随旅游产业发展,旅游统计制度得到不断补充和完善。2016年全国"两会"上,汪洋副总理要求浙江在深化旅游统计改革方面先行先试。之后,浙江省统计、旅游部门联合开展攻关,制订出台能科学、合理、真实反映全域旅游发展状况的统计体系,并在部分地区试行。

　　本文从目前国际、国内和浙江省旅游统计现状、存在的不足、开展全域旅游统计的必要性入手,根据浙江旅游产业的发展实际,构建浙江全域旅游产业统计指标体系,并在部分县(市、区)进行测算,验证全域旅游统计指标系统的科学性、合理性和可操作性。

一、旅游统计开展的现状及存在的问题

(一)国际旅游统计开展情况

联合国统计署为实现各国旅游数据可比,在国民经济核算体系(SNA)

的框架下构建旅游卫星账户(TSA)作为国际旅游统计建议标准,目前美国、澳大利亚、加拿大、新加坡、西班牙等全球70多个主要国家采用旅游卫星账户开展旅游统计。

旅游卫星账户,又称为旅游附属账户,是以国民经济核算为统计基础,按照国际统一的国民账户的概念和分类标准,在国民经济核算总账户下所单独设立的一个子系统。通过编制这一账户,可以把由旅游消费而引发的国民经济各行业直接和间接的旅游产出从相关行业中分离出来单独进行核算,从而达到在国际统一的统计框架下对旅游经济进行全面测量和分析比较的目的。

(二)全国旅游统计开展情况

旅游统计是部门统计的重要组成部分。目前,除旅游产业增加值及占GDP的比重由国家统计局测算外,其他旅游统计工作均由国家旅游局负责。

国家旅游局以经国家统计局批准的《旅游统计调查制度》为标准开展旅游统计工作。该制度包含旅游定期报表制度、旅游抽样调查和旅游专项调查三部分,其中,对星级饭店、旅行社、A级景区等采用全面定期调查,对入境旅游者花费、国内游客调查、城镇和农村居民的国内旅游调查采用抽样调查,对有代表性的旅游接待单位(如部分非星级住宿单位)采用专项调查并对其接待和经营情况进行重点调查。

2000年,我国开始探索旅游卫星账户编制,国家旅游局分别在福建厦门、广西、江苏和浙江等部分地区进行旅游卫星账户的试点工作。2006年,国家旅游局和国家统计局根据《TSA2000》,结合中国第一次经济普查和旅游业务统计资料,初步编制2004年中国旅游卫星账户1-6表的数据。

国家统计局根据《国家旅游及相关产业统计分类(2015)》,利用现行国民经济核算体系,进行旅游产业增加值测算。通过旅游相关行业消费结构调查,确定对应国民经济各行业的旅游消费系数,从而测算全国旅游产业增加值及占GDP的比重。2015年12月,国家统计局公布了2014年旅游及相关产业增加值及占GDP的比重,之后每年开展一次测算。

(三)浙江旅游统计开展情况

1980 年 10 月,浙江建立旅游统计制度,对接待国际旅游者人数、人天数等方面开展统计。目前,在国家标准的基础上,浙江根据本省实际情况制定《浙江省旅游统计调查制度》,对国内、国外游客人数及花费等情况开展统计,并增加乡村旅游统计调查和旅游经济运行监测两部分内容。

为了解旅游产业对国民经济的贡献,浙江从 2005 年开始编制旅游卫星账户,开展省级层面的旅游产业测算工作,完成了 2004 年以来全省旅游产业增加值、总产出、旅游从业人员、旅游税收收入等指标的测算。2016 年全省旅游产业增加值 3356 亿元,占 GDP 的 7.1%。各市从 2014 年开始按旅游卫星账户方法开展年度旅游产业增加值测算,淳安等 26 个县从 2015 年开始按《国家旅游及相关产业统计分类(2015)》开展年度生态旅游增加值测算。

(四)现行旅游统计制度存在的问题

从国际上看,旅游产业统计最大的困难在于难以准确区分游客和非游客,以及在此基础上全面统计游客的旅游活动花费、旅游相关产品。世界旅游组织虽然在旅游卫星账户中给出了旅游和游客的建议性标准,但是由于经济基础和统计标准不同,在旅游特色产品界定中,各国根据旅游对当地产业的影响程度自行确定,因此存在一定程度的不可比。

从国内看,国家旅游局的现行《旅游统计调查制度》在基本名录、旅游统计指标口径、数据可比性等方面存在问题。一是无法全面统计旅游新业态。现行《旅游统计调查制度》主要针对旅行社、所有星级饭店、重点旅游住宿单位和旅游景区四类,大量工业旅游、乡村旅游等旅游新业态未纳入统计范围,导致相关部门无法全面掌握旅游产业发展变化情况。二是数据不可比。由于现行旅游统计制度存在指标推算方法不统一、国家和各省抽样推算基础数据不统一等问题,全国及各省部分主要旅游数据横向、纵向均不可比,也不可加。

从浙江省情况看,旅游增加值测算存在以下问题:一是旅游增加值测算

存在省、市、县三级统计体系不一致、数据不可比不可加的问题。目前省、市
两级采用旅游卫星账户开展旅游产业增加值测算,县级由于数据不全只能
采用《国家旅游及相关产业统计分类(2015)》进行测算。二是全域旅游带来
的新变化未能纳入增加值核算。现行旅游统计主要集中在第三产业,未涵
盖农林牧渔休闲业、旅游活动产品制造、旅游景区建设等全域旅游相关行
业,导致旅游产业增加值核算未能全面科学地反映全省旅游产业发展的真
实状况。

二、浙江全域旅游产业统计的积极探索

为全面、准确、客观地反映各地旅游产业发展状况,加快推动旅游产业
发展,浙江省统计局和浙江省旅游局结合本省实际,在全国率先探索实施全
域旅游统计体系(具体详见《关于开展全省全域旅游统计工作的通知》(浙旅
政法〔2017〕66 号))。浙江全域旅游产业统计工作方案以现行国民经济统
计体系为依据,充分考虑旅游产业的特殊性,做到省、市、县三级统一,实现
旅游产业测算的标准化、规范化和制度化。

(一)完善全域旅游产业测算方案

全域旅游产业测算方案以 GDP 核算数据为依据,根据《浙江全域旅游
产业统计分类》,测算全域旅游产业总产出、增加值和从业人员数。考虑到
测算数据的可获得性,涉旅行业小类的旅游数据用经济普查年份的行业小
类收入(支出)乘以旅游消费结构调查结果得到;行业大类旅游消费系数用
各行业小类旅游数据加总后除以行业大类收入(支出)得到;旅游产业增加
值数据用各行业大类旅游消费系数乘以对应国民经济行业增加值推算得
到。旅游消费结构调查通过 13 张不同问卷对 76 个行业的经营者(或消费
者)开展调查,按照调查数据计算消费系数。

(二)明确全域旅游产业统计分类,涵盖旅游新业态

浙江全域旅游产业统计分类,以国家统计局旅游及相关产业统计分类为基础,考虑浙江省旅游产业与其他相关产业融合发展情况,增加约 25 个行业小类。主要包括农林牧渔业休闲旅游;旅游活动产品制造(如旅游活动房屋制造、旅游游艺器材及娱乐用品制造、旅游房车制造等);旅游建筑与旅游房地产(旅游建筑仅指旅游景区及景区内场馆、娱乐设施及配套设施建设投资,房地产仅指房地产开发企业将自有产权的房屋出租给第三方,用于从事为旅行者提供短期留宿场所的活动收取的租金);旅游金融服务等。

(三)引入旅游发展集聚区和旅游特征企业,充分体现"全域"概念

旅游发展集聚区是指集聚"吃住行游购娱"六大旅游资源要素、旅游服务要素的区域集合。引入旅游发展集聚区的作用主要体现在消费系数上,即考虑到旅游集聚区中,核心行业的消费群主要是旅客,能够对当地餐饮、零售、娱乐等行业的消费结构系数进行修正。旅游特征企业是指能够持续、稳定地生产或提供一定规模、满足特定旅游消费需求的旅游产品或旅游服务的单位,这类单位所在行业未被包含在浙江全域旅游产业统计分类范围内,所处地理位置也未被划入任何旅游发展集聚区的企业。每个特征企业单独测算涉旅增加值。

旅游发展集聚区和旅游特征企业,由当地旅游局(委)和统计局联合上报,省旅游局和省统计局联合认定。

(四)建立旅游产业名录库,夯实统计数据基础

浙江省全域旅游产业名录建库工作由旅游部门负责,统计部门配合做好业务技术支持,旅游名录库建在省旅游局。借助浙江统计基本单位名录库和第三次经济普查个体名录库,按有关规定和程序,省旅游局从中获得《浙江省全域旅游产业统计分类》中涉及的全部法人单位、产业活动单位行业小类基本情况和属性指标,个体经营户行业中类基本情况和属性指标,并

组织旅游部门进行比对。其中,个体户名录清查由省旅游局另行布置,市县旅游局(委)负责比对补充。综合运用工商、税务、质检等相关部门的行政记录,充实完善各地的旅游产业名录库。

三、全域旅游统计在部分地区的实证研究

为配合浙江省第一批省级全域旅游示范县(市、区)的创建,桐庐等 25 个县(市、区)严格按照浙江全域旅游统计体系开展相关测算工作,做到统计范围、统计口径、测算方法一致,实现数据横向可比。从 25 个县(市、区)全域旅游产业测算结果看,浙江全域旅游产业统计系统科学、合理、可操作性强,能真实反映旅游业及相关产业融合发展的变化趋势。

(一)全域旅游产业总产出和增加值数据比较合理,能够客观反映区域旅游产业发展状况

全域旅游产业总产出和增加值等总量指标排序中,普陀、桐乡和苍南位列前三,安吉、长兴、桐庐等总量指标排名紧随其后(图 1),普陀海岛旅游发达,苍南海钓、养生旅游发展快速,桐乡有乌镇这个著名江南水乡和一年一度的世界互联网大会,安吉、长兴等地生态资源丰富,25 个县(市、区)全域旅游的总产出和增加值能够比较合理地反映旅游资源集聚状态下的区域旅游发展情况。

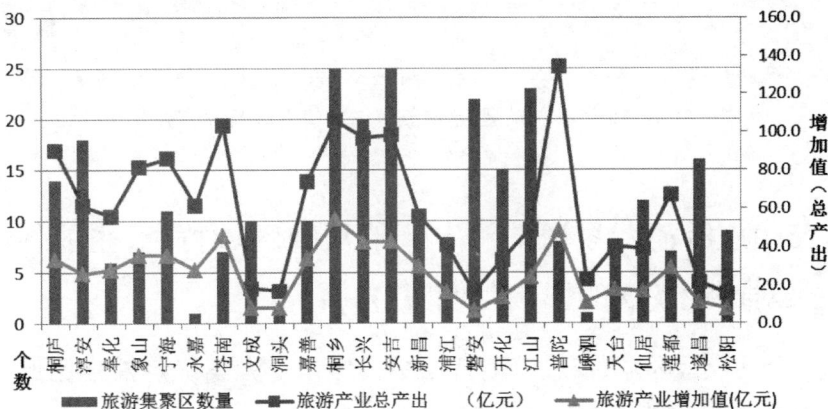

图 1　25 个县(市、区)全域旅游总产出和增加值等数据

(二)全域旅游增加值占比与第三产业占比正相关,旅游产业增加值率处于合理范围

全域旅游产业立足于服务业,25 个县(市、区)的全域旅游增加值占 GDP 的比重与其第三产业占 GDP 的比重基本呈正相关,两者比例曲线形状相似度较高(如图 2 所示)。25 个县(市、区)全域旅游增加值占 GDP 的比重均在 7.2%～12.9%之间,其中,6 个县(市、区)占比高于 10%,对应的第三产业增加值占 GDP 的比重均在 50%上下。从增加值率看,25 个县(市、区)全域旅游产业增加值率分布在 36%～53%之间,其中,5 个县(市、区)增加值率在 50%左右,10 个县(市、区)增加值率在 45%左右,增加值率分布比较合理,较好地反映了各地不同的产业结构和旅游产业对经济的不同影响。

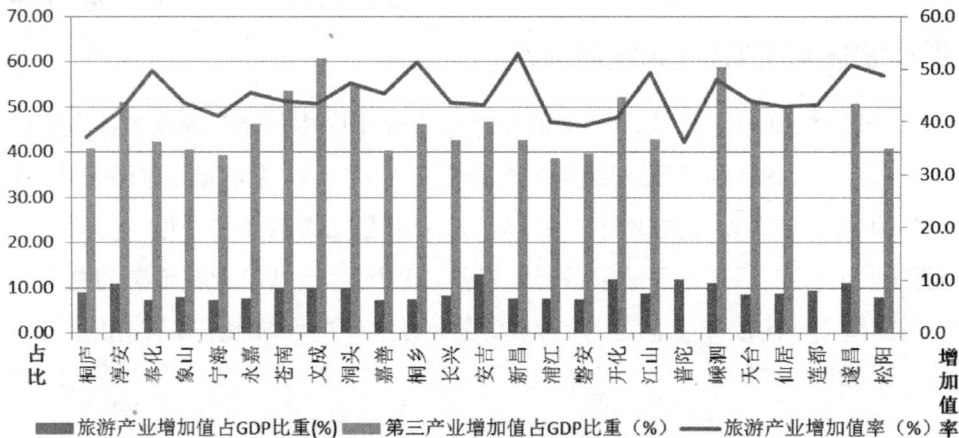

图 2 25 个县(市、区)全域旅游增加值占比及增加值率

(三)旅游消费系数的测定既能反映区域特色,也能体现旅游集聚对产业发展的影响程度

25 个县(市、区)均按旅游消费结构抽样调查方案确定抽样比例、样本单位,独立开展消费结构调查,测算各涉旅行业的旅游消费数据和旅游消费

系数,做到每个县(市、区)都有自己的旅游消费系数,体现旅游产业在相同地方不同行业占比及相同行业在不同地区占比的差异,首次在全省县级层面实现县县有旅游消费系数,表明全域旅游产业统计体系的可操作性较强。

从 25 个县(市、区)数据看,餐饮、零售和娱乐是全域旅游产业的三大重点行业,旅游消费系数在各地区间差异明显。餐饮业旅游消费系数介于 0.25～0.90 之间、零售业旅游消费系数介于 0.11～0.63 之间、娱乐业旅游消费系数介于 0.04～0.56 之间,三大重点行业的旅游消费系数在各地区间差异较大(如图 3 所示)。例如,嵊泗三个行业的消费系数都相对较低、普陀数据则相对较高,很好地体现了同为海岛旅游地区的不同旅游资源分布和产业定位。

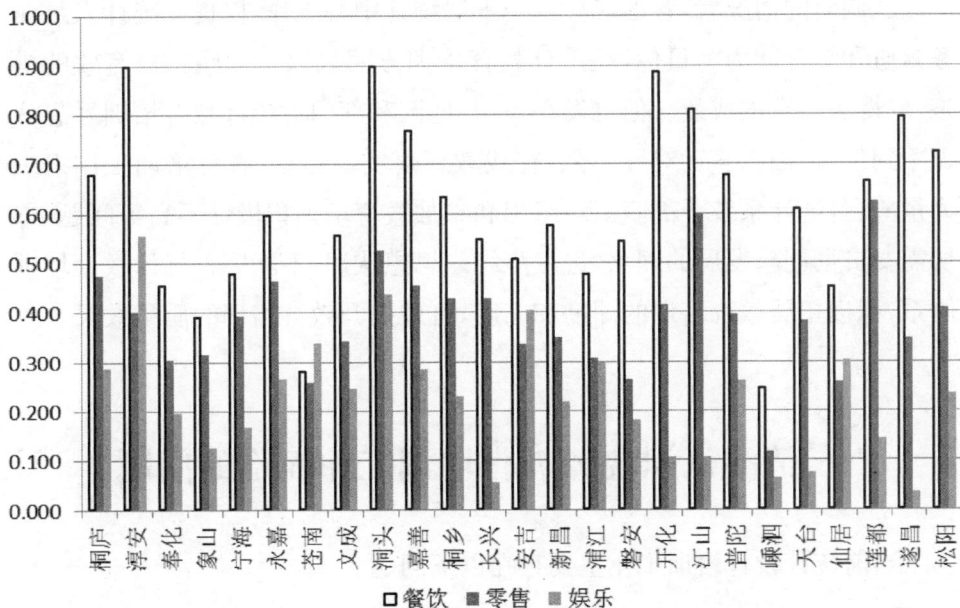

图 3　25 个县(市、区)三大重点行业旅游消费系数

课题负责人:张　斌

课题组成员:明升利　胡国良　吴　珺

执　笔　人:吴　珺

加强统计教育培训工作的思考

根据"大学习大调研大抓落实"活动的总体要求,围绕如何加强和改进当前统计教育培训工作,通过听汇报、查资料、实地走访和召开座谈会等方式调研,全面了解当前统计教育培训工作的开展情况。

从调研的情况看,各地统计部门围绕统计中心工作,以提升统计人员业务素质和综合能力为目标,在统计教育培训方面采取了一些积极有效的措施,取得了一定的成效。但也发现,一些地区和部门对统计教育培训思想认识不到位,培训内容针对性不强,在线教育落实不够好,教育培训工作组织力量薄弱,统计系统干部职工对组织和参加教育培训积极性不高等问题,迫切需要贯彻创新发展的理念,进一步统一思想认识,不断完善统计教育培训体系,积极拓展教育培训的深度和广度,有效提升教育培训的质量效果。

一、清醒认识统计教育培训工作面临的问题

当前统计教育培训工作主要存在以下问题。

(一)思想认识不到位,抓教育培训的力度与打造统计铁军的要求不相适应

加强教育培训是提高统计队伍能力素质、打造统计铁军的重要途径。进入新时代,党中央国务院对统计工作高度重视,做出一系列指示批示,出台一系列文件法规,迫切需要通过加强统计教育培训,使全体统计人员及时学习掌握并抓好贯彻落实。随着我国经济社会的快速发展,统计工作新知

识、新理论、新制度、新技术不断涌现,也需要加强统计教育培训工作,以迎接统计工作面临的新机遇新挑战。但调研中发现一些统计部门对新时代统计教育培训工作的重要性紧迫性缺乏正确的认识。一是缺乏总体筹划。大学习、大教育的理念确立不够牢固,过分强调实用,认为基层统计教育培训,应主要针对专业填报出现的新情况新问题搞"短平快式"的办班学习,没有从整个统计队伍长远建设的高度来思考教育培训问题。在对象确定、内容选定上存在单一性。在力量配备、资源整合、培训手段综合运用上存在瓶颈,在一定程度上影响了教育培训工作的开展,影响了教育培训质量效益的提高。二是摆不正工作与培训的关系。认为统计部门的首要职责是完成统计调查、统计分析和统计监督任务,工作重心应放在统计数据的采集、加工和分析运用上,通过实际工作来提高队伍素质,而对教育培训工作则认为无关大局,可有可无,说起来重要、做起来次要的现象在一些地方不同程度的存在,特别是在业务工作繁重、人员力量有限的情况下,一些地方对教育培训工作更是无暇顾及或疲于应付。三是对新情况应对乏力。"统计人员从业资格认定"行政审批事项取消以后,一些地方感到统计教育培训失去抓手,失去目标,教育培训理念转变滞后,定位产生偏差,措施应对乏力,在很大程度上影响了统计教育培训工作的有效推进。

(二)学用结合不紧密,教育培训的对象内容与统计创新发展的现实需要不相适应

当前,我国经济社会各个领域各项改革深入推进,经济由高速度增长转为高质量发展,供给侧结构性改革的深化,转型升级速度的加快以及新产业、新业态、新商业模式的不断出现,都对当前统计工作的管理模式和数据生产方式产生深远的影响,同时,也对统计教育培训工作提出了新的要求。目前,统计教育培训对象主要针对的是具体从业人员,而对统计工作的领导者、管理者缺乏系统有效的培训;在培训内容设置上缺少前瞻性,缺乏对当前统计发展新形势、数据生产新方法、数据监管新模式的深入分析和解读。教育培训往往以讲解统计报表为主,只注重报表内统计指标的概念、口径、范围的解释,缺乏对报表背后相关信息的深度解读;缺乏专业与专业之间、

报表与报表之间、指标与指标之间相关关系的剖析;缺乏对统计报表以外的有关当前经济发展形势、统计管理体制改革、统计方法制度优化、三新经济的兴起、数字化政府打造以及统计数据质量管控体系建设等内容的涉及,统计教育培训的内容与当前统计工作不断变化的新环境新要求不相适应的矛盾日益突出。

(三)资源运用不充分,统计教育培训的方式方法与网络信息时代的特点要求不相适应

随着网络信息技术、远程教育技术的日趋进步和完善,对传统意义上的教育培训从方法、手段、形式和管理方面都带来巨大的变革。网络在线学习平台不但有助于实现培训的统一部署、监督指导、实时监控,而且可以实现培训的个性化、标准化,实现资源共享,节约培训成本,提高培训效率。当前传统的教育培训方法手段与统计人员对教育培训新模式新要求不相适应的矛盾日益突出,虽然国家统计局在线学习中心和地方统计教育培训在线学习平台已经开通运行并取得初步成效,但部分地区对在线教育培训的新模式新要求认识还不够到位,运用也非常有限;平台的系统功能、学员管理、课时登记、技术服务等方面运用还不够充分,部分地区在线学习培训平台的注册率、上线率、合格率等都存在较大的提升空间,急需进一步优化和完善。面对统计工作发展的新趋势,如何采用网络在线教育培训的新手段,组织开展有效的统计教育培训,是摆在教育培训工作者面前的新课题。

(四)机构力量不匹配,统计教育培训的组织管理与职责使命需求不相适应

从调研的情况看,基层统计人员数量多,流动性大,统计从业资格认定行政许可审批事项取消后,对基层统计人员参与教育培训缺乏有效的组织和管理手段。首先,统计部门教育培训工作机构职能设置和人员配备不足。在省级层面,没有统一部门牵头组织,缺乏宏观统筹领导;在市级层面,教育培训工作没有单设机构,其职能挂靠在其他部门;在县级层面,教育培训职能更是分散在多个部门,缺乏一个明确的领导和职能划分,给教育培训工作

的组织和人员管理带来不少问题。其次，不少基层统计部门没有专职教育培训工作人员，身兼数职情况较为普遍。再次，教育培训组织管理不够专业，缺乏既熟悉统计业务又懂得统计教育培训科学管理方法，并能登上讲台的专业教育培训人才；在各级各类培训方案的构建、培训课程的设计、培训师资的选择、培训后勤的保障以及在线教育培训平台的技术维护和服务支持等环节，组织管理专业性不强，在某种程度上影响了统计教育培训的质量和效率。

二、准确把握统计教育培训工作的目标要求

(一)理清目标思路

针对问题矛盾，结合新时代统计工作的使命任务，当前统计教育培训工作应该围绕"坚持以服务统计中心工作为核心，紧贴时代发展，紧扣岗位所需，着力打造政治强、业务精、作风实的专业化统计人员队伍"这一目标来开展工作。

(二)注重与时俱进

一要在教育培训的内容上体现与时俱进。眼光要长远，内容要多元，既要有紧贴统计工作实际，着力解决当前统计工作中存在的突出问题的统计专业业务知识，又要有着眼于统计发展的统计新理论、新方法、新思维等前沿知识；既要有常规的统计理论和统计实务，又要有统计新法律法规和统计职业道德教育。二要在教育培训的组织上体现与时俱进。除政府统计部门自身努力外，还要积极发挥党校、高校、政府部门和社会机构力量多渠道、多形式组织统计教育培训，要在教学资源整合、教学设施共建、教学力量共享上体现先进性。三要在教育培训的手段方法上体现与时俱进。综合运用短期轮训、集中集训、现场教学、网络在线等多种方式，不断提升统计教育培训的质量和效果。

(三)突出针对实用

当前,统计系统正在深入学习贯彻习近平总书记等中央领导同志对统计工作的重要指示精神,着力深化统计管理体制改革提高统计数据的真实性,着力建立防范和惩治统计造假弄虚作假的长效机制。因此,统计教育培训工作要紧紧抓住当前统计工作的热点、难点、焦点问题,紧贴形势所需,紧扣岗位所需,紧抓统计工作中的短板和薄弱环节。当前,一方面要围绕当前统计中心工作,针对性地开展工业、投资、能源、服务业、三新统计、政府数字化建设等专业统计里需解决的问题。为此,一要继续充分发挥常规集中培训内容明确、重点突出、互动性强的特点,着力在如何提升课堂培训质量和效果上开拓创新;二要积极依托现代网络技术开展多种形式的网络在线教育培训,着力在不断丰富教育培训方法和手段上开拓创新;三要结合基层统计人员岗位特点,借助互联网社交工具,如组建各种形式的群,采取点对点、一对一的方式答疑解惑、沟通协调,着力在为统计人员打造更加便捷高效的统计教育培训新途径上开拓创新。

(四)体现创新发展

目前,基层统计岗位普遍存在人员流动性强,兼职多,统计基础知识薄弱的现象,常规的统计教育培训手段面临着很大的挑战。如何根据统计岗位特点,创新性地运用多种培训方法手段来提高培训效率,成为当前统计教育培训工作及突出统计工作新理念、新理论、新方法的学习,注重统计新问题的研讨和统计相关法律法规制度规定的学习;对统计系统业务骨干,重点是提高其统计业务能力和综合素质,重点开展统计制度方法、统计调查技能和信息技术的应知应会的培训;对统计系统新进人员,重点是提高其适应统计岗位的综合能力和专业知识;对量大面广的基层企事业单位统计人员,则以统计基础知识、统计基本理论和统计法律法规及统计职业道德为主要培训内容,不断提升其做好统计工台,积极组织好系统外量大面广的社会统计人员,尤其是联网直报企事业单位统计工作人员的教育培训,通过不断开发完善平台系统功能、丰富平台课件资源,提高平台课件质量,提升平台技术服务等举措,不断提高在线学习培训平台的注册率、上线率、合格率,积极适应经济社会发展新形势下统计人员对教育培训网络化的需求。

三、不断完善统计教育培训工作的体系结构

(一)着力构建"全员学习、各有侧重"的培训内容体系,充分满足各类不同人员的统计教育培训需求

不同的培训对象对培训内容有不同的需求。对统计工作的领导者和管理者的培训,要紧紧围绕工作的基本素养和能力。

(二)着力构建"传统与现代、线上与线下相结合"的培训方式方法体系,更加高效便捷地组织各类统计教育培训

在互联网时代,传统的统计教育培训模式已经无法适应新时代统计工作发展的需要,也无法满足统计人员对自身业务素质提升的需求。因此,要在进一步改进优化传统集中培训模式的基础上,积极借助现代信息技术的成果,加大网络在线教育培训平台的宣传、推广和使用,充分发挥在线学习平台课件资源丰富、运行稳定、学习便捷的特点,更加高效便捷地组织各级各类统计教育培训。当前,省级统计教育培训在线学习,一要依托"国家统计局在线学习中心",组织好省、市、县三级统计系统内工作人员的更新知识学习,着力做好学员注册、课时登记、技术服务和监督检查等各环节工作,不断提高在线学习的覆盖面和参与度;二要依托理论和知识培训;三要着力提高其综合管理和领导能力,省级统计教育培训在线学习平台要做好统计法律法规和职业道德的教育培训工作,讲透文件的精神实质,着力提升统计人员自觉遵守统计法,自觉维护统计法,自觉在统计法治框架下开展工作的责任担当。

(三)着力构建"人员全覆盖,职责相衔接"的科学任务区分体系,使统计教育培训的组织更加科学合理

要实现全省统计教育培训的有效组织,需要着力打造省、市、县统计部门分工明确,职责协调,各有侧重的任务区分体系。省级在做好全省统计教育培训的总体协调、组织指导和监督检查外,还要着力做好系统内业务骨干更新知识培训、新进入统计系统工作人员培训、对口支援地区统计系统工作人员业务培训,要着力优化和完善好"省级统计教育培训在线学习平台",不断丰富课件资源,提升课件质量,完善系统功能;各市统计教育培训部门要紧密结合本地统计中心工作开展多种形式的教育培训,重点抓好市本级和所辖县(市、区)统计人员包括领导干部的统计业务和统计法治培训;各县(市、区)统计部门则要把重心放在量大面广的联网直报企事业单位统计人员的业务培训上,周密部署,加强宣传,落实人员,强化检查,以此形成省市县三级联动、分工明确、协调有方、配合有序的统计教育培训任务区分体系,不断提升统计人员教育培训的质量和效率。

四、努力促进统计教育培训工作的有效落实

(一)加强组织领导

当前,各级统计部门要深刻领会教育培训工作的目标思路,充分认识统计教育培训对提升统计人员职业素养和专业能力的重要意义和作用,提高政治站位,强化组织领导,精心谋划,科学安排,统筹协调,力求实效;要把统计教育培训工作纳入年度工作规划,与统计业务工作同研究、同部署、同落实,积极做好统计教育培训工作的宣传发动、组织协调和监督检查;要切实转变观念,积极适应统计从业资格行政许可取消以后,教育培训工作面临的新形势,综合运用多种培训手段,因地制宜地组织各类培训;要在统计人员个人年终考评、统计基层基础建设、乡镇统计工作考核、企业信用等级评定

等方面,充分重视统计人员教育培训学习结果的运用,积极引导广大统计人员主动参加统计教育培训。

(二)搞好协调配合

搞好统计教育培训工作,需要牵头部门和专业部门的紧密配合,协同互动。指定部门负责统计教育培训工作的整体规划和顶层设计,每年要根据当前统计中心工作,科学编制统计干部教育培训计划;职能部门要在认真组织落实教育培训计划确定的重点班次基础上,着重围绕年度统计教育培训中心任务,强化对基层教育培训工作的统筹指导和督促检查,强化教育培训课件资源、教学资源的优化配置,强化与各专业的沟通协调,强化在线教育平台的服务管理升级;各专业要及时提出本专业教育培训的重点内容,积极提供教育培训资源,大力输送教育培训师资,努力为教育培训工作的开展提供业务支持和师资保证,以此构建各职能部门配合默契,沟通协调顺畅、资源共建共享的统计教育培训工作新机制。

(三)抓实管理保障

各级统计机构要按照全省统计教育培训工作分级负责,协同一致的管理要求,做好本辖区、本部门、本单位统计人员参加统计教育培训的登记、管理、检查、督促以及服务保障工作,要指定专人负责教育培训工作,要强化上下协调沟通,保障必要的统计教育培训经费,保障教育培训的教学设备和教材;要因地制宜出台相关政策措施,积极保障统计人员参与教育培训的时间,为统计人员完成教育培训任务创造良好的条件。

(四)注重队伍建设

统计教育培训队伍肩负着组织实施教育培训任务,自身素质一定要过硬。各级统计部门:一要选派政治素质好,统计业务精,协调能力强的同志负责教育培训工作,为教育培训工作的有效开展提供有力的人员保障;二要不断提升教育培训队伍自身能力和综合素质,加强政治思想教育,强化培训业务学习,着力打造一支热爱统计教育培训,奉献统计教育培训,踏踏实实,兢兢业业做好统计教育培训的优秀管理队伍；三是各级统计部门要为统计教育培训队伍建设提供有力的政策支持，要积极建立统计教育培训人才的选拔、培养、激励机制，鼓励更多的既懂统计专业业务又懂教育培训管理的专业人才脱颖而出，为统计教育培训的长远发展打下扎实的基础，为满足统计人员不断增长的教育培训需求，服务统计事业发展大局做出积极的贡献。

课题负责人：金　川

执　笔　人：楼　军

论建立现代化统计调查体系

1978 年 3 月,国务院批准恢复国家统计局,2018 年恰逢 40 周年。40 年来,我国统计改革取得了重大成就,主要体现为:建立了"统一领导,分级负责"的统计管理体制;采用了以"周期性普查＋经常性抽样调查"为基本框架的统计调查方法体系;实施了与 SNA 基本一致的国民经济核算体系;搭建了初具规模的现代化统计信息网络体系;建设了基本符合国情的统计法制体系;建设了一支结构更加合理、综合素质更高的统计队伍;取得了国际交流合作的重要突破。总之,40 年来,我国政府统计为党和国家及时了解社会经济发展情况、科学进行宏观决策发挥了巨大作用。

如今,我国已经进入新时代,对各行各业都提出了新要求,政府统计自然也不能例外。党的十九大报告明确提出要"完善统计体制",为我国统计改革指明了新的方向。统计体制涉及政府统计的方方面面,包括管理体制、组织机制、调查体系、核算制度、法治监督体系等等,都需要根据中国特色社会主义建设进程,为及时反映新时代高质量发展状况而不断加以完善。其中,决定政府统计最基础的工作——收集和获取统计数据的统计调查体系,是完善统计体制最为迫切的部分之一。

因此,如何基于大数据思维,借助现代信息技术和手段,建立现代化统计调查体系,成了一个重要的研究课题。

一、对我国统计调查体系改革与发展的简要回顾

1978 年恢复国家统计局时,建立了各级政府统计机构和各业务部门统

计系统,运用全面统计报表来收集统计数据,这与当时的计划经济体制是相适应的。鉴于利用多种方法开展统计调查的必要性,故 1979 年 1 月召开的全国统计局长会议提出了"统计方法要多样化,提高科学水平"的要求。1980 年恢复了职工家计调查。1981 年国务院批转国家统计局《关于加强和改革统计工作的报告》指出"凡是适合用抽样调查的,就不用全面调查",因此 1982 年恢复了农产量抽样调查,进行了城市物价抽样调查,还进行了第三次全国人口普查。1983 年提出统计指标体系完整化、统计分类标准化、统计调查工作科学化、统计基础工作规范化、统计计算和数据传输技术现代化、统计服务优质化,即"六化"。同年,颁布了《中华人民共和国统计法》。1984 年国务院又发布《关于加强统计工作的决定》,统计工作开始走向法制轨道。1984 年国家统计局提出"开放式"统计,实行"五个转变"。同年,组建了由国家统计局垂直领导的农村和城镇社会经济两支调查队。

随着改革开放的逐步深入,统计调查对象开始出现多元化,使得全面统计报表制度赖以生存的基础发生了巨大变化,发挥抽样调查的主体作用成为必然选择。1994 年国务院批转国家统计局《关于建立国家普查制度改革统计调查体系的请示》,建立"以周期性普查为基础,以经常性抽样调查为主体,同时辅之以重点调查和科学推算等多种方法综合运用的统计调查方法体系"。1996 年为了适应这一新的统计调查方法体系,组建了全国企业调查队,负责对企业的抽样调查工作。

1998 年,国家统计局成立了普查中心。为了适应经济体制改革和实施新国民经济核算体系的需要,同时为了消除日益严重的重复统计,在 1993 年国家统计局实施了一套报表制度。

随着社会主义市场经济的进一步发展,统计改革的重点开始转向统计制度方法的改革,1997 年实现了向新 SNA 制度的全面过渡。2002 年正式加入国际货币基金组织数据公布通用系统(GDDS)。在总结基本单位普查、工业普查和第三产业普查经验的基础上,2004 年进行了普查制度改革,开展首次全国经济普查。2005 年合并 3 支专业调查队,成立了直属国家统计局的调查总队。

2009 年在全国 31 个大城市开展了月度劳动力调查。2011 年调整了工业规模以上企业的标准。2012 年"四大工程"全面实施,全国 70 万家规模以上工业企业、限额以上批发零售住宿餐饮企业、资质以内的建筑业企业和房地产开发企业及房地产开发经营企业开始联网直报。

2013 年,提出构建现代化服务型统计,国家统计局制定了《国家统计质量保证框架》;为迎接大数据时代,与 11 家企业签订大数据战略合作框架协议;月度劳动力调查范围扩大到 65 个大城市。

2014 年,开展全国第三次经济普查,采用电子化手段进行普查区划分,单位空间定位,普查数据的采集、传输、处理。这次普查除军队和武警系统外,实行属地普查,还增加了关于企业组织结构的调查。

2015 年,国家统计调查表测试实验室正式运行,提出改革完善劳动力调查,统一使用人口普查资料抽样框,将原来只在大城市进行的月度劳动力调查扩大到地级市,适当增加了反映就业创业、就业失业结构以及不充分就业和就业质量等方面的内容;提出加快建立"三新"统计制度,完善服务业统计调查制度,充分利用大数据加强服务业尤其是旅游业统计,正式采纳国际货币基金组织数据公布特殊标准(SDDS)。2016 年,提出进一步完善"三新"统计调查制度,切实加快服务业统计改革,以"五证合一"为契机加快统计调查登记制度的改革,建立健全覆盖伞面、更新及时、准确完整的基本单位名录库,更好地利用互联网、大数据、云计算、物联网以及空间地理信息技术等成果加快构建现代化统计调查体系。2016 年 12 月,中央全面深化改革领导小组通过《关于深化统计管理体制改革提高统计数据真实性的意见》,指明了深化统计改革的方向。2017 年 12 月,国家统计局召开统计系统视频会,对调整优化地方统计局和国家调查队部分业务分工、加强月度劳动力调查和"四下"企业调查改革工作进行动员部署。

二、对我国统计调查体系改革与发展的简要评价

我国统计调查体系改革与发展的最大特点是,建立了以现代信息技术手段为基础、多种调查方法制度并用、多种调查组织形式并存的统计调查体

系。具体体现为：①方式多样化。由原来基于统计报表进行全面统计调查的单一方式，发展成以普查为基础、抽样调查为主体、重点调查和科学推算相结合的多种调查方式。②制度规范化。首先是建立了周期性普查制度，在经过人口普查、工业普查和基本单位普查后，又将工业普查、第三产业普查与基本单位普查合并为经济普查；其次是投入产出调查、劳动力调查、家计调查、物价调查等相关专项调查，也建立了规范化的制度。③手段科学化。由原来"算盘加纸质报表"的调查手段，发展成为以电子计算机、互联网、云储存和各种统计软件为载体的现代信息技术手段，效率成倍提升。④内容完整化。根据产业结构和经济形态的发展变化，不断增加所需要的统计指标，使统计调查内容越来越完整。⑤标准国际化。以国民经济核算为导向，我国统计调查的方法制度、分类分组、指标口径、数据含义、数据质量控制等等，都逐步趋于具有国际可比性，先后加入了 GDDS 和 SDDS，国际影响力不断扩大。

我国统计改革所取得的以上伟大成就，也是今天我国政府统计的重要基础所在。同时，我们也要客观承认存在的问题与不足。统计调查手段的现代化，不等于统计调查体系的现代化。我国当前统计调查体系的主要问题是各种调查方式、各种调查力量、各种数据来源的有效整合不够，具体体现为：①在打破全面统计报表制度一统天下的同时，也逐渐失去了原本良好的企业统计基础。目前，不少企业和经济活动单位依然缺乏统计意识，基础统计工作比较薄弱。②各种统计调查制度和方式方法不够衔接。由于局队分设、政府统计与部门统计的关系不够顺畅，条块交错的组织体系造成了相互之间的统计调查制度和方式方法不够统一、不够衔接，调查数据的匹配性受到影响。③调查机构分设，数出多门，力量分散。目前，我国统计调查任务分散在统计局、调查队和政府各职能部门，这种各自为政的格局势必造成重复调查，既分散力量又数出多门，同时加重了被调查对象的负担。④各种数据资源缺乏有效整合，数据孤岛现象十分突出。由于统计调查工作没有做到一盘棋，势必造成各种数据资源难以得到有效整合，既存在数据短缺也存在数据重复和过剩。特别是不同的数据资源之间缺乏交融性，不仅存在物理隔离，而且存在逻辑隔离，严重影响数据的权威性与可使用性。此外，对大数据的有效利用还十分有限,尚未有效融入统计调查体系之中。综上,现行的"统一领导,分级负责"的统计管理体制,在干部考核任用与各种统计指标挂钩的情况下,当国家统计局的业务要求与地方政府的要求产生冲突时,地方统计局就可能出现由于双重管理所导致的委托关系不明确而无所适从的情况,从而影响统计调查工作的顺利开展;调查队和同级统计局分设,不同职责产生了分工摩擦,统计局与调查队尽管有分工,但由于对分工边界和责权利的不同认识而难以做到分工不分家,难免出现衔接不到位、配合不给力、步调不一致的问题,从而影响统计调查效率与质量,特别是需要新增一些统计调查内容(例如数字经济规模指标等)时,就会产生分工衔接问题;条块交错,多头统计产生了运行摩擦,即中央统计与地方统计分级、政府统计与部门统计并行的统计调查网络,表面上看纵横交错、覆盖完整,但实际上各种利害关系错综复杂,难以避免部门利益与整体利益、局部观念与全局观念相互冲突的问题,从而影响统计调查工作的一致性。

三、建立现代化统计调查体系的重要意义与基本原则

为了进一步提高统计数据质量,更好地服务于新时代中国特色社会主义建设,迫切要求及时解决上述存在的问题,尽快建立起现代化统计调查体系。国家发展改革委副主任兼国家统计局局长、党组书记宁吉喆曾指出:"随着我国经济发展进入新常态、全面建成小康社会进入决胜阶段、宏观调控方式进一步创新和改善、社会管理的科学化水平进一步提高,统计数据作为经济社会发展'晴雨表'作用更加重要。"特别是在新时代统筹推进"五位一体"总体布局和协调推进"四个全面"战略布局的过程中,有关改善民生、统筹城乡发展、加强社会管理、促进生态绿色发展等,都对国家统计调查提出了新的要求。为此,我们要切实以习近平新时代中国特色社会主义思想为指导,坚决贯彻执行党中央的各项重大决策部署,按照党中央、国务院领导同志关于统计工作的重要讲话和指示批示精神,着力构建现代化统计调查体系,当前要把贯彻落实中央《关于深化统计管理体制改革提高统计数据

真实性的意见》作为核心任务，以钉钉子的精神推动各项改革措施的全面落实，确保深化统计管理体制改革取得良好开局。可以说，建立现代化统计调查体系，不仅仅是统计管理体制改革的关键所在，更是一项重要的政治任务。

那么我们应如何构建现代化统计调查体系，或者说应建立一个什么样的统计调查体系？本文认为，总的原则是：既要符合中国国情，又要顺应时代发展的趋势，以及时取得准确完整的统计数据为己任，以充分满足国民经济核算为切入点，以客观反映我国高质量发展状况为目标。坚持调查质量第一，坚持调查效率优先。具体原则包括以下几个方面。

(一)数尽其用原则

这就是"凡有可用数据，不再另行调查"的原则，是为了避免"重复调查、数出多门和一门多数"必须遵循的原则。一是凡部门统计已有可用数据，政府统计就不再重复调查。只要国家统计局按照统计法的规定指导相关政府部门做好数据收集工作或日常记录工作，就可以大大减少各种统计调查的工作量，而且数据质量并不会比专项调查差。如果基础工作做得好，甚至人口普查也可以改入户登记调查为基于行政记录的核对调查。二是凡统计局各职能部门可掌握的数据，调查队就不要再开展专项调查；反过来，凡调查队已进行的调查，统计局也不应重复调查。对于统计局内部的职能部门，以及有些省市设立的地方统计调查机构而言，也应如此。在尚未重构国家统计局组织体系、局队尚未合并的状态下，要充分做好局队的分工与衔接关系，要列任务清单，严格执行。三是任何个人住户、企事业单位，都只承担最多一项相同或相近内容的、合法的统计调查任务。要避免不同渠道对同一个个人住户或企事业单位的相同或相近内容的调查，若出现这种情况，被调查者可有权予以拒绝。四是凡通过大数据或间接推算可以掌握的数据，不再组织专门的直接统计调查。

(二)统一归口原则

为了确立国家统计数据的权威性，不论通过什么渠道、什么方式调查获得的数据,都应统一归口到国家统计局管理,统一发布。目前,政府各业务部门都建有自己的数据采集系统或调查渠道,但缺乏统一设计管理,随意发布数据的情况比较常见,而且经常出现数据不一致的现象。为此,应依据统计法建立如下机制,任何政府业务部门所开展的统计调查活动都必须由国家统计局指导制定方案,明确规定其统计调查目的、调查范围、调查对象、方式方法、统计指标与口径等等,并把它们纳入整个国家统计调查的大盘中来,使部门统计之间、部门统计与政府统计之间形成合理的分工与衔接,既做到数尽其用,又做到数据口径与含义的统一,以解决数据资源不能得到有效整合的问题,也有利于解决数出多门或一门多数的问题。同时,还要统一规定数据最终审核与发布原则,除了国家统计局或国家统计局授权,任何部门不得发布统计数据。

(三)智能导向原则

随着数据科学的发展和人工智能的开发应用,统计调查必须更加充分借助和利用现代信息技术。要强化这样一个理念:无论是统计调查过程还是调查数据的储存与处理,凡是能够借助现代信息技术手段的就不再依赖手工方式,凡是能够实现智能化的就尽量实现智能化。这一方面可以大大提高统计调查的效率,另一方面也可以减少人为因素对数据的干扰,因为信息化、智能化的过程都可追溯原来的信息记录。我国规模以上企业联网直报、经济普查利用 PDA 采集数据等,都是这方面有益的尝试,但整个数据系统离智能化还有很大的差距。因此,可以先从人口调查的信息化、智能化开始,因为每个人从出生开始,经历上学、就业、婚姻、医疗,直至死亡,要进行多次的各种登记记录,这些都完全可以实现信息化,所要做的就是以身份证为主线,再辅之以电话等其他信息不断进行智能跟踪(技术上已无障碍)。只要统计局与有关部门联网,做好相关对接工作,基于信息化、智能化的人口数据就会非常完整准确,不必再进行传统的人口普查和抽样调查了,只需定期对智能显示的"异常个体"进行核对即可。同样,对企业基本信息的掌握也应如此。

(四)经验借鉴原则

不同国家开展统计调查的制度、方式方法、组织体系等都不一样,很难评价谁比谁优、谁比谁差,因为国情不同。我国的统计调查体系有值得充分肯定的地方,很多方面甚至做得比其他国家更扎实、更全面,千万不能一与其他国家特别是西方国家相比就自叹不如。只要是符合国情的体系,就是好的体系。但是,任何国家的统计调查都具有一定的共性,真实可靠、快速高效等是共同追求的目标。基于这一点,我们可以博采众长,借鉴他人的一些先进经验,少走弯路。例如,一些国家基于行政记录的人口普查等方式,值得我们去研究学习。

四、建立现代化统计调查体系的具体设想

为了建立适应新时代发展需要的现代化统计调查体系,我们必须以习近平中国特色社会主义新思想为指导,创新思维,大胆改革。无论是组织体系还是制度体系或是方法体系,都要以问题为导向,既要敢于打破约束发展的框框,又要敢于回过头弥补不够完善的地方。具体设想如下:

在组织体系上,国家统计局应重新整合统计调查力量,把调查总队的功能与统计局的调查功能整合在一起,成立统计调查中心。同步地,地方统计局、地方调查队和地方统计调查机构也一起合并。合并后的统计局可按照"统计设计,数据收集,数据处理,国民核算,统计分析、监测、评价与预警,数据储存与发布,统计执法检查,对外交流与合作"等程序来设置统计局内部机构。各级政府所属业务部门的统计数据都要归聚于各级统计局,由统计局建立共享数据库并发布各有关数据。这样做最大的优点是统一领导、统一步调。可以有机整合统计力量,减少各种摩擦,降低协调成本;可以聚焦中心工作,提高统计效率;可以有效衔接各种统计调查工作,整合统计指标,避免数出多门,防止指标歧义;可以打破内部数据孤岛,让数据流动起来,实现数据价值。在方法体系上,要把"以周期性普查为基础,以经常性抽样调查为主体,同时辅之以重点调查和科学

推算等统计调查方法体系",升级为"以现代化普查为基础,以现代化抽样调查为主体,以大数据和科学推算为重要补充的统计调查方法体系"。在目前情况下,普查依然是基础,抽样调查依然是主体,但必须实现现代化。所谓现代化普查和抽样调查,指的是在数据收集的方式手段上更加借助现代信息技术和已有的各种行政记录,更加体现出效率和质量。为此,首先要做好企业、人口与住户等普查或抽样调查的相关基础准备工作。就企业调查而言,要努力去规范企业小数据集,建立企业大数据库。应通过立法规定所有法人单位都必须按规定在提供完整的小数据集的同时建立统计台账,随时可以提供基本的统计信息。以往一度认为只有国有企业才可以实施全面统计报表制度,非国有企业没有义务填报统计报表,这是一种误解。国有、非国有只是所有权问题,而提供不提供统计信息是法律义务问题(也是权利问题)。只要是经济活动单位,都必须遵守统计法,有无条件履行提供真实统计信息的义务(也是拥有提供统计信息的权利)。这样,无论是开展全面调查还是抽样调查,都十分简便,并且具有连续性。就人口与住户调查而言,则要努力完善个人与住户的小数据集,建立个人与住户大数据库。在这方面,人口与住户信息的采集要借助现代信息技术从一而终,全部实现信息化(目前已具备这样的条件)。当然,要加强有关隐私保护和作假处罚等有关立法。对于企业、个人与住户小数据集以外的信息,非法人经济活动单位的有关信息,以及其他难以通过常规统计调查方法收集的信息,则应充分利用各种大数据和科学的统计推算来获取数据。

在制度体系上,要在上述两点的基础上,对现有的各种统计调查制度重新进行梳理,该取消的取消,该新增的新增,该修改完善的就修改完善。首先是人口普查制度和经济普查制度要按照"现代化"的要求进行修改完善,某种意义上讲要重新进行系统的顶层设计,必须走信息化与日常统计数据记录相结合的道路。其次,规模以上企业与规模以下企业调查制度,人口与住户抽样调查制度等最常规的统计调查制度,要从抽样框建设开始就按照"现代化"要求进行系统设计,要建立动态、多维、可跟踪的名录数据库,同时抽样组织方式、区间估计方法、误差控制标准等要同步优化。再次,为了充分利用大数据,物价调查、居民收入调查、劳动力调查和投入产出调查等一些专项调查制度,也要进行必要的调整和完善,要更加灵活多样、简便高效。

当然,各种普查制度与抽样调查制度之间、各种专项调查制度之间、规模以上调查制度与规模以下调查制度之间,要努力做到无缝对接,通盘考虑。在技术体系上,要以各种统计软件、互联网技术、物联网技术、大数据技术和政府统计专项研发平台为基础,努力实现智能化,即从数据收集、数据处理到数据储存、数据共享再到数据分析,实现一条龙全过程智能化,这是建立现代化统计调查体系的必然要求。可以说,没有现代化的信息技术、没有智能化的技术标准,就不可能有现代化的统计调查体系。这是由我国庞大的人口与住户规模、众多的经济活动单位,及其它们复杂的构成所决定的。只有在技术上实现智能化,才能实现上述的现代化普查和现代化抽样调查,才能帮助理顺各条渠道、各种调查之间的关系,才能打通各个数据孤岛、实现数据的融通共享,才能真正建立完备的政府统计大数据库。我们不一定普遍采用全面统计调查,但具备全面统计调查的基础却是应该努力的方向,而先进的技术手段是必备的条件。

在产品体系上,要以满足新时代新要求为出发点,以体现新发展理念、反映高质量发展成果为导向,系统梳理统计调查内容,科学设计统计调查指标,构建现代化统计调查指标体系。能否建成现代化统计调查体系,最终要看能否通过现代统计指标体系全面反映新时代新发展的最新成果,最终要看能否通过统计调查客观获取所需的统计数据,特别是反映新发展理念的相关数据。面对新产业、新经济,面对新就业模式、新商业模式、新消费模式,如何及时新增统计指标、提供新的统计产品,可谓任重道远、义无反顾。此外,如何分别满足政府、企业、社会团体、研究机构和个人对统计产品的不同需求,也是构建现代化统计调查体系必须考虑的一个重要方面。为此,应该大胆摒弃那些过时陈旧、作用不大的统计指标,及时新增反映统筹推进"五位一体"总体布局和协调推进"四个全面"战略布局成果的统计指标。因此,无论是统计调查内容还是统计调查制度或是统计调查方法,都应该以此为中心深化改革、攻坚克难。

课题负责人:李金昌

课题组成员:刘 波 项 莹 洪兴建

胡晓梅 杨秀艳

[参考文献]

[1] 李金昌. 对我国统计调查方法体系改革的回顾与展望[J]. 统计研究，2002(7):32-35.

[2] 李金昌,徐蔼婷. 论重构国家统计系统[J]. 中国统计,2004(10):7-9.

[3] 徐蔼婷,杨玉香. 基于行政记录人口普查方法的国际比较[J]. 统计研究,2015(11):88-96.

建立软投入指标体系研究

一、研究背景和意义

我国当前经济处于由高速增长转向高质量发展的重要阶段,处在转变经济发展方式、优化经济结构、转换增长动力的关键时期。提高软投入是实现经济高质量发展的有效途径,也是新的经济背景下深化供给侧结构性改革的有力抓手。

目前关于软投入的研究,主要围绕李国璋教授在 20 世纪 80 年代提出的软投入理论开展,对软投入的定义及组成要素观点一致,但软投入内涵及外延仍不明确,对软投入指标体系构建及定量测度较为缺乏,需深入研究。本文在已有研究的基础上,明确软投入的组成要素,构建软投入评价指标体系,对各区域的软投入状况进行测度分析与比较,剖析软投入组合质量及优劣势,为客观认识软投入、增强软投入从而促进经济高质量发展提供依据。

二、软投入的概念及内涵

软投入概念是 20 世纪 80 年代李国璋教授在研究中国经济增长源泉时,针对当时运用西方经济理论在解释我国经济发展实践中存在的不适应性问题而提出的。李国璋(1989.)指出,人类在生产活动过程中有两类投入,一类具有物质形态,称为硬投入;另一类不具有物质形态,称为软投入。软投入是指相对有形的硬投入(如资本投入、劳动者、土地等)而言的非物质形态的投入(潘文卿,1997;彭国川、赵崇生,2006;周彩云,2009;张唯实,2011,2012),包括战略、规划、机制、政策、观念、认知、意识、科学管理、科技进步、民众素质等等。软投入质量对中国经济的增长起着十分重要的作用(王虎中,1998;戴启斌、王忠宇,1989;黎龙醒,2014)。

软投入的组成要素,可概括为综合政策投入(体制、政策和管理)、综合科技投入(科技和教育要素)、劳动者积极性投入三大类(李国璋,1995;陈宏伟,2010;石宏博,2011;周晖,2012)。本文认为,综合科技要素投入,不仅涵盖科技投入要素和教育投入要素,还应加入文化投入要求和医疗卫生投入要素,从科、教、文、卫四个方面综合体现综合科技投入。

三、软投入指标体系的构建

根据软投入内涵和组成要素,本文从综合政策投入、综合科技投入和劳动者积极性投入3个方面分别设计指标,构建软投入指标体系。

综合政策投入包括体制、政策和管理3个部分,参考李国璋(1995)提出的综合政策投入的内涵,将综合政策投入集中反映在政策上。本文没有对体制、政策和管理进行具体区分,从产权制度、财政配置、法制环境、市场机制、对外开放、人才引进各方面设计指标。综合科技投入从科技投入、教育投入、文化投入、医疗卫生投入4个方面反映。劳动者积极性投入从物质激励和精神激励两个方面反映。由于部分指标数据无法获取,所以选取了如下指标,见表1。

表1 软投入指标体系

一级指标	二级指标	三级指标	计算公式
综合政策投入	产权制度	非国有工业经济所占比重 非国有工业企业数占比	非国有工业销售产值/工业销售产值 非国有工业企业数/总工业企业数

续　表

一级指标	二级指标	三级指标	计算公式
综合政策投入	财政配置	基本公共服务支出占地方财政支出比重	基本公共服务支出/地方财政支出
	法制环境	知识产权保护强度市场秩序	参考韩玉雄、李怀祖(2005)用4个指标综合反映 经济案件发生数/GDP
	市场机制	电子商务交易额占社会消费品零售总额比重	电子商务交易额/社会消费品零售总额
	对外开放	外贸依存度 人均实际利用外资	进出口总值/GDP 外商直接投资/常住人口数
	人才引进	人才激励经费支出	
综合科技投入	科技投入	R&D经费投入强度 地方财政性科技经费支出	R&D经费支出/GDP
	教育投入	平均受教育年限 地方财政性教育经费支出 继续教育经费支出	抽样中不同教育程度的人口比例×受教育年限
	文化投入	人均拥有公共图书馆藏量 互联网普及率	公共图书馆藏量/常住人口数 互联网上网人数/常住人口数
	医疗卫生投入	人均财政性医疗卫生支出 每万人医疗卫生机构床位数	地方财政性医疗卫生支出/常住人口数 医疗机构床位数/常住人口×10000
劳动者积极性投入	物质激励	劳动报酬支出 全员劳动生产率	工业企业增加值/平均从业人员数
	精神激励	获得省级及以上人才称号数	

四、软投入的测度及分析:浙江省与兄弟省市软投入水平比较

(一)数据来源

本节研究的省域范围包括中国大陆地区的 28 个省、自治区及直辖市,由于西藏、宁夏、新疆、澳门、香港特别行政区有大量的数据缺失,予以排除。选择的研究时期为 2007—2016 年。

相关数据均来自《中国统计年鉴》《中国科技年鉴》《中国工业统计年鉴》《中国律师年鉴》《中国人口和就业统计年鉴》《中国第三产业统计年鉴》《工业企业科技活动统计年鉴》《电子商务报告》以及各省统计年鉴。对于年鉴中缺失值均采用插值法处理。

(二)综合政策投入分析

1. 浙江与其他省市综合政策投入得分比较

表 2　综合政策投入得分情况一览表

省市	2007	2008	2009	2010	2011	2012	2013	2014	2015	2016
北京	2.64	2.56	2.52	2.58	2.50	2.56	3.43	4.04	4.76	4.77
天津	2.25	2.35	2.34	2.86	3.14	3.30	3.86	4.57	5.29	3.64
上海	3.83	4.12	3.98	4.35	4.50	4.70	5.05	6.91	6.66	7.12
江苏	1.01	1.10	1.07	1.54	1.72	1.80	1.99	1.91	1.84	1.83
浙江	0.87	0.96	1.02	1.33	1.48	1.56	1.82	2.13	2.38	2.57
广东	1.68	1.52	1.55	2.02	2.04	2.12	2.61	2.87	3.07	3.10

2007—2013 年,浙江综合政策投入在全国位居第6,次于上海、北京、天津、广东和江苏;在 2014—2016 年间,浙江省综合政策投入的排名有所上升,超过江苏,排名升至第 5 位,主要得益于浙江对外开放水平的提升与医疗卫生支出方面的增加。

对 2016 年浙江政策投入与其他省市进行对比,找出浙江省的优劣势:

与北京相比,浙江的非国有化进程远远超过北京。在财政配置和法制环境方面,浙江与北京的差异不大。在市场机制方面,北京的电子商务发展规模明显优于浙江。在对外开放方面,浙江的外贸依存度稍高于北京,但人均利用外资远不如北京,北京的人均利用外资达 130636 元,而浙江为38008 元。

与天津相比,浙江的非国有化进程超过天津,但财政配置不如天津合理,天津的基本公共服务支出占财政支出的比重达 94.80%,而浙江仅为90.53%。浙江的对外开放水平优于天津,浙江的外贸依存度达 48.28%,而天津仅达 39.73%,优势明显。

与上海相比,在产权制度方面,浙江的非国有化进程领先于上海。在财政配置的合理性上,浙江稍弱一些,上海的基本公共服务支出占财政总支出达 95.63%,而浙江为 90.53%。在法制环境方面,浙江稍落后些,浙江的知识产权保护强度为 3.58,而上海为 3.79。在对外开放上,浙江与上海的差距甚大,上海的外贸依存度达 95.38%,而浙江仅为 48.28%。

与江苏相比,非国有化进程与财政配置合理性方面大致相似,并无显著差异。浙江法制环境更好、市场更具多样性;但浙江的对外开放水平不及江苏,江苏的人均实际利用外资达到 73063 元,而浙江仅有 38008 元。

与广东相比,两省的非国有化进程大致相似,广东的财政配置比浙江稍合理些。浙江的对外开放程度远不如广东,广东的外贸依存度达到87.09%,而浙江仅为 48.28%。

综上,浙江的非国有化进程发展较快,法制环境优异,但对外开放水平不高。浙江非国有化进程发展较快,非国有经济规模与非国有化企业数总量较大,非国有经济占比较高,超过了北京、上海等一线城市,优势明显。知识产权的保护强度较高,在全国位列第 3,得分为 3.58 分,得分最高的北京为 3.79 分,表明浙江的法制环境较为优异,法制氛围好。但浙江的对外开放水平与北京、上海、江苏相比,仍存在较大差距,外贸依存度不高,仍需提高我们的对外开放水平,促进经济更好更快地发展。

2. 浙江省综合政策投入变化情况

为分析浙江省近十年来的综合政策投入变化情况,并与全国平均水平的趋势进行比较,见图 1。2007—2016 年间,浙江省政策投入得分持续上升,近似呈直线增长态势,远高于全国平均水平,发展趋势良好。

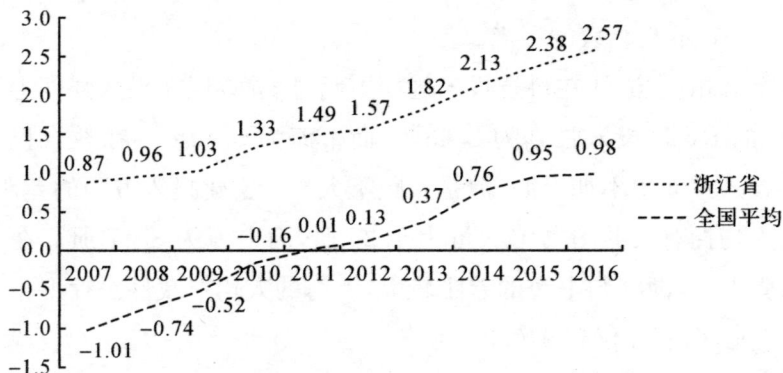

图 1　2007—2016 年浙江省综合政策投入得分与全国平均水平的趋势比较图

(三)综合科技投入分析

1. 浙江省与其他省市综合科技投入得分比较

表 3　综合科技投入得分情况一览表

省份	2007	2008	2009	2010	2011	2012	2013	2014	2015	2016
北京	2.74	3.73	4.26	4.88	5.54	5.33	5.76	6.20	6.78	7.17
天津	−0.34	0.48	0.69	1.10	1.78	1.85	2.28	2.62	3.03	3.26
上海	2.42	3.73	3.92	4.33	5.17	4.78	5.04	5.48	6.01	6.86
江苏	−1.47	−0.98	−0.42	0.28	1.38	2.18	2.72	3.14	3.81	4.21
浙江	−1.34	−0.68	−0.24	0.19	1.05	1.63	2.07	2.45	3.10	3.54
广东	−1.10	−0.36	0.10	0.57	1.63	2.12	2.85	2.99	4.76	6.04

浙江综合科技投入在全国位居第五,落后于北京、上海、广东和江苏。我们对 2016 年浙江省的科技投入与其他省市进行对比,找出浙江省的优劣势。

与北京相比,浙江的文化投入比北京更优,北京的人均拥有公共图书馆藏量为 1.19 册,而浙江为 1.25 册。浙江的医疗卫生投入不如北京,北京的人均财政性医疗卫生支出达 1831.34 元,而浙江仅为北京的一半,人均财政性医疗卫生支出为 970.38 元。但在科技投入和教育投入上,浙江不如北京,特别是在科技投入上差距较大,北京的 R&D 投入强度为 5.96%,而浙江为 2.43%,不及北京的一半。

与上海相比,浙江在科技投入规模上超过上海,但在投入强度上不如上海,浙江的 R&D 投入强度为 2.43%,而上海为 3.82%。在教育投入和医疗卫生投入方面也不如上海,但是差距不大。在文化投入方面的差距明显,浙江的人均拥有公共图书馆藏量为 1.25 册,而上海为 3.17 册。在医疗卫生投入强度上,浙江与上海的差距较大,上海的人均财政性医疗卫生支出达 1583.06 元,而浙江仅有 970.38 元。

与江苏相比,教育投入、医疗卫生投入两省大致相同,并无显著差异。浙江的文化投入比江苏强,江苏的人均拥有公共图书馆藏量为 0.95 册,而浙江达 1.25 册。浙江的科技投入稍落后于江苏,地方财政性科技经费支出为 269.04 亿元,R&D 经费投入强度为 2.43%;而江苏的地方财政性科技经费支出为 342.71 亿元,R&D 经费投入强度为 2.63%,与江苏相比仍有一定差距。

与广东相比,浙江的文化投入优于广东,广东的人均公共图书馆藏量仅有浙江的一半。浙江的科技投入不如广东,广东的财政性科技经费支出达 742.97 亿元,而浙江仅有 269.04 亿元。浙江与广东的教育投入强度大致相同,但广东的人均财政性医疗卫生支出比浙江稍多一些,差距不大。

综上,在综合科技投入中,浙江的文化投入水平较高,对医疗卫生的投入力度大,但科技投入的水平不高。浙江对文化的投入力度较强,人均拥有公共图书馆藏量达到 1.25 册,超过了北京、天津、江苏,优势明显。浙江对医疗卫生方面的投入力度相对较强,超过了广东、江苏、天津等,说明浙江对于民生的重视度较高。但相比来说浙江省的科技投入不足,R&D 投入强度相对较低,只有 2.43%,而北京达到 5.96%,差距甚大。科技进步是经济发展的基础动力,所以浙江省应加大对科技的投入规模与力度,促进经济转向高质量发展。

2.浙江省综合科技投入变化情况

为分析浙江省2007—2016年综合科技投入变化情况,并与全国平均水平的变化趋势进行比较,见图2。2007—2016年,浙江省科技投入远高于全国平均水平,综合科技投入得分近似呈直线增长态势,近五年来的综合科技投入得分涨了将近一倍,增幅较大,发展趋势良好。

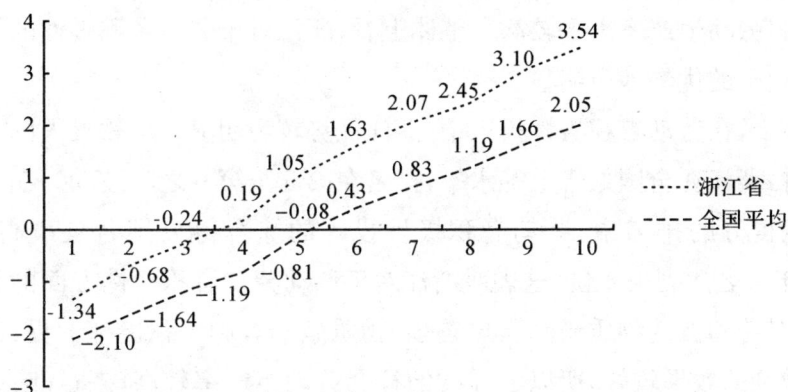

图2　2007—2016年浙江省综合科技投入得分变化情况图

(四)劳动者积极性投入分析

1.浙江省与其他省市劳动者积极性投入得分比较

表4　劳动者积极性投入得分情况

省份	2007	2008	2009	2010	2011	2012	2013	2014	2015	2016
北京	−0.70	−0.56	−0.44	−0.18	0.01	0.18	0.36	0.52	0.57	0.72
天津	0.04	0.57	0.64	1.04	1.63	1.93	2.12	2.27	2.19	2.12
上海	0.64	0.88	0.83	1.35	1.70	1.69	1.26	1.44	1.46	1.71
江苏	0.16	0.67	1.04	1.53	2.17	2.58	3.04	3.48	3.85	4.35
浙江	−0.13	0.15	0.16	0.60	1.09	1.31	1.57	1.89	2.15	2.48
广东	0.41	1.06	1.19	1.69	2.31	2.71	3.01	3.42	3.85	4.36

浙江的劳动者积极性投入处于持续增长态势,2007－2012年间的劳动者积极性投入得分排名没有提升,但从2013年至今,劳动者积极性投入持续增强,在2016年已升至第3名,仅次于广东和江苏。对2016年浙江省的劳动者积极性投入与其他省市进行对比,找出浙江省的优劣势:

从物质激励总量看,浙江省的劳动者报酬支出为22181.68亿元,居于第4名,劳动报酬支出最多的是广东,为39116.4亿元,其次为江苏、山东。从社会劳动生产率看,浙江劳动生产率仅次于天津、江苏、上海、广东,居于第4名,劳动生产率水平较高。整体上看,浙江对于劳动者积极性的投入较多,在全国的优势地位明显。

综上,在劳动者积极性投入中,浙江优势较为明显。从软投入的各要素得分看,浙江在全国处于上等水平,排名在第5至第6之间波动。在软投入各要素得分的排名中,劳动者积极性投入的综合得分排名是最高的,在2016年排名达到第4位,这表明浙江对于调动劳动者积极性方面的重视度较高,对劳动者的物质激励支出较多,物质激励有利于积极性的提升,并且物质激励的效果较好,所以浙江省的社会劳动生产率较高,超过北京,劳动者的积极性高。

2. 浙江省劳动者积极性投入变化情况

为分析浙江省2007—2016年劳动者积极性投入变化情况,并与全国平均水平的变化趋势进行比较,见图3。2007—2016年,浙江省劳动者积极性投入增幅较大,发展趋势良好。其中2009—2011年间的增速最快,2010年的得分是2009年的2.75倍,2011年的增速为81.67%;2012年以来,依然呈线性增长趋势,增速有所放缓。

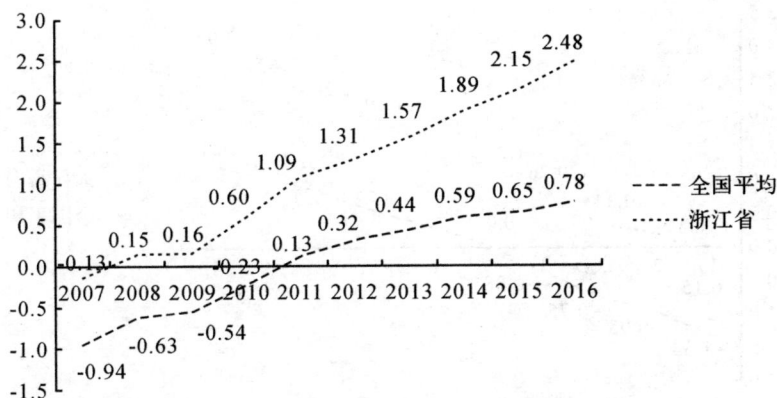

图3 浙江省劳动者积极性投入得分变化情况图

(五)软投入综合评价

1. 浙江省与其他省市软投入综合得分比较

表5 各省份软投入综合得分情况一览表

省份	2007	2008	2009	2010	2011	2012	2013	2014	2015	2016
北京	1.29	1.61	1.80	2.11	2.35	2.39	2.87	3.27	3.69	3.87
天津	0.65	1.16	1.25	1.71	2.26	2.48	2.86	3.26	3.56	3.06
上海	2.21	2.78	2.76	3.23	3.68	3.63	3.61	4.43	4.50	5.00
江苏	−0.01	0.40	0.71	1.28	1.94	2.37	2.80	3.09	3.42	3.76
浙江	−0.15	0.19	0.34	0.76	1.27	1.56	1.89	2.24	2.62	2.95
广东	0.43	0.88	1.08	1.59	2.18	2.52	3.02	3.33	4.08	4.68

浙江软投入得分处于持续增长态势,2007—2016年位居全国第6,排名仅次于上海、广东、北京、江苏、天津。

2. 浙江省软投入综合得分变化情况

图 4 反映了浙江省 2007—2016 年软投入综合得分变化情况。2007—2016年,浙江省软投入综合得分稳步提升,呈现直线增长态势,增幅较大,发展趋势良好,远超过全国平均水平。

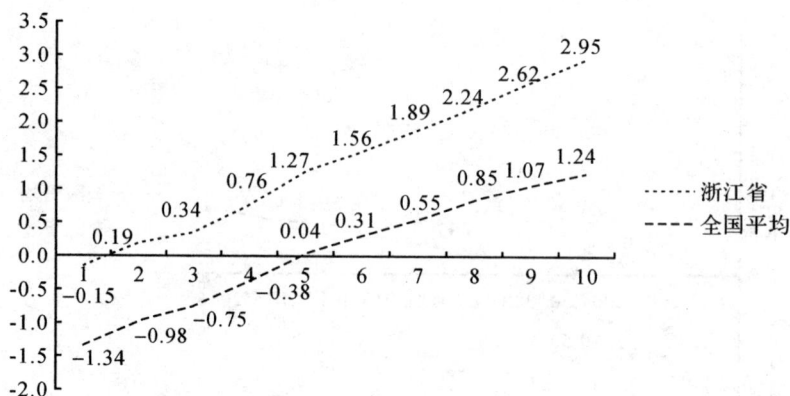

图4　浙江省软投入综合变化情况图

3.浙江省软投入各要素分布情况

图 5 是 2016 年软投入及各要素投入得分分布情况，2016 年浙江省软投入各要素投入分布较均匀。在政策投入方面，浙江与江苏相比有一定的优势，但与上海、北京、广东相比还有较大差距；在综合科技投入方面，浙江的优势不明显；在劳动者积极性投入方面，浙江具有一定的优势，得分超过北京与上海，但与广东、江苏相比仍有一定差距。

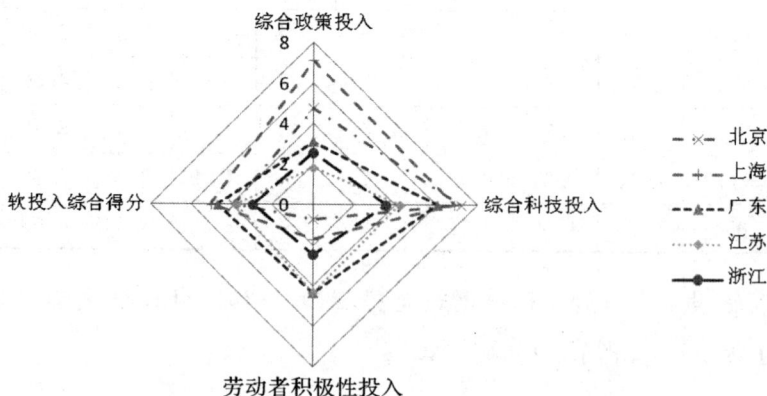

图5　2016 年浙江省软投入各要素分布图

五、浙江省软投入组合质量评价

基于物理学中耦合概念及系数模型,构建综合政策投入—综合科技投入—劳动者积极性投入的三要素耦合度模型。

2007—2016 年耦合度及耦合协调度的结果如表 6 所示。2007—2016 年浙江省耦合协调度呈上升趋势,2007—2012 年协调等级为中级协调,2013—2016 年上升到良好协调等级。浙江省的劳动者积极性投入较强,优势地位明显,但综合政策投入和综合科技投入的优势地位并不明显。所以应加大综合政策投入力度,加强科技投入规模和投入强度,实现软投入各要素的均衡发展,提升软投入质量,为实现经济转型升级、提质增效提供保障。

表 6　浙江省软投入各要素耦合度

年份	综合政策投入	综合科技投入	劳动者积极性投入	耦合度	三系统综合得分	耦合协调度
2007	0.5706	0.4000	0.6809	0.9766	0.5369	0.7241
2008	0.5475	0.4063	0.6730	0.9792	0.5226	0.7153
2009	0.5327	0.4170	0.6482	0.9840	0.5302	0.7223
2010	0.5277	0.4252	0.6722	0.9826	0.5445	0.7314
2011	0.5432	0.4534	0.6824	0.9861	0.5710	0.7503
2012	0.5345	0.5111	0.6674	0.9931	0.6149	0.7814
2013	0.5423	0.4996	0.6794	0.9914	0.6639	0.8113
2014	0.4464	0.5052	0.6803	0.9841	0.6209	0.7817
2015	0.4699	0.5459	0.6834	0.9881	0.6738	0.8160
2016	0.4700	0.5683	0.6802	0.9887	0.6760	0.8176

六、建　议

（一）对企业的建议

1.加大科技投入,不断增强企业自主创新能力

技术进步是提高劳动生产率的有效途径,而创新是技术进步的源泉。不断加大对科技方面的投入,有利于进一步提高企业自主创新能力,助推企业发展,提升企业的市场竞争力,促进企业持续健康发展,有助于提高企业劳动生产率,从而推动经济实现转型升级。

2.完善终身教育体系,全面提高劳动者素质

加强对职工的再教育,切实提高劳动者素质,这是人力资本得以提升的重要途径。企业开展培训活动或者大型的展会,可以使职工更好更快地掌握专业能力,提升自身的生产能力,对提高工作质量和工作效率起到了很好的推动作用。

现代社会对高层次、高技能人才的需求越来越强烈,只有坚持不懈地抓好教育培训,提高职工技能和综合素质,提升业务技能,激发职工的创新能力与工作热情,才能增强企业的核心竞争力。

3.建立有效的激励机制,激发劳动者的积极性和创造性

根据马斯洛需求理论,物质需要是人的基本需要,是人们从事一切社会活动的基本动因。就目前而言,物质激励仍是激励的主要形式,所以能否提供优厚的薪酬是影响员工积极性的直接因素。企业的薪酬体系要做到公平公正,劳动者只有感受到了分配公平,才能提高自身的生产积极性,如果企业没有充分重视薪酬体系的建设,可能会影响劳动者积极性,甚至会造成人才流失。企业还可将员工工资与企业效益相关联的方式来促进劳动者积极性的发挥,让劳动者能够切身体会到自身

劳动的价值。同时,精神激励也是提高劳动者积极性的重要方式,比如人才称号和赞誉等。

(二)对政府的建议

1.发挥政府在政策投入中的主导作用

政府要充分利用自身职能,通过制定相关政策来促进经济增长质量,充分发挥软投入的作用。比如2012年创办的国家"万人计划",吸纳了众多人才,浙江省政府可以通过颁布相关的人才引进政策,加大有关人才引进经费的支出,吸纳更多的人才来浙江、留在浙江。除此之外,政府要调节基本公共服务支出的比重,将更多的精力放在改善民生上,把更多的财力投在惠民富民上,坚持民生事业优先发展,做好民生保障工作。

2.加大财政教育投入,倡导人才引进政策,提升人力资本水平

近年来,浙江重视教育投入,但浙江的居民平均受教育年限仍然较低,现阶段浙江的人力资本水平仍落后于北京、上海、江苏,这一劣势给区域的科技进步、经济发展等造成一定阻碍。因此,要重视对教育的投入,积极推进素质教育,倡导终身学习,全面提高劳动者素质。努力打造人才生态最优的省份,倡导人才政策,加大人才引进力度,提高人才引进经费,吸引留学和海外高层次人才来浙江工作和创业,激发人才创造力,为实现经济转型升级提供强有力的人才保障。

3.研究合理的财政科技投入规模和投入方向,发挥财政科技投入的杠杆效应,引导企业增加科技投入

加大财政科技投入是建设创新型省份的基础。充分发挥政府的引导作用,带动全社会资金向科技经费投入方向流动,完善创新政策体系建设。"科技是第一生产力",科技进步在经济社会发展中起到举足轻重的作用。科技是转变经济发展方式的重要源泉,科技进步可以提高生产要素的产出率降低生产成本,提升产品的生产规模与质量,对实现经济转型

升级、提质增效发挥主导作用。

课题负责人:陈钰芬

课题组成员:王玲芳　侯睿婕

李　蕊　王　鑫

[参考文献]

[1] 黎龙醒.要重视"软投入"[J].现代企业文化(上旬),2014(5):16.

[2] 王虎中.重视软投入,提高扶贫效益[J].社科纵横,1998(4):25-26.

[3] 戴启斌,王忠宇.注重"软投入"实现"软着陆"[J].银行与企业,1989
(6):57-58.

[4] 李国璋.论软投入与经济效益[J].开发研究,1992(1):2-6.

[5] 杨逢珉,曹萍.教育投入与经济增长的实证研究[J].华东理工大学学报
(社会科学版),2006(4):34-37.

[6] 钱秉中,梅培智.经济发展中的软投入因素分析[J].兰州学刊,2002
(6):25-26.

[7] 彭军涛,陈其霆.制度变迁与农业经济的发展[J].兰州大学学报,2000
(5):39-43.

[8] 潘文卿.经济增长的软投入效应探析[J].兰州大学学报,1997(1):
35-42.

[9] 彭国川,赵崇生."软投入"视角下的区域经济协调发展[J].西部论丛,
2006(10):34-37.

[10] 张唯实.软投入与中国区域经济发展比较研究[D].兰州大学博士论
文,2012.

[11] 石宏博.软投入与区域经济增长质量[D].东北财经大学博士论
文,2011.

[12] 陈宏伟.软投入与区域经济增长质量[D].兰州大学博士论文,2010.

[13] 李国璋,陈南旭.中国经济增长的质量效益分析——基于软投入维度

的组合潜能测算[J].兰州大学学报(社会科学版),2016,44(6):84-91.

[14] 李国璋,肖锋.文化对经济增长的作用机理分析——基于软投入理论[J].甘肃社会科学,2013(5):160-163.

[15] 张唯实.中国三大产业生产效率的软投入分析[J].统计与决策,2011(19):105-107.

[16] 李国璋.产出增量中软投入贡献分析[J].数量经济技术经济研究,1995(4):54-61.

[17] 李国璋,刘津汝.产权制度、金融发展和对外开放对全要素生产率增长贡献的经验研究[J].经济问题,2011(2):4-9.

[18] 李国璋.产出增量中软投入贡献分析[J].数量经济技术经济研究,1995(4):54-61.

[19] 李国璋.论软投入与经济效益[J].开发研究,1992(1):2-6.

以开展"三新"统计为突破口的
统计制度与方法改革研究

　　近些年,随着"三新"的不断发展,"三新"已经成为我国经济增长的一个重要支点,也成为我国经济发展新常态下的一道亮丽风景。但是,"三新"经济的快速成长,也给现行统计制度带来了新的问题:一是"三新"行业繁多、分类标准难制定,如物联网、大数据、高端装备制造、生物技术等新产业新业态,往往存在三次产业跨界融合的情况,在传统国民经济行业分类标准中,很难做到精准的分类与界定;二是"三新"内涵概念不明确、统计内容模糊,对于"三新"经济下的统计内容没有明确的范围限定以及统计数据该统未统;三是统计部门在展开"三新"统计工作时,存在统计目标不同、统计标准各异、指标理解偏差等问题,导致"三新"统计普遍存在统计数据质量不高等问题。

　　在我国现行的统计制度中,虽然涵盖了相关的"三新"统计内容,并制定了相应的统计规定与统计方法。但相较于"三新"宽广的统计范畴与纷繁的统计内容,这些制度与方法有着很大的不足与缺陷,如在统计方法上仍然采用传统的年度专业统计报表制度与抽样统计等。因此,建立有效的"三新"统计制度与方法,制定切实可行的统计工作方案,从而全面准确地反映经济新常态下国民经济运转状况,是目前统计工作迫切需要解决的问题。

一、"三新"统计内涵的界定

(一)"三新"经济内涵的界定

所谓"三新"经济,是经济发展中所涌现的新产业、新业态和新商业模式的统称,它是一种经济发展形态,也是一种新型产业活动的表现形式。国家统计局(2017)把"三新"经济内涵界定为:新兴经济是指经济发展新常态下,由科技创新和信息技术革命,催生出以新兴产业、新型业态、新商业模式为核心内容和新动能引擎,从而带动我国经济持续发展的经济活动的集合。新兴经济也可以理解为:在经济发展新常态下,在经济活动性质(新产业)、服务载体形态(新业态)和要素组合模式(新商业模式)等多方面取得创新发展的经济活动的集合。新产业是指应用新科技成果、新兴技术而形成一定规模的新型经济活动。具体表现为:一是新技术应用产业化直接催生的新产业;二是传统产业采用现代信息技术形成的新产业;三是由于科技成果、信息技术推广应用,推动产业的分化、升级、融合而衍生出的新产业。新业态是指顺应多元化、多样化、个性化的产品或服务需求,依托技术创新和应用,从现有产业和领域中衍生叠加出的新环节、新链条、新活动形态。具体表现为:一是以互联网为依托开展的经营活动;二是商业流程、服务模式或产品形态的创新;三是提供更加灵活、快捷的个性化服务。新商业模式是指为实现用户价值和企业持续盈利目标,对企业经营的各种内外要素进行整合和重组,形成高效并具有独特竞争力的商业运行模式。具体表现为:一是将互联网与产业创新融合;二是把硬件融入服务;三是提供消费、娱乐、休闲、服务等一站式服务。

"三新"涵盖新兴经济、现代农业、战略性新兴产业、新产品、新服务、高技术产业、孵化器、企业创新、互联网平台、电子商务、互联网金融、城市商业综合体、开发园区等13项重点内容。

(二)"三新"统计内涵的分析

"三新"经济测度的实质是量化观察国民经济中"三新"经济形成与发展的水平及作用。在这项工作中,现行的国民经济核算体系仍具有重要的核算功能,指标体系的构建应突出"三新"经济的本质特征。因此,"三新"统计更加注重"以用户需求为中心",其概念仍趋向于多维度综合评价。"三新"统计中的海量异构、半结构化、非结构化统计数据挖掘处理,使得统计数据在产生、提供以及使用3个阶段发生了显著的变化,最终使得"三新"统计数据质量维度构成趋向准确性、相关性、适用性,并与用户的需求紧密联系。

本研究进一步从数据生产、数据提供、数据使用3个角度探索"三新"统计内涵的特征及基本要素。

1.统计数据生产视角

首先,元数据即统计最原始数据,是整个统计过程及结果的基石,决定了统计数据质量的走向。由于新经济活动单位跨界融合、混业经营,规模小、数量多、变化快等特性,导致以法人单位为主,兼顾产业活动单位的统计单位名录库组织模式难以适应新经济统计需要,使得元数据的标准及处理受到更大挑战。

其次,高质量的统计数据所需要的时间周期不会很长,并且,随着时间的推移,统计数据需要不断更新,其质量才能得到不断提升。"三新"企业由于数量多、变化快,使得统计数据每分每秒都会大量产生,并且实时更新,生产周期大幅缩短,数据质量必然会上升。

最后,"三新"统计积极利用拓展网上信息平台以及网络直报系统等信息化数据生产系统,共享平台数据,完善统计系统,拓展平台功能,改进统计服务,提升了"三新"统计数据质量。

2.统计数据提供视角

首先,"三新"统计数据的搜集质量是决定整体数据质量的最关键部分,"三新"经济不仅有着高度信息化的特征,而且还运用了高新技术和现代管理的理念,使得企业在劳动生产率大幅提高的同时用人也相对较少,也因此

催生了大量的小微企业,现行中小企业抽样方法无法客观反映"三新"发展
情况,只有通过典型调查或重点调查进行推算,或者通过工商、税务资料、大
数据分行业进行推算,创新统计数据搜集方式与标准,"三新"统计数据搜集
阶段质量才能得到提升。

其次,在"三新"统计中,数据的集成整合显得尤为重要。"三新"统计数
据具有海量、非结构化、多元等特点,要提取其中有价值的部分无异于沙海
淘金,其中很大一部分数据属于冗余部分。因此,需要运用大数据技术加工
整理来挖掘其中有价值部分,提升"三新"统计数据的质量。

3.统计数据使用视角

从数据使用角度上看,"三新"统计数据质量内涵仍以多维度构成为主,
基本要素为准确性、相关性、时效性,具体包括准确性、相关性、适用性、时效
性、衔接性、可解释性、可取得性、可比性等 8 个方面,此外以客观性、透明
性、用户满意度、简便易操作性等作为补充。

二、影响我国"三新"统计开展的因素分析

国家统计局在 2016 年相继出台了《关于加强和改进"三新"统计工作的
通知》(国统字〔2016〕6 号)和《新产业、新业态、新商业模式专项统计报表制
度》(国统字〔2016〕62 号),该制度内容包括了新产品、新服务和高技术产业
等 11 个"三新"重点领域。国家统计局在 2018 年 8 月又出台了《新产业新
业态新商业模式统计分类(2018)》,以现行的《国民经济行业分类》为基础,
对一些具有"三新"特征的行业与经济活动进行了重新的分类与定义。

除了政府机构公布的"三新"统计制度方法以外,各大企业也建立了相
应的"三新"统计下的数据研究方法。BAT 定期发布"新经济指数"。例如
从 2014 年 8 月开始,百度利用大数据技术用于预测经济指数的百度经济指
数,分别是中小企业景气指数和宏观经济指数预测。阿里研究院也推出有
阿里巴巴网购价格系列指数,包括 aSPI 阿里巴巴网购(全网)价格指数和

aSPI-core 阿里巴巴网购核心商品价格指数。而在 2016 年 6 月,腾讯也发布了描绘的中国数字经济地图。

(一)浙江省"三新"统计开展情况分析

为了全面了解"三新"统计在浙江省的开展情况,课题组成员对浙江省统计局、嘉兴市统计局、温州市统计局相关部门进行了走访,并同工作人员进行了座谈,了解到了浙江省"三新"统计的开展情况,现总结如下。

1.杭州市"三新"统计工作开展情况

一是严格按照制度方案要求,认真开展"三新"调查单位摸底排查,做好单位名录的比对、筛选、甄别、核实,准确确定"三新"调查单位名录,并及时纳入相关专业"三新"统计的范围。二是加强电商名录库建设,对"四上"企业开展逐一核实,在对电子商务平台的摸底、排查中加强与工信、商务等行政主管部门沟通联系,根据部门行政审批记录资料补充完善平台名录库,保障电商平台应统尽统。三是根据省统计局主要领导的要求,充分发挥杭州统计工作联席会议制度优势,主动利用好各部门的行政记录,充分利用与阿里巴巴等电子商务平台所建立的大数据合作关系,掌握工业企业网上直销和现金交易情况等,努力夯实"三新"统计数据质量基础。

2.温州市"三新"统计开展情况

一是全面摸排,建立"三新"单位名录库。通过与经信、发改、商务等多部门联合,深入基层,走访调查,对电子商务、时尚产业、新能源、商业综合体、战略性新兴企业等新产业、新业态清查排摸,结合工商、税务等部门行政登记资料,全面实现统计名录库更新,积极推动"个转企""下转上""小升规"等工作,符合规模以上标准的"三新"单位积极纳入统计,切实做好"三新"经济领域应统尽统。二是结合全国各地统计部门归纳的"三新"活动实例和本地区的产业特点,对温州市十大新兴产业、金融表外业务、股权投资等领域涉及"三新"活动内容进行归纳和定义,共梳理"三新"活动 431 项,并对每项"三新"活动进行详细的描述,为"三新"分类标准的认定打下坚实基础。三是划分分类标准。首先,对"三新"活动判定分类。针对前期总结的 431 项

"三新"活动,温州市局各专业处室对涉及本处室业务范围的进行认领,从专业角度准确判断该活动是否属于"三新"范畴,并按照新产业、新业态、新商业模式的标准,将每个"三新"活动进行明确归类。其次,编制"三新"行业代码。由于目前"三新"统计分类目录尚未建立,现行的《国民经济行业分类》与"三新"发展无法匹配,给统计上产业划分、行业界定带来一定困难,也使很多"三新"单位无法准确纳入统计。

3.嘉兴市"三新"统计开展情况

一是组织实施新产业、新业态、新商业模式专项统计报表制度;二是研究探索新经济统计监测指标;三是组织开展工业企业漏统问题研究;四是组织开展区域电子商务发展测度及其经济效应分析;五是开展电子商务经济活动总量核算方法研究;六是组织开展供给侧改革促嘉兴工业转型升级研究。

另外,嘉兴市统计局通过搭建阿里巴巴"电商大数据＋统计"融合研究分析平台,利用阿里巴巴分析型数据库,准确统计电子商务增加值,取得了非常好的效果。

(二)影响"三新"统计开展的因素分析

本研究结合现有文献的研究,通过实地调查和问卷分析,认为"三新"统计影响因素主要来源于流程、技术和制度方法等三个层面。

1.流程层面

"三新"经济涉及行业种类繁多,行业之间界定模糊,统计指标编制比较困难。数据生产类型多样,视频、图片、文本等非结构化、异构数据的产生,一方面使得统计数据类型更加完整、多样;另一方面,新经济活动单位数量多、变化快等,数据产生速度过快,容易造成统计速度跟不上数据生产速度。主要表现在:

(1)伴随智能设备、传感器以及社交协作技术在"三新"统计中的应用,"三新"统计数据的来源趋向于复杂化。目前,海量网页以及主动和被动系统的传感器数据等半结构化和非结构化数据是其"三新"统计数据的重要来源。因此,统计部门要从众多的"三新"企业数据源中获取有效的数据,确保统计数据的质量,是一件异常艰巨的任务。

(2)单位名录库建设还跟不上新经济统计需要,影响了"三新"统计开展。单位名录库是国民经济统计的根基,适用于各类统计方案的实施,诸如统计专业报表、抽样调查、各种经济普查等。单位名录库同样也是 GDP 核算的重要依据,可以说单位名录库是管理数据、核查数据、利用数据的数据仓库。因此,单位名录库是否完整,收录是否完全,将直接影响到"三新"统计数据的采集和利用。但是,目前我国统计系统单位名录库收录的信息主要是该地区从事经济和社会活动的所有法人单位、产业活动单位(分支机构)基本信息的数据,传统的单位名录库已经无法完全覆盖"三新"经济下的单位名录库,"三新"企业单位普遍存在跨界融合、混合经营的现象,且呈现数量多、规模小、变化多等特点,导致以法人单位为主,兼顾产业活动单位的现行统计单位名录库组织模式难以适应新经济统计的需要。

(3)传统的存储系统难以满足"三新"统计数据存储需要。目前传统的存储系统主要有三种构架,包括 DAS、NAS、SAN,这能很好地满足结构化数据的需求。但是面临半结构化和非结构化的"三新"统计数据,传统的存储要经过较复杂的转换过程,将其转化成结构化数据,才能进行存储和处理。在数据转化的过程中,可能导致转化方式失当,这将直接影响"三新"统计数据的准确性和完整性等。

(4)现有的数据开发能力滞后,影响了统计数据质量。由于"三新"统计数据规模庞大、瞬息万变,需要迅速对数据进行处理分析。因此,要充分运用大数据技术,在最短时间内,使统计数据价值达到最大化,以免造成"三新"统计数据的"过期",使决策无法达到预期目的。

2.技术层面

从技术层面分析,影响"三新"统计数据质量的因素主要有三个方面,即数据库技术、数据质量检测识别技术和数据分析技术。

目前,关系型数据库完全可以满足较小数据的存储。但在"三新"统计中,复杂性是"三新"统计数据的一大特征,采用传统的数据检测来识别、检测那些复杂的、结构与非结构并存的数据中的错误、缺失、无效或者延迟数据时,通常需要数百万或更多的记录和语句,这将耗费数小时乃至几天的时间。因此,面对这样的现象,传统的数据库技术已经无法应对"三新"统计的挑战,这就要求政府统计部门注重开发或引进数据库新技术满足"三新"统计需要。

另外"三新"统计数据处理应用软件也不统一。各地自行开发的网络直报平台和数据采集系统较多,很少有形成行业统一认可的系统,采用不同的数据处理软件,无形中增加了重复投资造成的资金浪费问题。针对目前推出的"企业一套表"试点软件系统还处在试验阶段,有待进一步的推广,并且需要向其他专业部门的扩展和延伸。

3. 制度与方法层面

(1)分专业的统计模式不能适应"三新"经济跨界的特点。首先,传统统计数据主要是按照国民经济行业分类标准,通过季度、年度统计报表的形式来获得的,行业分类完善,数据划分细致,是属于严格的分专业统计。分专业统计是为了避免重复统计,然而恰恰是分专业统计模式造成了严重的重复统计现象。"三新"经济往往是跨界融合的,这样,就与统计分专业的统计模式产生矛盾,而且加重了重复统计的现象。

其次,现行统计模式对于有些行业分类的定义过于模糊,缺少一些关于"三新"经济行业标准的准确诠释,诸如在一些新技术等方面的行业划分上,存在着"新一代""智能""节能""自动"等词汇的说明描述,但是关于"新一代"的具体内涵、什么属于"智能","节能"的标准又是什么,对"自动"的划分又是怎么样的,没有详细说明,存在着对概念的界定较为模糊的问题,导致"三新"统计数据收集的可操作性降低。

再次,在行业分类目录划分上有所遗漏,经济统计分类覆盖面不够全面。比如在电商和新金融活动上的分类还需进一步补充和完善,贸易电商这块行业也应属于新经济活动的这一部分,但是在国家分类中却并没有体现。同时,跨界融合使得"三新"企业的经营范围涉猎较广,业务划分不够明确。

（2）中小企业抽样方法无法客观反映"三新"经济发展情况。"三新"经济相比于传统经济，具有技术化程度高、产品附加值高、能耗少、生产效率高等特点，"三新"经济衍生出了一大批规模以下小型企业，使用传统的抽样调查方法进行统计的数据未必具有足够的代表性，因而不能准确及时地全面反映"三新"企业运行状况。

（3）年度专业统计报表制度缺陷和季度 GDP 核算办法影响了"三新"统计。一些"三新"企业达到"规上"或"限上"规模的也不能纳入常规统计，如金融领域内小额贷款公司、基金公司等目前难以纳入常规统计范围，而季度金融业增加值是按照金融机构存贷款增速来测算的，这就不能客观真实地反映区域金融业发展的实际情况。贸易统计中对"通过公共网络实现的商品销售零售额"是否应统尽统、应报尽报无法监管。套表单位"关停并转"变化快也增加了统计调查工作难度，例如，部分"三新"调查单位摸底的时候是正常营业的，但是到了正式调查阶段可能就已经停业或者找不到人的情况。另外，也存在调查摸底不仔细、不到位的情况，部分调查员因责任心不强、工作不认真，造成对象配合程度低。同时，规模以下"三新"企业、个体户财务制度不健全，统计报表的填报凭印象为主，势必存在少报现象。

（4）平台型"三新"经济统计漏统较多。一是电子商务概念混淆。从年月报上报情况看，基层统计人员对电子商务采购与电子商务销售理解不到位，存在把通过电子邮件、QQ 交流、电话传真等方式形成的订单确认为电子商务活动的情况。二是在统计工作中对平台是否自营判别有误。三是平台销售中对单位或个人、销售商品与提供服务难以区分。四是楼宇经济统计工作难度大，楼宇引来大量新入驻注册企业，但在名录库入库中发现不少虚拟注册企业，实地核实查无此单位，预留注册联系方式为代办公司电话，总有部分企业因联系不上而无法入库。而这部分单位大多是贸易类企业，一些业务量较大企业经营情况因查找不到而漏统。五是特色小镇统计数据收集困难，例如基金小镇虽然集聚了投资管理、有限合伙类金融公司，统计业务最大，但由于该类公司基本属于虚拟注册，其母公司或者总公司位于北京、上海、深圳等地，除了税收外其他数据的采集和调查表的填写存在问题，特别是此类公司目前税收贡献较大，但营业收入指标难以获得真实准确的数据。

三、以"三新"统计开展为突破口,完善我国统计制度与方法的建议

(一)完善我国"三新"统计数据产生流程的对策

首先,要健全完善统计名录库。"三新"统计涵盖面广,特别是"三新"跨界、共生、渗透、融合等特征较为突出,往往涉及多个部门,统计分类标准界定难度大,而现行统计单位名录库部分分类属性已不适用目前经济形势发展变化的需求,建议充分且广泛地应用行政记录,包括一些企业的工商注册登记信息、企业法人库信息和税务登记信息,还可以应用大数据公司和行业协会中的一些信息,及时掌握"三新"企业的动态,建立"三新"经济基本单位名录库,把好名录库入口关。同时在名录库指标中设置"三新"字段标志,为"三新"统计对象筛选、分析和解读奠定基础。在现有以"组织机构"为前提的统计名录库构建的原则下,可以设置不同统计目的要求的"统计名录子库",将"产业活动"相对独立出来,列为"法人"名录主库的子系统。"统计名录子库"可以采用"组织机构统一社会信用代码",对于个人参与的社会经济活动,可以采用"公民统一社会信用代码"(杨耿业,2016)。

其次,要采取"行政记录、大数据、传统调查"多举措构建获取调查对象基础资料渠道。"三新"法人单位和个人户:可以依托部门(工商、税务等)的行政记录,结合"三新"特征来获取调查对象。网店、微店:以借助平台(淘宝、天猫、京东、腾讯)的网上交易信息等大数据资源获得调查对象及数据。因此,必须开发新的数据收集技术,积极探索网络搜索技术,与BAT等合作采集"三新"统计数据,夯实"三新"统计基础数据。加快财务记录、报表资料等电子化进程。在使用传统统计的方法基础上,结合互联网、云计算、数据库等先进技术,实现对"三新"统计数据的电子化管理调度机制,做到"三新"统计数据收集、筛选、存储、共享、发布的一站式服务流程。

再次,统计数据标准不统一、指标口径杂乱、数据之间难以整合衔接,已严重影响了"三新"统计的发展。因此,政府统计部门应借鉴美国、欧盟发达经济体的做法,做好"三新"统计数据标准化工作,一方面可以将大量存在于企业、部门的非结构化数据转化为结构化数据;另一方面,把视频、图片、文字等非结构化数据以及半结构化数据进行标准化处理,以提高对"三新"经济运行趋势的把握能力。

最后,要求数据处理团队基于各个项目特定的目标进行更高质量的数据整理。在"三新"指数的编制中,可以尝试按月去重和按年去重这样不同的标准,来考察对"三新"指标稳健性的影响。有重点地对专业漏统部分在GDP核算中引用基础专业数据时加以补算,比如采用商务部网络零售增长速度和居民网络消费增长速度对零售业商品销售额增长速度进行修订,办法可根据网上占实体店比重或线上和线下比重进行加权计算,以客观反映当前电商冲击下零售业销售实际。

(二)加快我国"三新"统计数据库及统计平台建设的对策

针对"三新"统计数据的类型多样、结构不一,数据管理者应该建立相应的数据库,例如分布式缓存、基于MPP的分布式数据库、分布式文件系统、各种NoSQL分布式存储方案等,使大数据的存储更加便捷,使用更加高效。因此,政府统计部门要根据"三新"企业统计的不同需求,建立专门的数据库,努力降低存储成本。

另外,数据的去冗降噪技术、数据挖掘和基于大数据的预测分析技术的开发显得尤为重要。比如,Yahoo、Facebook、Linkedln等众多企业纷纷转向Hadoop平台,搭建分布式数据处理平台,使用新的数据挖掘工具。因此,政府统计部门,要充分利用"可视化技术""文本挖掘"和高性能计算等技术,提高"三新"统计数据处理的能力。一方面,可以利用网络爬虫技术,对"三新"企业的行为信息进行抓取、整合、分析,拓展"三新"统计数据渠道,丰富数据维度,为相关分析提供可靠的统计数据保证。另一方面,可以利用算法技术,对非结构化与半结构化统计数据进行交叉检验与相关关系分析,提高"三新"统计数据准确性。

最后,要大胆尝试使用新技术,采用全国集中统一的统计数据存储模式,采用开放系统平台,分层技术架构,分域安全保护,使用集群并行数据处理技术、应用交付网络技术等,提供良好的数据库横向扩展能力,支撑百亿级数据表及复杂数据结构的存储和处理、应用访问的负载均衡,以及大并发访问的运行需要。

(三)促进我国统计制度与方法改革的设想

依据国家统计局统计制度方法改革规划(2017—2020 年)中提出的十大改革举措,即优化统计报表制度、健全国家统计标准体系、建立反映国家宏观发展战略的指标体系、运用现代信息技术变革统计生产方式、完善国家统计名录体系,强化国家、地方和部门统计调查项目的协调与统一、推进部门间统计信息共享等要求,结合"三新"统计的特点,特提出如下对策。

1. 实施一体化统计模式改革

打破现有统计系统内部专业分割、处室林立的局面,将相同环节的统计工作集中在同一个环节,实现"三新"统计工作流程的统一规划设计、统一数据采集、统一应用分析和统一对外发布。具体来讲,就是在统计系统内部设置制度设计部门、数据采集部门、数据分析部门、数据发布部门等几大部门,这几大部门分处"三新"统计生产流水线的上、中、下游,构建"三新"统计数据的一体化生产模式。

(1)制度设计部门主要负责各项"三新"统计制度的研究和设计,包括统计指标、统计内容、统计标准、统计范围和统计方法的确立和界定,是统计系统的基础部门。与传统的统计制度设计不同,"三新"统计制度设计不是依据调查目的设计指标,而是根据"三新"统计数据特点来设计指标。

(2)数据采集部门主要负责原始数据的采集、处理和存储职能,这个部门不仅需要通过传统的或者新型的手段将数据采集上来,还需要对这些数据进行查询校验和汇总处理,并且负有将海量数据进行安全保存的职能,是"三新"统计系统的关键部门。

(3)数据分析部门主要负责对"三新"统计数据进行解读和分析。当前统计部门对"三新"数据的解读分析还远远不能满足社会的需求,随着云计算和数据挖掘技术的发展,"三新"统计部门应当把主要精力放在数据的解读分析上,利用各种大数据分析技术和软件,实现对"三新"数据的实时整合、动态分析、预警预测。因此,数据分析部门是"三新"统计系统的核心部门。

(4) 数据发布部门是统计系统的对外窗口,主要负责"三新"统计数据的发布、解释。

2.建立由统计部门统领的三位一体"三新"统计管理新体系

当前我国政府统计系统实际上由两部分组成,一方面是政府综合统计系统(统计局和调查队),另一方面是政府部门统计系统(海关、工商等各政府职能部门)。统计局、调查队负责将两个系统产生的数据汇总起来,统一对外发布。但现实情况却是各部门统计数据提供不及时、部门与部门之间数据统计口径存在差异甚至打架等。同时,相关的大数据公司、咨询机构这类民间统计结构也如雨后春笋般冒出,它们在满足社会统计需求的同时,也对政府统计造成冲击。因此,为了做好"三新"统计工作,统计部门需要角色转变,从原先的数据生产者转变为数据的管理者,建立起由统计部门统领,集政府综合统计、部门统计、民间统计于一体的统计管理新体系。

3.健全"三新"经济活动统计范围和分类标准

根据"三新"经济的动态变化,不断完善"三新"经济行业分类,进一步明确"三新"经济的具体范畴和活动划分,调整统计观测内容,建立易识别可操作的"三新"经济活动分类标准、统计范围和重点领域。进一步修订完善《国民经济行业分类》,按照行业开展新产业新业态新模式统计的需要,对相关行业划分进一步细化,强化分类说明,让"三新"经济中的统计对象都能覆盖,提高基层统计人员执行的可操作性。对于跨界经营的多产业活动单位,为实现"三新"统计核算,须将在统计上"淹没"的新产业新业态新模式活动都"剥离"反映出来,要充分利用全国第四次经济普查的契机,将以往的法人统计原则向产业活动单位统计调查转变,对"三新"经济活动进行一次全面、细致、准确的普查。然后再以第四次经济普查为基础,参考战略性新兴产业划分标准和文化企业标准,按照"三新"统计划分标准,对统计单位名录库进行更新完善。

4.改进中小企业抽样调查方法

由于"三新"经济具有与传统经济截然不同的特点,中小企业的抽样调查方法所统计的数据代表性减弱,难以准确反映"三新"企业运行状况,建议通过典型调查或重点调查进行推算,还可以通过工商、税务资料、大数据分行业进行推算。

5.修订完善相关行业季度GDP核算制度方法

一方面,有重点地对专业漏统部分在GDP核算中引用基础专业数据时加以补算,核算公式为零售业不变价增加值增长速度＝当期零售业商品销售额不变价增长速度×国家换算系数。另一方面,对于现行零售业商品销售额增长速度偏低的,应采用商务部网络零售增长速度和居民网络消费增长速度对零售业商品销售额增长速度进行修订,办法可根据网上占实体店比重或线上和线下比重进行加权计算,以客观反映当前电商冲击下零售业销售实际。

对于传统年度、季度报表无法表现"三新"经济运转内容的部分,展开相应的摸底调查、专题调查,利用重点调查、个案调查等方式获取相关数据。对于一些没有纳入现行统计分类或者统计分类有缺漏的行业,如金融业,可以采用定期报表制度,完善私募基金统计、货币统计、金融市场统计等相关金融业统计内容。对于数量多、涉猎广、规模小的一些限下"三新"企业,可以采用抽样统计数据、企业财务税收数据等估算"三新"经济总量。

优化微小企业抽样方式,如一方面对不同地区、不同规模的企业进行分层抽样,从各个地区差异发展和规模梯度发展来准确统计数据。另一方面,利用整群抽样的方法对不同区域"三新"经济进行统计核算,可以以工业园区、产业园区、产业集聚区、商业区等不同区域为样本群体,提高样本数据的准确性,使得所采集的"三新"统计数据更具有代表性和可利用性。

6.加强统计分析研究和预测预判

作为政府统计部门,一方面要广泛利用报纸、广播、电视、互联网等信息获取方式,深度挖掘各地区各行业"三新"统计数据,从各个角度全面分析"三新"企业的结构特征、地区分布、经营模式等,把握"三新"经济发展的实时动向。另一方面要强化数据分析,通过政府与企业、政府与高校、企业与高校合作等方式,建立专业团队进行专业分析,结合抽样调查数据、报表数据等,准确定位"三新"发展方向,把握"三新"经济发展脉络,预测预判"三新"经济发展前景,为政府相关部门解决"三新"经济发展中遇到的问题提供决策依据。

目前,文本可视化、视景仿真等新兴阅读技术已经大范围应用到计算机及其他经济领域。因此,统计部门要以新兴技术和新兴媒体为依托,加大技术投入和发布媒介创新,完善政府"三新"统计的数据发布形式,拓展各级各类发布渠道,发挥统计数据的最大信息价值。

7. 加快我国"三新"统计法律法规制度建设

发挥统计立法对"三新"统计制度与方法改革的引领和推动作用。一方面,要加快出台"三新"统计法律法规。针对原有统计法中原则性、框架性条款,及时制定"三新"统计可操作性的规章制度和规范性文件。另一方面,要填补立法空白、补齐短板,出台统计行政法规或者部门统计规章,实现统计法律制度、体制机制对"三新"统计工作的全覆盖。

加快我国刑法关于"三新"统计违法行为的明确与具体界定研究。目前,在我国刑法等法律法规中,对合法或非法的"三新"统计犯罪行为定义模糊。通过对"三新"统计犯罪行为刑法进行研究,把设置合理的刑法治理标准和边界、科学规定相关罪名、确定罪与非罪的界限、设置适当的刑罚幅度等问题纳入《中华人民共和国刑法(修正案)》,并进行明确与具体界定。

课题负责人:辛金国

课题组成员:吴泽铭　沙培锋　姬小燕

薛　洁　李　欢　陈　玮

[参考文献]

[1] 鲜祖德. 做好"三新"和新经济统计这篇大文章[J]. 中国统计,2016
    (12).

[2] 曾玉平. 深入推进统计法治建设的思考 [J]. 中国信息报,2017(1).

[3] 赵顺招. 做好"三新"统计[J]. 中国统计,2016(8).

[4] 周慧."三新"统计地方正在试点 BAT 大数据介入新经济指数[N]. 21
    世纪经济报道,2016(7).

[5] 周琳,吴珺. 关于建立新产业、新业态、新商业模式统计制度的思考[J].
    浙江经济,2016(12).

[6] 王楠. 完善"三新"经济统计工作的思考[J]. 统计科学与实践,2017(7).

[7] 国家统计局. 2017 年"三新"经济增加值相当于 GDP 的比重为 15.7%
    [EB/OL]. http://www. stats. gov. cn/tjsj/zxfb/201811/t20181122_
    1635086. html,2018-11-22.

[8] 杨耿业."三新"经济统计工作的思考与建议[J]. 统计科学与实践,2016
    (6).

[9] 王军. 关于知识经济测度的几个理论问题 [J]. 统计与决策,2000(7).

智能经济统计制度研究

当前,全球正处于新一轮科技革命和产业革命交会爆发的酝酿期,以新产业、新技术、新业态和新模式为代表的新经济已经成为经济发展聚焦的重点。习近平总书记在 2015 年中央经济工作会议上指出,新一轮科技革命和产业变革正在创造历史性机遇,催生智能制造、"互联网+"、分享经济等新科技、新经济、新业态,蕴含着巨大商机。大数据、物联网、云计算等新技术方兴未艾,虚拟现实(VR)、人工智能(AI)、超级计算等智能技术进展迅速,智能产品快速迭代,智能产业化、产业智能化将成为时代发展的必然趋势。近年来,我国相继发布"中国制造 2025"、"互联网+"、大数据、创新驱动等多个国家战略,已对智能经济相关重点领域开展谋划布局。"中国制造2025"更是明确提出要加快新一代信息技术与制造技术融合发展。加快发展智能经济是抢抓新科技革命机遇,抢占未来发展制高点的战略选择。

如何界定智能经济、梳理智能经济产业门类及范围、测度智能经济总量、评价智能经济发展综合水平、建立智能经济统计制度,已成为当前亟待研究的重要现实问题。本课题拟通过构建智能经济统计目录体系,研究制定智能经济统计制度,并以宁波为例就智能经济发展规模进行试算,为正确认识智能经济发展进程提供统计支持。

一、智能经济的内涵

智能经济是继机械工业、电气工业、信息工业之后人类文明的又一重大进步,而这一进步将带来人类社会新的智能革命。智能经济建立在信息经济之上,没有网络为基础的信息经济,就没有后来的智能经济。在智能经济时代,数据和知识成为经济增长的第一要素,人机协同成为主流生产和服务方式,跨界融合成为重要经济模式,共创分享成为经济生态基本特征,个性化需求与定制成为消费新潮流。智能经济可以大幅提升生产效率,引领产业向价值链高端迈进,全面提升经济发展质量和效益。

(一)智能经济的概念

1956 年,以麦卡赛、明斯基、罗切斯特和申农等为首的科学家在共同研究和探讨用机器模拟智能的一系列有关问题,并首次提出了"人工智能"这一术语,标志着"人工智能"这门新兴学科的正式诞生。2016 年,Alpha Go 战胜了围棋大师李世石后,人工智能概念在全球范围内瞬即成为热点头条。美国已将"智慧地球"上升为国家战略;英国提出了数字国家框架;日本连续发布了"uJapan""iJapan"等长远战略规划。目前,国外所研究的智能经济大多围绕人工智能展开。

国内学者对智能经济的界定研究相对较多。1990 年,黄觉雏等提出,生产、消费及流通三大领域都智能化的经济称为智能经济。叶方之认为,以大数据、互联网、物联网、云计算等新一代信息技术为基础,以智能制造为核心,以智能交通、智能电网、智能建筑等应用为外延的经济形式成为智能经济。徐苏涛认为,智能经济就是将人的智慧转变为电脑软件系统,再通过电脑网络给物理设备,由物理设备按照指令完成预定动作,而衍生出来的经济形态,但他认为智能经济并不是一种独立的产业。

2017 年 7 月 20 日,国务院正式印发了《新一代人工智能发展规划》,提出了"加快培育具有重大引领带动作用的人工智能产业,促进人工智能与各产业领域深度融合,形成数据驱动、人机协同、跨界融合、共创分享的智能经济形态",提及了智能经济这一概念。同年,宁波市发布的《宁波市智能经济中长期发展规划(2016—2025 年)》对"智能经济"概念予以明确,即"智能经济是以云计算、大数据、物联网、移动互联网等新一代信息技术为基础,以人工智能(AI)、虚拟现实(VR)、区块链等为代表的智能技术与经济将社会各领域的深度融合和深入应用为主要内容,以智能产业化和产业智能化为主要形式,推动生产方式、生活方式和社会治理方式智能化革新的一种新型经济形态"。本课题认为,在所有研究中《宁波市智能经济中长期发展规划(2016—2025 年)》提出的"智能经济"概念更全面、更有针对性。

(二)智能经济的特点

智能经济是信息经济与知识经济结合的产物,是继机械工业、电气工业、信息工业之后人类文明的又一重大进步。智能经济主要有以下几个特点。

1.智能性

装备、产品等具有感知、自适应和决策能力,能够感知外部世界、自动获取外部信息,并能自动适应外界环境的变化,进行高效决策判断。

2.整体性

智能经济是"人脑智慧""电脑网络"和"物理设备"三位一体形成的总体结构,局部智能将因为缺少其他要素而难以发挥作用。

3.融合性

智能经济是智能技术与各种要素的融合,通过融合将技术实体化、泛在化。在万物互联的条件下,智能技术渗透进国民经济一、二、三产业和社会方方面面,形成计算智能、认知智能、感知智能的装备、产品和服务。同时,各生产要素的智能化又反作用于智能技术的创新发展,进而形成一个良性的融合循环,推动经济社会各领域的互联互通和兼容发展。

4.持续性

智能经济是在 IT 时代转入 DT 时代的背景下产生的,信息、数据成为一种重要的生产要素,推动全要素生产率大幅提高,减少了对土地、环境等传统资源的过度依赖,进而实现经济的绿色、高效、可持续发展。

5.引领性

智能经济是新经济的典型代表,是信息经济、知识经济和数字经济发展的高级阶段。智能经济发生裂变连锁反应的潜力巨大,发展到一定阶段后会呈几何倍数级膨胀增长,带动其他生产、服务向更高水平跃升,引领新的生产方式、商业模式和管理模式。

(三)表现形式

1.智能产业化

智能产业化指的是以云计算、大数据、物联网、移动互联网等新一代信息技术为基础,智能技术直接形成以经济效益为目的的同类企业或组织的集合。智能技术可以直接产生经济效益的一种产业形态。

2.产业智能化

产业智能化指的是以云计算、大数据、物联网、移动互联网等为代表的新一代信息技术,以人工智能(AI)、虚拟现实(VR)、区块链等为代表的智能技术在各产业的运用、渗透。通过产业智能化可以提高产业生产效率,从而间接产生经济效益。

本课题认为,智能经济作为一种新经济形态,对这一新经济的认识可以围绕这两种表现形式展开。对智能经济产业可以通过产业统计目录体系的构建用经济总量的方式予以描述。产业智能化则可以通过相关指标来描述智能技术在国民经济各产业间的运用水平。将两者结合在一起,便是对某一国家或地区智能经济综合水平的评价。

二、智能经济产业统计目录体系初探

(一)智能产业统计分类原则

《国民经济行业分类》(GB/T 4754—2017)规定,在划分国民经济行业时,一个单位的行业性质是以该单位所从事的经济活动确定的。如果一个单位从事两种或两种以上的经济活动,则按主要活动确定行业性质,即占其单位增加值份额最大的一种活动。由于智能经济覆盖的行业范围广,渗透进入每个行业的程度不同,而国民经济小类行业分类的详细程度目前不能完全满足智能产业分类的需求,开展准确统计的难度较大。对于可能只涉及国民经济小类行业分类内容的一部分,则还需要进一步分析。

因此智能产业统计分类首先要选择国民经济小类行业,再采取行业法、企业法、系数法等多种方法相结合开展统计,尽量既能较为准确地反映数据,又能方便取数。结合上述情况,具体智能产业统计分类原则如下:所属小类行业的企业均属于智能产业的,采用"行业法"统计,即小类行业中的所有企业均纳入智能产业的统计范围;所属小类行业只有部分企业属于智能产业的,采用"企业法"统计,即经确认后的企业纳入智能产业的统计范围;所属小类行业只有部分产品或者服务属于智能产业的,采用"系数法"统计,即对企业采用调查的方式,计算涉及该小类行业的企业智能部分的产品或者服务比重系数。

(二)智能产业范围界定

本课题按照《国民经济行业分类》(GB/T 4754—2017),在国家统计局《战略性新兴产业分类(2017)》的基础上,结合《浙江省智能制造行动计划(2018—2020年)》《宁波市智能经济中长期发展规划(2016—2025年)》,对智能经济的产业范围做出界定。具体包括以下几点。

1. 智能农林牧渔业

智能农林牧渔业包含智能农业、智能林业、智能畜牧业、智能渔业,指的是利用大数据、物联网、互联网等现代信息技术对农业、林业、畜牧业、渔业所开展的生产经营进行智能化管理的活动。

2. 智能工业

智能工业包含智能制造业和智能电网,指的是围绕智能装备、智能产品所开展的生产活动。主要包括智能制造装备产业、智能终端产品、智能基础产业。其中,智能制造装备产业包括工业机器人与增材设备、智能成套设备制造、智能测控装备制造、数字创意设备制造、航空装备产业、卫星装备产业、新能源汽车及轨道交通装备产业、高端船舶装备业、光伏及新能源装备业、其他智能设备制造业；智能终端产品包括智能消费相关设备和智能家居制造；智能基础产业包括新一代（智能）信息技术产业、智能电子核心基础产业、智能关键基础零部件制造业。

3. 智能建筑业

智能建筑业包含智能建筑安装业和智能工程建筑业，指的是智能化安装及智能相关工程施工和安装活动。智能建筑安装业主要包括智能化安装工程服务、电子工程安装服务、其他智能化安装活动等；智能工程建筑业主要工厂智能化生产设施和设备、通信设施、广播电视传输设施的施工与安装活动。

4. 智能服务业

智能服务业指的是主要依托智能技术为社会提供服务的行业，划分标准为离开智能技术是否还能继续提供服务，主要包括软件和信息服务业、信息网络产业、智能交通、数字娱乐业、高端商务服务业。其中，软件和信息服务业包括软件开发、集成电路设计、信息系统集成服务、物联网技术服务、运行维护服务。信息网络产业包括互联网智能制造等生产服务平台，互联网约养老互助、教育培训、挂号就医等生产服务平台，物联网创新等互联网科技创新平台，人工智能等互联网公共服务平台，互联网安全、数据、接入等服务。智能交通运输业包括智能铁路、智能城市交通、智能港口、智能航运、智能联运。数字娱乐业包括地理遥感信息服务，动漫、游戏数字内容服务，新媒体数字化制作服务，电子期刊和数字智能出版发行服务等。高端商务服务业包括互联网零售、互联网批发、非金融机构支付服务、网络借贷服务、互联网广告服务、创业空间服务等服务。

按照智能产业范围的界定，可以初步确定智能产业统计分类目录框架，如表1所示。

表1　智能产业统计分类目录框架

子门类	重点产业
一、智能农林牧渔业	(一)智能农业
	(二)智能林业
	(三)智能牧业
	(四)智能渔业
二、智能工业	(一)智能制造装备产业
	1.工业机器人与增材设备
	2.智能成套设备制造
	3.智能测控装备制造
	4.数字创意设备制造
	5.航空装备产业
	6.卫星装备产业
	7.新能源汽车及轨道交通装备产业
	8.高端船舶装备
	9.光伏及新能源装备
	10.其他智能设备制造
	(二)智能终端产品
	1.智能消费相关设备
	2.智能家居制造
	(三)智能基础产业
	1.新一代(智能)信息技术产业
	2.智能核心基础产业
	3.智能关键基础零部件制造
三、智能建筑业	(一)智能建筑安装业
	(二)智能工程建筑业

子门类	重点产业
四、智能服务业	(一)软件和信息服务业
	(二)信息网络产业
	(三)智能交通运输业
	(四)数字娱乐业
	(五)高端商务服务业

通过逐条比对,在行业细分的基础上初步确定《智能产业统计分类目录》,目录共涉及 27 个大类、79 个中类、193 个行业小类。

(三)核算依据

智能产业增加值是反映一个地区智能经济发展规模和水平的重要标志。根据《智能产业统计分类目录》,制定智能产业增加值测算方法。

1. 增加值的基本概念

增加值是各经济单位在一定时期内新创造的价值之和,反映了经济生产经营活动的最终成果。增加值的计算方法分为生产法和收入法,本课题采用收入法。收入法增加值是各经济单位的劳动者报酬、生产税净额、固定资产折旧、营业盈余之和。其计算公式:增加值＝劳动者报酬＋固定资产折旧＋生产税净额＋营业盈余。

(1)劳动者报酬,指劳动者从事经济活动所应得的全部报酬,包括劳动者应得的工资、奖金和津贴,既有货币形式的,也有实物形式的,还包括劳动者所享受的公费医疗和医药卫生费、上下班交通补贴和单位为职工缴纳的社会保险费等。相关财务指标:应付职工薪酬、三项费用合计中其他属于劳动者报酬的部分。

(2)固定资产折旧,指经济单位在一定时期内为弥补固定资产损耗按照核定的固定资产折旧率提取的固定资产折旧。相关财务指标:本年折旧。

(3)生产税净额,指生产税减生产补贴后的差额。生产税指政府对经济单位从事生产、销售和经营活动以及因从事生产活动使用某些生产要素,如固定资产、土地、劳动力所征收的各种税、附加费和规费。相关财务指标:生产税净额、营业税金及附加,三项费用合计中其他属于生产税净额的部分。

(4)营业盈余,指经济单位从事生产经营活动所得的营业利润。相关财务指标:营业利润、三项费用合计中其他属于营业盈余的部分。

2.智能产业增加值核算办法

总体分为以下几个步骤:首先不带任何标记的行业按行业法进行全行业统计。其次,带#标记的小类行业企业以企业法进行统计,该类企业根据其主营业务活动判断是否为智能企业。按企业法开展统计小类行业包括智能成套设备制造中的汽车零部件制造、智能终端产品中的智能家居制造两类。最后,带＊标记行业的所属企业以系数法进行统计。即通过企业调查的方式,计算取得涉及该小类行业的企业智能部分产品或者服务的智能系数。将企业的增加值乘以智能系数核算出每家企业的智能产业增加值,再汇总得出总的智能产业增加值数据。

3.数据来源

从目前的统计制度来看,对各个产业主要采取全面调查和抽样调查两种方式进行统计。规模以上工业、规模以上服务业、资质内建筑业采用全面调查的方式,规模以下工业、规模以下服务业、资质外建筑业采用抽样调查的方式。

三、智能经济发展水平综合评价

本课题通过构建一套科学的智能经济发展水平评价指标体系,运用功效系数法予以赋权来评价智能经济的综合发展水平。

(一)智能经济发展水平综合评价指标体系

1. 构建思路及原则

智能经济发展水平评价指标体系,其主要职能在于评价智能产业化和产业智能化水平。因此,本课题设置指标体系的基本思路是:把单纯的智能经济核心产业发展水平评价与产业智能化发展水平评价相结合,把智能经济发展现状评价与发展潜力评估相结合,把总量评价与结构评价相结合指标。按照上述基本思路,智能经济发展水平评价指标体系设计遵循了以下原则。

(1)系统性原则

该指标体系要求能够全方位反映智能经济的发展水平,它由多个子系统构成,既不以偏概全,又要突出重点。要选择能体现信息经济各方面发展情况的指标,并将其有机地统一起来,构成一个完整的评价系统。

(2)科学性原则

该指标体系需在科学的分析基础上进行合理设置。智能经济评价统计指标的选择首先要根据统计目的来确定。所选统计指标意义明确,具有代表性。评价方法规范,评价模式合理,数据来源可靠,这样才能使评价结果真实客观,令人信服。

(3)适用性原则

本指标体系主要选取现有统计制度中的常用指标。所选取的评价指标应适用于横向比较省内、市内不同区域智能经济发展水平,亦适用于纵向对比本区域信息经济发展的进程。

(4)可操作性原则

由于当前我国对智能经济的统计研究凤毛麟角,很多指标搜集困难。因此,统计指标体系的设计不宜太过复杂,要立足现状,少而精并能便捷获取资料,要求可操作性强。

2. 综合评价指标体系构建

根据上文所述指标体系的构建思路和基本原则,本课题构建了一套涉及智能经济发展水平两个层次五个方面共18项指标的评价指标体系(见表2)。

表 2 智能经济发展水平综合评价指标体系

总指标	一级指标	二级指标
智能经济发展综合水平	智能经济发展规模（X_1）	智能经济核心产业增加值总量（x_1）
		智能经济核心产业增加值占 GDP 的比重（x_2）
		信息经济核心产业增加值占 GDP 的比重（x_3）
		电子商务销售金额（x_4）
	智能经济发展效益（X_2）	智能工业①主营业务收入利润率（x_5）
		智能工业劳动生产率（x_6）
		智能服务业收入利润率（x_7）
		智能服务业劳动生产率（x_8）
	智能技术应用水平（X_3）	每家企业拥有计算机数（x_9）
		每家企业拥有网站数（x_{10}）
		智能生产制造管理企业家数占比（x_{11}）
		智能物流配送管理企业家数占比（x_{12}）
	智能经济发展潜力（X_4）	智能工业新产品产值率（x_{13}）
		智能经济核心产业 R&D 投入占比（x_{14}）
		智能经济核心产业专利申请数占比（x_{15}）
		智能经济核心产业研发机构数占比（x_{16}）
	智能经济竞争指数（X_5）	两化融合指数（x_{17}）
		信息化指数（x_{18}）

（1）智能经济发展规模

智能经济发展规模是评价一个国家或地区智能经济总体规模的一级指标。智能经济核心产业增加值总量可以反映智能经济的总体发展规模,核心产业增加值总量占 GDP 的比重可以反映区域内智能经济规模的相对水平。由于信息经济是智能经济的前道产业,其核心产业增加值占 GDP 的比重可以反映与智能经济高度相关的产业发展的相对规模。电子商务销售金额则可以反映通过运用智能技术实现的经济总量规模。所以,本课题选取

———————

① 智能工业包含智能制造和智能电网。

该 4 项指标作为衡量智能经济发展规模的二级指标。

(2)智能经济发展效益

智能经济发展效益是评价一个国家或地区智能经济核心产业盈利能力的一级指标。智能工业主营业务收入利润率、智能工业劳动生产率、智能服务业收入利润率、智能服务业劳动生产率是综合反映智能经济盈利能力、运营效益的重要指标。因此,本课题选取这 4 项指标作为衡量智能经济核心产业发展效益的二级指标。

(3)智能技术应用水平

智能技术应用水平主要用于反映一个国家或地区智能技术的推广度及在各产业间的融合度。每家企业拥有计算机数、每家企业拥有网站数、智能生产制造管理企业家数占比、智能物流配送管理企业家数占比是目前可以反映智能技术推广使用程度的重要指标。因此,本课题选取这 4 项指标作为衡量智能技术应用水平的二级指标。

(4)智能经济发展潜力

智能经济发展潜力是评价智能经济可持续发展潜力的指标。本课题主要选取智能工业新产品产值率、智能经济核心产业 R&D 投入占比、智能经济核心产业专利申请数占比、智能经济核心产业研发机构数占比这 4 项反映创新能力的指标,可以作为衡量智能经济发展潜力的二级指标。

(5)智能经济竞争指数

智能经济竞争指数为评价一个国家或地区智能经济发展环境竞争力水平的一级指标。本课题选取了制造业质量竞争力指数、两化融合指数和信息化指数作为衡量发展环境竞争力的两项二级指标。

(二)智能经济发展水平综合评价方法

1. 二级指标赋值方法

据研究显示,指数功效函数在综合评价社会经济发展水平方面具有更独特的优势。因此本文采用指数功效函数法对二级指标进行赋值打分,计算公式如下。

正指标评价公式：

$$d_i = 60e^{-(x_i-x_i^s)/(x_i^h-x_i^s)\ln 0.6} \tag{1}$$

其中，d 为单项评价指标的评价值（即功效分值）；x 为单项指标的实际值；x^s 为最小值；x^h 为最大值，i 为指标代码。

逆指标评价公式：

$$d_i = 60e^{-(x_i^h-x_i)/(x_i^h-x_i^s)\ln 0.6} \tag{2}$$

2. 一级指标和总指标评价方法

由于二级指标以指数函数进行评价赋值，故一级指标和总指标以等权原则计算简单几何平均数进行赋值。

四、宁波市智能经济发展现状

本课题以宁波为例，根据《智能产业统计分类目录》和核算依据，对2017年宁波智能产业经济总量进行初步试算。由于农林牧渔业、建筑业的年报数据还未反馈，数据尚无法取得，因此本课题试算数据主要是取自2017年规模以上工业统计报表和规模以上服务业统计报表，对智能工业、智能服务业两块智能产业进行测算。并根据智能经济综合评价指标体系采用功效系数法对宁波市智能经济发展水平进行了综合评价。据测算，宁波市智能经济发展呈现以下特点：

（一）宁波智能经济总体状况

1. 宁波智能产业经济总量

从经济总量来看，据初步核算，2017年，智能产业实现增加值722.5亿元，占GDP的比重为7.3%，已有一定规模。其中，智能工业实现增加值558.0亿元，占智能产业的比重为77.2%；智能服务业实现增加值164.5亿元，占智能产业的比重为22.8%。

2.宁波智能经济发展水平

2017年,宁波市智能经济发展水平综合得分为74.5分。在五个一级指标中,得分最高的是智能经济竞争指数(80.4分),其次为智能经济发展效益(75.5分),智能经济发展潜力为74.1分,智能技术应用水平72分,智能经济发展规模得分最低,为70.9分。10个县区(市)中,慈溪市的智能经济发展水平综合得分(82.5分)最高,北仑(81.1分)次之,江北(74.4分)列第三位。

表3 2017年宁波各地区智能经济发展水平综合评价表   单位:分

地区	智能经济发展规模	智能经济发展效益	智能技术应用水平	智能经济发展潜力	智能经济竞争指数	总得分	排名
宁波	70.9	75.5	72.0	74.1	80.4	74.5	—
海曙	63.8	65.3	63.8	71.9	88.7	70.1	6
江北	71.9	68.4	94.3	64.5	76.9	74.5	3
北仑	74.0	83.7	89.2	82.4	77.0	81.1	2
镇海	61.7	71.4	67.0	66.7	78.0	68.8	8
鄞州	74.6	63.7	72.7	68.2	91.1	73.5	5
奉化	60.0	62.7	67.1	65.4	68.4	64.7	10
象山	61.4	65.8	73.3	65.0	65.1	66.0	9
宁海	66.0	64.3	79.5	76.4	64.5	69.9	7
余姚	75.5	63.9	78.8	75.0	78.0	74.1	4
慈溪	88.0	81.6	63.8	96.2	86.5	82.5	1

(二)宁波智能经济发展特点

1.智能工业高端化不明显

2017年,宁波智能工业主要依托智能成套设备制造(303.1亿元)、智能核心基础产业(65.1亿元)、新一代(智能)信息技术产业(60.3亿元)和光伏及新能源装备(59.5亿元)四个产业。工业机器人与增材设备、数字创意设备制造、航空装备产业、卫星装备产业、新能源汽车及轨道交通装备产业等依赖高端智能技术的产业规模依然较小。

2.智能服务业发展不均衡

2017年,智能交通运输业实现增加值97.2亿元,占智能服务业的比重为59.1%;软件和信息服务业实现增加值43.8亿元,占智能服务业比重为26.6%,在手机应用软件、石化行业软件、电力行业软件、医疗软件等领域在全国具有较强的市场竞争力;高端商务服务业实现增加值22.2亿元,占智能服务业的比重为13.5%。而涵盖互联网生产服务平台、互联网生活服务平台、互联网科技创新平台、互联网公共服务平台、互联网安全服务、互联网数据服务等重要智能经济活动在内的信息网络产业活跃度几乎为0,全年增加值仅为0.4亿元。数字娱乐业的增加值也仅为0.9亿元。

3.智能产业区域差异较大

从智能产业经济总量的区域分布来看,地区之间的发展差异较大。慈溪市与北仑区智能经济发展较强,分别实现智能产业增加值284.2亿元、146.8亿元,占全市智能产业增加值的比重分别达39.3%、20.3%。从产业门类来看,慈溪市在智能工业发展特别突出,实现智能工业增加值266.4亿元,占全市智能工业的比重达47.7%;北仑区在智能服务业发展优势明显,实现智能服务业增加值53.8亿元,占全市智能服务业的比重达32.7%。

4.智能经济发展形成三个梯队

2017年,宁波10个县区(市)中,慈溪和北仑的智能经济发展水平综合得分均超过80分,同列第一梯队。江北(74.4分)、余姚(74.1分)、鄞州(73.5分)和海曙(70.1分)居于70—80分之间,列第二梯队。宁海(69.9分)、镇海(68.8分)、象山(66分)、奉化(64.7分)得分均低于70分,列第三梯队。

五、思考与建议

目前,国内外都鲜有对于智能经济、智能经济统计制度的研究,本课题对智能经济这一新经济形势的统计方法制度进行了初步探索。虽然通过产业统计目录分类完成了智能产业经济总量的测算,通过构建指标体系进行了智能经济发展综合评价,但仍有许多需进一步完善和改进之处。

(一)智能经济统计制度存在的问题

1.部分行业界定不够清晰

在智能产业的统计目录中,已有智能工业和智能服务业,但还缺失智能农业和智能建筑业。智能家居的产业目录中因缺少相关的产业标准和产品划分标准,存在较大的遗漏。

2.核算方法还需进一步改进

目前,本课题只对智能产业中的规模以上工业和规模以上服务业进行了试算,不够全面。以后还需扩展到运用抽样推算的方式,扩展到规模以下工业和规模以下服务业相关产业的测算。

3.评价指标体系尚不够全面

目前,本课题构建了涵盖 5 项一级指标,18 项二级指标的评价指标体系。但从智能经济发展综合水平的总体评价上看,还缺失一部分跟智能经济关系密切的指标。如,反映智能技术应用水平的指标:推广应用工业机器人数、装备数控化率、机器联网率、智能经济相关人才数等指标;反映智能经济基础设施水平的指标:移动宽带普及率、固定宽带端口平均速度等。

(二)进一步完善统计制度的相关建议

1. 调整国民经济分类目录

《国民经济行业分类》(GB/T 4754－2017)相较于 2011 版已就新经济内容对行业分类做出较大调整。特别是 2017 版第三产业部分中的"互联网和相关服务业"较 2011 版扩充了"互联网平台""互联网安全服务""互联网数据服务"三个行业中类,是对全面描述智能产业发展规模的有力补充。但随着新经济的快速发展,国民经济行业分类中还应关注农业、建筑业中的智能经济成分,以便更全面地反映一个国家或地区的智能产业发展规模。

2. 产品产量目录有待扩充

因国民经济行业划分只到行业小类,行业小类下涵盖了各种各样的产品,并不是所有产品都为智能产品。为了更准确地反映智能产业发展规模,仅靠行业界定是远远不够的,通过产品来进一步确认哪些企业是生产智能产品的企业,是科学、准确界定智能产业的有效补充。因此,建议在制度设计时,可以适度扩充智能终端产品目录。例如,目前的《规模以上工业产品产量目录》中有"智能电视",建议增加"智能空调""智能冰箱""智能电风扇""智能汽车"等新产品目录。

3. 利用大数据补充统计不足

当前,量大面广的具有智能经济活动的小微企业和个体财务资料不健全,部分指标数据获取困难。下步可以通过部门协作和大数据挖掘开展智能经济统计监测评价。充分利用"互联网＋"、大数据、云计算等智能技术,加强部门数据整合,实现智能经济统计智能化。

课题负责人:姚珂军
课题组成员:许海燕　余　军　赵庆湖
**　　　　　　闫　力　叶丹娜**

[参考文献]

[1] 徐苏涛. 以智能经济带动制造业 2025 高阶化发展[J]. 中国科技财富，
    2016(7).

[2] 杨宇成. 四川省发展人工智能产业的 SWOT 分析[J]. 中国四川省委党
    校学报, 2017(9).

[3] 李博方. 人工智能产业发展的风险分析及对策研究[J]. 智能计算机与
    应用, 2017(6).

[4] 张丽. 发展人工智能产业的决策研究[J]. 创新科技, 2017(9).

参数未知下基于定数截尾样本监控指数分布的控制图设计

一、引　言

指数分布是概率统计中最重要的分布之一，常用于拟合两个连续稀少事件发生的时间间隔（TBE），因此常被用于高质量过程。近年来，监控指数分布的控制图设计得到极大关注（Ali，Pievatolo and Göb，2016）。

目前绝大多数控制图文献均针对完全样本情况。然而，在许多实际应用中，因为时间或成本限制，常常会获得截尾样本。定数截尾是一种重要数据截尾形式，在 $k\text{-}out\text{-}of\text{-}n$：F 系统中十分常见。例如，将 n 个受试产品进行测验，试验在有 r 个产品失效时就停止，而不是等 n 个产品都失效了才停止，于是便获得了失效数为 r 的定数截尾样本数据。Pascual and Li（2012）首先使用极差图监控 Weibull 分布形状参数的变化；郭宝才和王炳兴（2012）发展了新控制图改进 Pascual and Li（2012）所提极差图的表现；接下来，Guo and Wang（2014）提出了更为高效的控制图基于定数截尾样本监控 Weibull 分布形状参数的变化。

上述文献均假定过程的目标参数已知。然而，在绝大多数实际应用中，过程参数常常未知且不得不由第 I 阶段的受控样本数据集估计得到。然后此参数估计值再被用于构建控制图进行第 II 阶段的监控。在研究参数估计影响之时，许多学者均基于控制图的无条件表现来对实际应用提出建议。也就是说，他们均假定实际工作人员能够重复获得第 I 阶段受控样本数据集,从而便会获得无数个参数估计值和无数个相应的估计控制图,这无数个控制图的平均表现即为无条件表现(Jensen等,2006)。然而,实际中最为常见的情况是一个质量工程师手上仅有一个第Ⅰ阶段样本数据可用于估计参数。因此,研究基于一个参数估计值的控制图表现(即为条件表现)更具有实际价值。近年来,许多质量管理专家注意到了这种因使用不同第Ⅰ阶段数据集所导致的控制图表现变异(Gandy and Kvaløy,2013;Zhang,Megahed and Woodall,2014;Faraza,Woodall and Heuchenne,2015;Guo and Wang,2016)。尽管Guo,Wang and Xie(2014)和Huang,Yang and Xie(2016)均基于参数未知情况针对定数截尾样本数据设计了指数分布控制图,但他们的研究还是基于控制图的无条件表现,未考虑参数估计所导致的控制图表现的此种变异。本文将研究定数截尾样本下指数分布控制图的条件表现及相应的变异。

平均链长(ARL)是直到控制图发出报警信号为止所采集样本数量的平均值,是常用的评判控制图性能的指标,它反映了控制图在监控过程中虚发警报和漏发警报的风险(Montgomery,2005)。人们总希望过程受控时它尽量地长,以降低伪警报率;同时又希望过程失控时它尽量地短,以快速发现过程存在的问题,剔除影响过程的异常因素,使过程尽快恢复到受控状态。当受控参数已知时,平均链长为常数。当受控参数未知时,平均链长变成了随机变量,它随着第Ⅰ阶段样本数据集的不同而变化。本文将研究参数估计下条件平均链长作为随机变量的分布及相应的数字特征。

本文结构如下:第二部分我们将推导出参数估计下控制图条件平均链长的精确分布,并评价参数估计对控制图表现的影响;第三部分我们提出精确分析方法设计具有理想条件表现的控制图,并研究此修正控制图的受控与失控表现;第四部分我们用一个例子说明所提控制图的执行过程。

二、参数估计对控制图表现的影响

(一)参数估计下的控制图

指数分布的概率密度函数为:

$$f(x) = \frac{1}{\theta}e^{-\frac{x}{\theta}}, x \geqslant 0 , \tag{1}$$

式中,$\theta > 0$ 为尺度参数。

假定 $X_1 \leqslant X_2 \leqslant \cdots \leqslant X_r$ 为来自样本容量为 n 的上述指数分布(1)的定数截尾样本,r 为失效数。类似于 Guo,Wang and Xie(2014)和 Huang,Yang and Xie(2017),提出用统计量 $T_r = \sum_{i=1}^{r}X_i + (n-r)X_r$ 来监控指数分布参数的变化。注意到 $2T_r/\theta \sim \chi^2(2r)$,那么有 $ET_r = r\theta$。因此,当参数 θ 由受控值 θ_0 增加飘移至 $\theta_1 = \delta\theta_0$($\delta > 1$ 为飘移量)时,监控统计量变大;当参数 θ 由受控值 θ_0 向下飘移至 $\theta_1 = \delta\theta_0$($\delta < 1$)时,统计量的值变小。因此,可设计上单侧控制图监控参数 θ 的向上飘移,设计下单侧控制图监控参数 θ 的向下飘移。

当受控过程参数 θ_0 已知时,考虑到 $2T_r/\theta_0 \sim \chi^2(2r)$,则上单侧控制图的上控制限为 $UCL = \frac{U}{2}\theta_0$,这里 $U = \chi^2_{1-\alpha}(2r)$ 是自由度为 $2r$ 的卡方分布的 $1-\alpha$ 百分位数,α 为理想的伪警报率。只要统计量 $T_r > UCL$,上单侧控制图就发出报警信号。类似地,下单侧控制图的下控制限为 $LCL = \frac{L}{2}\theta_0$,这里 $L = \chi^2_{\alpha}(2r)$。只要统计量 $T_r < LCL$,下单侧控制图就发出报警信号,意味着过程参数 θ 可能发生了向下飘移。

实际中,受控过程的参数通常未知,因此不得不利用第 I 阶段的受控样本数据集对参数进行估计。假设有 m 个容量为 n,失效数为 r 的定数截尾样本可用于估计指数分布过程的受控参数 θ_0。令 $\{Y_{i,1}, Y_{i,2}, \cdots, Y_{i,r}, i =$

$1,2,\cdots,m\}$ 表示这 m 个定数截尾样本,那么基于第 i 个定数截尾样本的 θ_0 的无偏估计为:

$$\hat{\theta}_{0i} = \frac{\sum_{j=1}^{r} Y_{ij} + (n-r)Y_{ir}}{r}, \quad i = 1,\cdots,m.$$

于是,基于全部 m 个样本的 θ_0 的无偏估计为 $\hat{\theta}_0 = \frac{1}{m}\sum_{i=1}^{m}\hat{\theta}_{0i}$ 。进而上单侧控制图的上控制限变为 $\widehat{UCL} = \frac{U}{2}\hat{\theta}_0$,下单侧控制图的下控制限变为 $\widehat{LCL} = \frac{L}{2}\hat{\theta}_0$ 。

给定 $\hat{\theta}_0$,参数 $\theta_1 = \delta\theta_0$ 时,一样本落在上单侧控制图的上控制限上面的条件概率为:

$$p_1(\delta \mid \hat{\theta}_0) = P(T_r > \widehat{UCL} \mid \hat{\theta}_0) = 1 - F_{\chi_{2r}^2}\left(\frac{WU}{2mr\delta}\right),$$

这里 $W = 2mr\hat{\theta}_0/\theta_0 \sim \chi^2(2mr)$ 。

于是,给定 $\hat{\theta}_0$,上单侧控制图的条件平均链长为:

$$ARL_1(\delta \mid \hat{\theta}_0) = \frac{1}{1 - F_{\chi_{2r}^2}\left(\frac{WU}{2mr\delta}\right)} \text{。} \tag{2}$$

类似地,一样本落在下单侧控制图的下控制限下面的条件概率为:

$$p_2(\delta \mid \hat{\theta}_0) = F_{\chi_{2r}^2}\left(\frac{WL}{2mr\delta}\right),$$

于是下单侧控制图的条件平均链长为:

$$ARL_2(\delta \mid \hat{\theta}_0) = \frac{1}{p_2(\delta \mid \hat{\theta}_0)} \text{。} \tag{3}$$

(二)条件平均链长的分布

显然, $\hat{\theta}_0$ 为随机变量,因此两个条件平均链长 $ARL_1(\delta \mid \hat{\theta}_0)$ 和 $ARL_2(\delta \mid \hat{\theta}_0)$ 也均为随机变量,对不同的第 I 阶段数据集取不同的值。因此,不同的实际工作人员所使用的控制图表现也不相同。于是研究条件平均链长的分布,特别是条件平均链长的标准差 SDARL,对于理解由参数估计所导致的控制图表现变异很是重要。如果条件平均链长的变异不大,那么人们就可以放心地使用相应的估计控制图,忽略参数估计的影响;如果变异很大,便意味着参数估计使得不同工作人员所使用的控制图表现差异很大,从而没有信心使用自己手头上的控制图。

令 $F_1(t,\delta)$ 为上单侧控制图条件平均链长 $ARL_1(\delta \mid \hat{\theta}_0)$ 的分布函数,对于 $t > 0$,有:

(1) $t \leqslant 1$ 时,$F_1(t,\delta) = P(ARL_1(\delta \mid \hat{\theta}_0) \leqslant t)$;

(2) $t > 1$ 时,$F_1(t,\delta) = P(ARL_1(\delta \mid \hat{\theta}_0) \leqslant t) = F_{\chi^2_{2mr}}\left(\dfrac{2mr\delta}{U}F_{\chi^2_{2r}}^{-1}\left(1-\dfrac{1}{t}\right)\right)$,

$$\tag{4}$$

这里 $F_{\chi^2_{2r}}^{-1}(x)$ 是 $\chi^2(2r)$ 分布函数的逆函数。

令 $ARL_1(\delta \mid \hat{\theta}_0)$ 的概率密度函数为 $f_1(t,\delta)$,对分布函数 $F_1(t,\delta)$ 关于 t 求导,得:

$$f_1(t,\delta) = \frac{2mr\delta}{t^2 U f_{\chi^2_{2r}}\left(F_{\chi^2_{2r}}^{-1}\left(1-\frac{1}{t}\right)\right)} f_{\chi^2_{2mr}}\left(\frac{2mr\delta}{U}F_{\chi^2_{2r}}^{-1}\left(1-\frac{1}{t}\right)\right), \quad t > 1 \text{ 。}$$

$$\tag{5}$$

条件平均链长的一、二阶矩分别为:

$$AARL_1(\delta) = E(ARL_1(\delta \mid \hat{\theta}_0)) = \int_1^\infty t f_1(t,\delta)dt , \tag{6}$$

$$E(ARL_1^2(\delta \mid \hat{\theta}_0)) = \int_1^\infty t^2 f_1(t,\delta)dt \text{ 。}$$

从而,上单侧控制图条件平均链长的标准差为:

$$SDARL_1(\delta) = \sqrt{E\left[ARL_1^2(\delta \mid \hat{\theta}_0)\right] - \left[E(ARL_1(\delta \mid \hat{\theta}_0))\right]^2} \text{ 。} \tag{7}$$

另外,令 t_{1p} 表示上单侧控制图条件链长分布的 p 百分位数,那么它满足 $F_1(t_{1p},\delta) = p$,即

$$F_1(t_{1p},\delta) = F_{\chi^2_{2mr}}\left(\frac{2mr\delta}{U}F_{\chi^2_{2r}}^{-1}\left(1-\frac{1}{t_{1p}}\right)\right) = p \text{ 。}$$

由上式可解出:

$$t_{1p} = \frac{1}{1 - F_{\chi^2_{2r}}\left(\dfrac{U}{2mr\delta}F_{\chi^2_{2mr}}^{-1}(p)\right)} \text{ 。} \tag{8}$$

类似地,可得下单侧控制图条件平均链长 $ARL_2(\delta \mid \hat{\theta}_0)$ 的分布函数和概率密度函数:

$$F_2(t,\delta) = \begin{cases} 1 - F_{\chi_{2nr}^2}\left(\dfrac{2mr\delta}{L}F_{\chi_{2r}^2}^{-1}\left(\dfrac{1}{t}\right)\right), & t > 1 \\ 0, & t \leqslant 1 \end{cases}, \qquad (9)$$

和

$$f_2(t,\delta) = \dfrac{2mr\delta}{t^2 L f_{\chi_{2r}^2}\left(F_{\chi_{2r}^2}^{-1}\left(\dfrac{1}{t}\right)\right)} f_{\chi_{2nr}^2}\left(\dfrac{2mr\delta}{L}F_{\chi_{2r}^2}^{-1}\left(\dfrac{1}{t}\right)\right) \text{。} \qquad (10)$$

条件平均链长的一、二阶矩分别为:

$$AARL_2(\delta) = E(ARL_2(\delta \mid \hat{\theta}_0)) = \int_1^\infty t f_2(t,\delta)dt , \qquad (11)$$

$$E(ARL_2^2(\delta \mid \hat{\theta}_0)) = \int_1^\infty t^2 f_2(t,\delta)dt \text{。}$$

从而,下单侧控制图条件平均链长的标准差为:

$$SDARL_2(\delta) = \sqrt{E[ARL_2^2(\delta \mid \hat{\theta}_0)] - [E(ARL_2(\delta \mid \hat{\theta}_0))]^2} \text{。} \qquad (12)$$

下单侧控制图条件链长分布的 p 百分位数为:

$$t_{2p} = \dfrac{1}{F_{\chi_{2r}^2}\left(\dfrac{L}{2mr\delta}F_{\chi_{2nr}^2}^{-1}(1-p)\right)} \text{。} \qquad (13)$$

由(4)和(9)可以看出,条件平均链长的分布函数与样本容量 n 无关。表1和表2分别给出了失效数 r 为 3,4,5,伪警报率 $\alpha = 0.0027$ 时,上、下单侧控制图条件平均链长的分布及数字特征。

表1 参数估计对上单侧控制图表现的影响($\alpha = 0.0027$)

r	m	0.05	0.10	0.25	0.50	0.75	0.90	0.95	AARL$_1$(1)	SDARL$_1$(1)
3	25	85.35	114.60	192.64	357.09	691.02	1299.61	1929.57	613.15	870.08
	50	128.58	160.03	233.84	363.66	577.86	893.18	1169.02	471.95	391.93
	100	173.56	203.66	267.90	367.00	508.19	687.53	827.35	416.87	218.49
	200	215.64	242.10	294.76	368.68	463.62	572.46	650.82	392.66	138.30
	300	237.73	261.53	307.46	369.24	445.04	528.11	585.88	385.02	108.95
	500	262.36	282.69	320.70	369.69	427.09	487.24	527.65	379.07	82.04

续　表

r	m	0.05	0.10	0.25	0.50	0.75	0.90	0.95	$AARL_1(1)$	$SDARL_1(1)$
	1000	289.96	305.84	334.56	370.03	409.70	449.45	475.25	374.68	56.80
	2000	311.36	323.41	344.70	370.20	397.80	424.59	441.57	372.52	39.75
4	25	91.10	121.00	199.21	359.37	673.80	1226.85	1783.30	586.05	775.56
	50	134.87	166.40	239.28	364.82	567.07	857.60	1106.91	461.72	357.18
	100	179.66	209.41	272.20	367.59	501.22	668.10	796.51	412.55	204.11
	200	221.07	246.94	298.04	368.98	459.01	561.00	633.78	390.67	130.59
	300	242.63	265.81	310.22	369.44	441.38	519.48	573.39	383.74	103.21
	500	266.57	286.27	322.91	369.81	424.35	481.07	518.97	378.31	77.92
	1000	293.26	308.58	336.18	370.09	407.82	445.42	469.74	374.31	54.06
	2000	313.88	325.45	345.87	370.23	396.50	421.90	437.96	372.33	37.86
5	25	95.30	125.61	203.82	360.84	662.07	1179.21	1689.60	568.59	714.32
	50	139.38	170.92	243.08	365.57	559.71	833.98	1066.27	455.15	335.29
	100	183.99	213.46	275.17	367.96	496.46	655.08	776.03	409.74	194.65
	200	224.88	250.33	300.30	369.16	455.85	553.27	622.34	389.37	125.40
	300	246.06	268.78	312.13	369.57	438.88	513.63	564.98	382.89	99.33
	500	269.50	288.76	324.43	369.89	422.46	476.87	513.09	377.81	75.12
	1000	295.55	310.47	337.29	370.13	406.53	442.67	465.99	374.07	52.18
	2000	315.62	326.87	346.68	370.25	395.60	420.06	435.50	372.21	36.57

由表1,2可观察到：

(1)随着第Ⅰ阶段样本数 m 的增加,参数估计对控制图的影响逐渐减小。

(2)相对于下单侧图,参数估计对上单侧图的影响更为严重。对 $r=3,4,5$,上单侧控制图均需 $m \geqslant 500$ 才可保证相应 $AARL_1(1) < 380$,而下单侧图仅需 $m \geqslant 100$ 即可。另外,许多教科书(例如 Montgomery,2005)所建议的 $m = 25$ 显然不够,此时的控制图表现与理想状态差异显著。

(3)尽管 $m = 500$ 就可保证上单侧控制图的 $AARL_1(1)$ 值足够接近目标值 $1/\alpha = 370.37$。但此时的 $SDARL_1(1)/ARL_0$ 均大于 20%。这也说明仅使用度量无条件表现的 AARL 来测量控制图的表现、并推荐实际所需的样本数 m 是不够的。按照 Zhang et al.(2014)的建议,$SDARL(1)/ARL_0$

值应小于 10%，那么所需要的第 I 阶段的受控样本数至少为 2000，才可保证参数估计下的上单侧控制图与参数已知情况足够接近。对于下单侧控制图，$m = 100$ 就可保证 $AARL_2(1)$ 值足够接近目标值 370.37，此时 $SDARL_2$ $(1)/ARL_0$ 均大于 16.68%。按照 Zhang et al.（2014）的建议，对于 $r = 3$，4,5 时，相应的第 I 阶段样本数至少为 300,500,500 才可忽略参数估计对下单侧控制图表现的影响。

表 2　参数估计对下单侧控制图表现的影响（$\alpha = 0.0027$）

r	m	0.05	0.10	0.25	0.50	0.75	0.90	0.95	$AARL_2(1)$	$SDARL_2(1)$
3	25	224.52	250.61	302.43	375.02	468.24	575.28	652.56	398.62	136.16
	50	258.35	279.65	319.92	372.68	435.64	502.86	548.71	384.11	90.20
	100	286.18	302.90	333.41	371.52	414.71	458.53	487.27	377.15	61.78
	200	308.13	320.88	343.56	370.95	400.86	430.15	448.85	373.74	43.00
	300	318.44	329.20	348.14	370.65	394.85	418.19	432.91	372.51	34.92
	500	329.38	338.01	353.02	370.60	389.19	406.83	417.83	371.71	26.94
4	25	213.08	240.51	295.79	374.79	478.42	599.83	688.83	403.01	152.54
	50	248.91	271.60	314.96	372.57	442.36	517.93	570.04	386.15	100.12
	100	278.71	296.69	329.76	371.47	419.23	468.19	500.56	378.09	68.27
	200	302.41	316.21	340.90	370.92	403.95	436.54	457.45	374.15	47.41
	300	313.59	325.28	345.93	370.64	397.35	423.25	439.66	372.85	38.48
	500	325.49	334.89	351.29	370.59	391.09	410.64	422.87	371.82	29.67
5	25	205.10	233.37	291.00	374.59	485.98	618.51	716.80	406.62	165.18
	50	242.23	265.86	311.36	372.47	447.32	529.27	586.24	387.85	107.59
	100	273.38	292.23	327.10	371.42	422.57	475.41	510.54	378.92	73.09
	200	298.29	312.84	338.96	370.89	406.23	441.28	463.87	374.56	50.67
	300	310.09	322.44	344.33	370.62	399.18	427.00	444.68	373.12	41.10
	500	322.67	332.62	350.03	370.58	392.49	413.45	426.60	371.98	31.67

三、修正控制图的设计

由上一节可以看出，参数估计严重影响控制图的表现，特别是对上单侧控制图的影响更加显著。我们还应该注意到，对于所研究的 2 张控制图而言，不管 m 值多大，均有 50％左右的条件平均链长值均小于目标值 370.37。这意味着参数估计导致许多实际工作人员面临着过多的伪警报和对过程有过多不必要的调整。于是许多质量管理专家建议构建修正控制图，使其具有想要的条件受控表现。不同于许多专家所使用的 Bootstrap 方法（Gandy and Kvaløy，2013；Faraza，Woodall and Heuchenne，2015），我们提出精确分析方法来修正控制图。

令 $\widehat{UCL}^* = \dfrac{U_{m,r}}{2}\hat{\theta}_0$，$\widehat{LCL}^* = \dfrac{L_{m,r}}{2}\hat{\theta}_0$ 分别表示修正的上控制限和下控制限，以大概率（例如，$1-\alpha^*$）保证相应的控制图的条件受控平均链长大于理想值。即它们满足：

$$P(ARL_i(1\mid\hat{\theta}_0)\geqslant ARL_0)=1-\alpha^*，i=1,2，$$

这里 $ARL_1(1\mid\hat{\theta}_0)$ 和 $ARL_2(1\mid\hat{\theta}_0)$ 的表达式与(2)和(3)式类似，区别在于(2)和(3)式中的 U，L 分别被 $L_{m,r}$ 代替。结合分布函数的表达式(4)和(9)，可得：

$$U_{m,r}=\frac{2mrF_{\chi_{2r}^2}^{-1}(1-1/ARL_0)}{F_{\chi_{2mr}^2}^{-1}(\alpha^*)}，L_{m,r}=\frac{2mrF_{\chi_{2r}^2}^{-1}(1/ARL_0)}{F_{\chi_{2mr}^2}^{-1}(1-\alpha^*)}。$$

表 3 提供了 $ARL_0=370.37$，$\alpha^*=0.10$ 时不同 m 值对应的 $U_{m,r}$，$L_{m,r}$ 值。

表 3 $ARL_0=370.37$，$\alpha^*=0.10$ 时上、下单侧修正控制图的 $U_{m,r}$，$L_{m,r}$ 值

m	$L_{m,r}$			$U_{m,r}$		
	r=3	r=4	r=5	r=3	r=4	r=5
10	0.43649	0.93468	1.57031	25.90923	29.34061	32.66333
25	0.47041	0.99847	1.66707	23.45963	26.96755	30.32032
50	0.48937	1.03367	1.71999	22.36822	25.89117	29.24482
100	0.50363	1.05991	1.75924	21.64735	25.17337	28.52294
200	0.51415	1.07920	1.78796	21.16121	24.68610	28.03072
300	0.51894	1.08794	1.80095	20.95179	24.47538	27.81731
500	0.52382	1.09683	1.81414	20.74532	24.26715	27.60607

对于给定的 $U_{m,r}$，$L_{m,r}$ 值，可通过(4)—(13)式来计算相应修正控制图的条件平均链长分布及其数字特征。表 4,5 分别给出了在条件 $P(ARL_i(1 \mid \hat{\theta}_0) \geqslant 370.37) = 0.90$ 时的上、下单侧修正控制图条件平均链长的分布及其数字特征。表 6,7 提供了相应图的失控表现。

表 4　参数估计对上单侧修正控制图表现的影响（ $P(ARL_1(1 \mid \hat{\theta}_0) \geqslant 370.37) = 0.90$ ）

r	m	0.05	0.10	0.25	0.50	0.75	0.90	0.95	AARL₁(1)	SDARL₁(1)
3	25	259.30	370.37	693.36	1458.22	3224.46	6879.77	11046.81	2485.47	20913.29
	50	288.55	370.37	570.65	943.40	1597.41	2619.82	3556.07	1318.55	1273.54
	100	310.81	370.37	500.12	705.91	1007.98	1402.92	1717.68	821.36	478.75
	200	327.37	370.37	456.83	579.86	740.21	926.62	1062.29	622.59	234.87
	300	334.94	370.37	439.18	532.60	648.32	776.31	865.97	557.77	166.65
	500	342.68	370.37	422.33	489.69	569.06	652.68	709.10	503.10	113.46
4	25	264.17	370.37	669.65	1347.36	2832.77	5744.45	8924.75	2259.83	5955.55
	50	292.20	370.37	557.80	896.81	1472.66	2343.71	3121.05	1206.30	1085.27
	100	313.50	370.37	492.55	682.71	956.06	1306.06	1580.50	781.50	425.37
	200	329.34	370.37	452.11	566.96	714.57	883.85	1005.75	604.31	215.00
	300	336.57	370.37	435.53	523.11	630.39	747.79	829.33	545.29	154.13
	500	343.95	370.37	419.66	483.06	557.15	634.57	686.50	494.97	105.86
5	25	267.53	370.37	654.12	1277.68	2597.77	5094.02	7744.55	2119.87	3009.39
	50	294.72	370.37	549.25	866.61	1394.08	2174.57	2859.18	1137.05	967.72
	100	315.36	370.37	487.46	667.38	922.38	1244.32	1494.01	755.99	392.37
	200	330.69	370.37	448.92	558.32	697.62	855.90	969.07	592.31	202.20
	300	337.68	370.37	433.06	516.72	618.45	728.96	805.28	537.02	145.94
	500	344.83	370.37	417.84	478.58	549.15	622.50	671.49	489.53	100.83

表 5　参数估计对修正的下单侧控制图表现的影响（ $P(ARL_2(1 \mid \hat{\theta}_0) \geqslant 370.37) = 0.90$ ）

r	m	0.05	0.10	0.25	0.50	0.75	0.90	0.95	AARL₁(1)	SDARL₁(1)
3	25	331.41	370.37	447.81	556.44	696.13	856.71	972.72	591.98	204.10
	50	341.95	370.37	424.12	494.59	578.73	668.62	729.96	509.92	120.56
	100	349.82	370.37	407.88	454.75	507.87	561.80	597.18	461.69	76.00
	200	355.60	370.37	396.65	428.38	463.05	497.01	518.69	431.62	49.84
	300	358.22	370.37	391.74	417.15	444.47	470.81	487.43	419.25	39.41

续　表

r	m	0.05	0.10	0.25	0.50	0.75	0.90	0.95	AARL$_1$(1)	SDARL$_1$(1)
	500	360.89	370.37	386.85	406.16	426.58	445.96	458.05	407.38	29.60
4	25	327.48	370.37	456.97	581.02	744.11	935.61	1076.21	625.96	240.35
	50	339.09	370.37	430.19	509.78	606.30	710.95	783.16	528.81	138.53
	100	347.75	370.37	411.98	464.51	524.70	586.43	627.25	473.02	86.04
	200	354.11	370.37	399.45	434.83	473.76	512.19	536.85	438.77	55.90
	300	357.00	370.37	393.99	422.26	452.82	482.47	501.26	424.80	44.03
	500	359.94	370.37	388.58	410.00	432.76	454.46	468.04	411.47	32.94
5	25	324.62	370.37	463.86	599.92	781.87	999.04	1160.45	653.01	270.27
	50	337.00	370.37	434.73	521.30	627.54	744.03	825.11	543.46	152.78
	100	346.23	370.37	415.02	471.83	537.46	605.31	650.44	481.64	93.80
	200	353.02	370.37	401.53	439.63	481.81	523.66	550.64	444.14	60.49
	300	356.10	370.37	395.66	426.05	459.06	491.24	511.69	428.95	47.52
	500	359.24	370.37	389.84	412.83	437.35	460.81	475.52	414.51	35.45

表6　参数估计对修正的上单侧控制图失控表现的影响($\delta = 2.0$，$P(ARL_1(1 \mid \hat{\theta}_0) \geqslant 370.37) = 0.90$)

r	m	0.05	0.10	0.25	0.50	0.75	0.90	0.95	AARL$_1$(2.0)	SDARL$_1$(2.0)
3	25	7.00	8.11	10.52	14.37	20.15	27.93	34.29	16.74	9.52
	50	7.31	8.11	9.69	11.96	14.94	18.44	21.02	12.78	4.40
	100	7.54	8.11	9.18	10.59	12.30	14.14	15.41	10.92	2.45
	200	7.70	8.11	8.84	9.76	10.81	11.87	12.58	9.90	1.50
	300	7.78	8.11	8.70	9.42	10.23	11.02	11.54	9.51	1.15
	500	7.85	8.11	8.56	9.10	9.68	10.25	10.61	9.15	0.84
4	25	5.47	6.21	7.80	10.24	13.76	18.29	21.88	11.53	5.55
	50	5.68	6.21	7.26	8.73	10.61	12.75	14.30	9.20	2.74
	100	5.83	6.21	6.93	7.85	8.95	10.12	10.91	8.04	1.57
	200	5.94	6.21	6.70	7.31	7.99	8.68	9.13	7.39	0.98
	300	5.99	6.21	6.61	7.09	7.62	8.134	8.47	7.14	0.76
	500	6.04	6.21	6.51	6.87	7.26	7.63	7.87	6.90	0.56
5	25	4.47	5.01	6.13	7.83	10.18	13.14	15.42	8.62	3.64
	50	4.62	5.01	5.76	6.79	8.08	9.53	10.56	7.09	1.87
	100	4.73	5.01	5.52	6.18	6.95	7.75	8.29	6.30	1.10

续　表

r	m	0.05	0.10	0.25	0.50	0.75	0.90	0.95	AARL$_1$(2.0)	SDARL$_1$(2.0)
	200	4.81	5.01	5.36	5.79	6.28	6.76	7.07	5.85	0.69
	300	4.85	5.01	5.29	5.64	6.01	6.38	6.61	5.67	0.54
	500	4.88	5.01	5.23	5.48	5.76	6.03	6.19	5.50	0.40

表 7　参数估计对修正的下单侧控制图失控

表现的影响（$\delta = 0.5$, $P(ARL_2(1 \mid \hat{\theta}_0) \geqslant 370.37) = 0.90$）

r	m	0.05	0.10	0.25	0.50	0.75	0.90	0.95	AARL$_1$(0.5)	SDARL$_1$(0.5)
3	25	50.93	56.47	67.42	82.65	102.07	124.24	140.16	87.44	28.32
	50	52.43	56.47	64.08	73.99	85.76	98.26	106.75	76.07	16.85
	100	53.55	56.47	61.78	68.39	75.85	83.39	88.33	69.34	10.68
	200	54.37	56.47	60.20	64.68	69.56	74.33	77.37	65.12	7.02
	300	54.75	56.47	59.50	63.09	66.95	70.65	72.99	63.38	5.56
	500	55.13	56.47	58.81	61.54	64.42	67.16	68.86	61.71	4.18
4	25	32.18	35.86	43.18	53.50	66.83	82.24	93.43	56.96	19.53
	50	33.18	35.86	40.93	47.60	55.58	64.14	69.99	49.08	11.45
	100	33.92	35.86	39.39	43.82	48.84	53.95	57.30	44.48	7.19
	200	34.47	35.86	38.33	41.32	44.59	47.80	49.85	41.63	4.70
	300	34.71	35.86	37.87	40.26	42.83	45.32	46.89	40.46	3.71
	500	34.97	35.86	37.41	39.22	41.15	42.97	44.11	39.34	2.79
5	25	21.88	24.41	29.47	36.63	45.95	56.79	64.70	39.11	13.70
	50	22.57	24.41	27.91	32.52	38.06	44.03	48.13	33.57	7.96
	100	23.08	24.41	26.84	29.89	33.37	36.91	39.24	30.36	4.97
	200	23.46	24.41	26.11	28.17	30.42	32.64	34.06	28.39	3.24
	300	23.63	24.41	25.79	27.44	29.21	30.93	32.01	27.58	2.56
	500	23.80	24.41	25.47	26.72	28.05	29.30	30.09	26.81	1.92

由表 2 和表 7 可以看出：

（1）上单侧修正控制图的条件受控平均链长的分布与相应的未修正图有巨大差异。修正图有大得多的 AARL$_1$(1) 和 SDARL$_1$(1) 值。这正是修正控制图的控制图，防止小的受控平均链长出现的结果。随着 m 的增加，两者的差异变小。

(2)与受控过程相比,修正控制图与未修正控制图的失控表现差异很小。

四、实例说明

本节利用 Guo, Wang and Xie(2014)提供的 30 组失效数 $r = 3$ 的定数截尾样本数据来说明本文所提控制图的实际执行。具体数据见表 8。前 10 个样本来自 $\theta_0 = 1$ 的指数分布,代表第 I 阶段受控样本,中间 10 个样本也来自 $\theta_0 = 1$ 的受控指数分布,最后 10 个样本来自 $\theta_1 = 2$ 的失控指数分布。

由第 I 阶段的 10 个样本可得 θ_0 的估计值为 $\hat{\theta}_0 = 0.96322$。现希望使用单边控制图发现参数 θ 的增加,因此此时下单侧控制图不合适使用。设质量工程师希望受控平均链长至少为 370.37 的概率为 0.90,因 $r = 3$,由表 3 查得上单侧修正控制图的上控制限为 $\widehat{UCL}^* = 12.4782$。图 1 给出了上单侧修正控制图的表现。为了比较,图 1 也给出了未修正控制图。

表 8　指数分布的定数截尾样本数据($r = 3$,数据来自 Guo, Wang and Xie, 2014)

Sample NO.	Censored Data			Sample NO.	Censored Data			Sample NO.	Censored Data		
1	0.00833	0.09318	0.09722	11	0.03536	0.0484	0.34015	21	0.10918	0.19656	0.36218
2	0.01158	0.09531	0.35362	12	0.03733	0.20164	0.24939	22	0.22793	0.28666	0.4391
3	0.30389	0.51695	0.60616	13	0.36287	0.40848	0.43086	23	0.19566	0.60892	0.66217
4	0.03996	0.04136	0.05489	14	0.01205	0.11184	0.21553	24	0.10705	0.54131	0.72961
5	0.41509	0.51015	0.52976	15	0.16929	0.23037	0.23525	25	0.13831	0.20106	0.23297
6	0.10739	0.22432	0.24631	16	0.11898	0.61867	1.34811	26	0.15592	0.16638	0.46248
7	0.10212	0.44493	0.58787	17	0.00207	0.04646	0.45416	27	0.23519	0.68664	1.50679
8	0.12701	0.21559	0.23503	18	0.38124	0.45122	0.50236	28	0.12787	0.24539	0.60279
9	0.00467	0.06396	0.13884	19	0.06791	0.19186	0.37298	29	0.02215	0.27677	0.36814
10	0.00227	0.00419	0.34586	20	0.01471	0.06792	0.18245	30	0.09172	0.22189	0.30227

由图 1 可以看出,第 27 号失控样本落在了两条控制限的外边,修正和未修正的控制图均成功地发出了报警信号。应该注意到,第 16 号受控样本落在未修正控制图的外边,而修正控制图却未发出报警信号。原因在于修

正控制图的设计考虑了参数估计的影响,并因此具有了更宽的控制限,从而有了改进的受控表现。

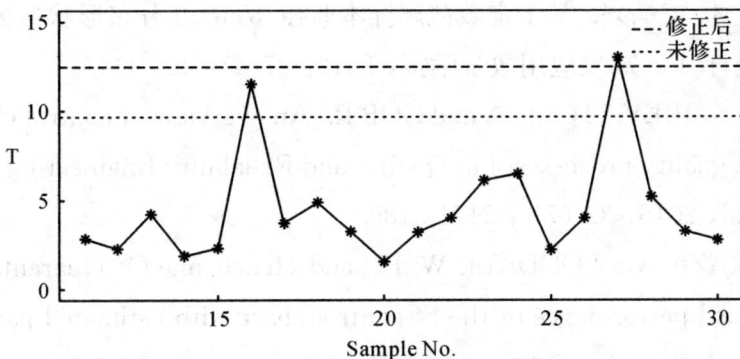

图1 上单侧控制图的表现

五、结 论

在控制图的实际应用中,过程的受控参数常常未知,不得不由第I阶段的历史受控样本数据估计获得。因为不同的第I阶段样本数据会导致不同的控制图表现,因此研究这种由参数估计导致的条件平均链长变异很是重要。本文推导出了定数截尾样本数据下指数分布控制图的条件平均链长的精确分布,并研究了参数估计的影响。结果表明参数估计影响严重,特别是当第I阶段样本数量较少时,参数估计导致了条件平均链长有很大变异。考虑到实际中采集大量样本在经济和时间上均存在问题,于是基于可利用的第I阶段样本数据,提出了精确方法来修正控制图以获得理想的条件受控表现。

课题负责人:郭宝才

课题组成员:李 敏 项赵辉

孙利荣

[参考文献]

[1] 郭宝才,王炳兴. 基于定数截尾样本监控 Weibull 分布形状参数的控制图设计[J]. 高校应用数学学报,2012,27(4):405-414.

[2] ALI S, PIEVATOLO A and GÖB R. An overview of control charts for high-quality processes[J]. Quality and Reliability Engineering International, 2016, 32 (7) : 2171-2189.

[3] FARAZA A, WOODALL W. H. and Heuchenne C. Guaranteed conditional performance of the S^2 control chart with estimated parameters [J]. International Journal of Production research, 2015, 53 (14): 4405-4413.

[4] GANDY A. and Kvaløy J. T. Guaranteed conditional performance of control charts via bootstrap methods[J]. Scandinavian Journal of Statistics, 2013, 40: 647-668.

[5] GUO B, WANG BX. Control charts for monitoring the Weibull shape parameter based on type-II censored sample[J]. Quality and Reliability Engineering International, 2014, 30(1): 13-24.

[6] GUO B, Wang B. X. The design of the S^2 control chart based on conditional performance via exact methods[J]. Quality and Reliability Engineering International, 2016, doi: 10. 1002/ qre. 2125.

[7] GUO B, WANG B. X. , and Xie M. ARL-unbiased control charts for the monitoring of exponentially distributed characteristics based on type-II censored samples[J]. Journal of Statistical Computation and Simulation, 2014, 84(12): 2734-2747.

[8] HUANG S. , Yang J. , Xie M. A study of control chart for monitoring exponentially distributed characterstics based on Type-II censored sample[J]. Quality and Reliability Engineering International, 2017, doi: 10. 1002/qre. 2122.

[9] JENSEN W. A. , Jones-Farmer L. A. , Champ C. W. , and Woodall W.

H. Effects of parameter estimation on control chart properties: a literature review[J]. Journal of Quality Technology, 2006, 38: 349-364.

[10] MONTGOMERY D. C. Introduction to Statistical Quality Control [M]. New York: John Wiley: 2005.

[11] PASCUAL F, LI S. Monitoring the Weibull shape parameter by control charts for the sample range of type II censored data[J]. Quality and Reliability Engineering International, 2012, 28: 233-246.

[12] ZHANG M, Megahed F. M, Woodall W. H. Exponential CUSUM Charts with estimated control limits[J]. Quality and Reliability Engineering International, 2014, 30(2): 275-286.

网购商品价格纳入 CPI 指数研究

一、引 言

目前,网络购物(网购)已经成为居民一种日常的购物方式,带动了中国网络零售额(指 B2C、C2C,不包含 B2B、批发、团购)"井喷"式增长。2014—2016 年,网络零售额分别达到 2.82 万亿元、3.83 万亿元、5.22 万亿元,在社会商品零售额的占比分别为 10.38%、12.72%、15.71%[①],网购已经深入而广泛地影响着居民生活的方方面面。但是,目前中国 CPI 编制并未充分考虑到网购商品价格的影响,并未将网购商品价格系统地纳入指数编制体系。因此,网购现象说明中国 CPI 未能全面描述居民的生活用品价格变化情况,CPI 是有偏差的,对现实中因为网购原因而导致的 CPI 偏差进行精确计量研究,具有重要的理论与现实意义。

目前网购对 CPI 影响研究的主要成果有:①网购消费的原因。以 Reinsdorf 为代表的一些经济学家认为,相对于实体店来说,网店在场地规模、租金、税费管理等方面成本大大减少,商品具有成本优势,网购商品价格要低些,这是越来越多消费者转向网购消费的主要原因。②代表性规格品的分类价格指数与权重计量。Dubeaux 和 Saglio 认为,研究网购商品与服务价格对 CPI 影响时,首先要考虑它们总体范围的一致性要求,同时还要研究

---

① 根据中国电子商务研究中心(www. 100ec. cn)专题报告与《中国统计年鉴》相关数据计算得到。

不同销售点之间商品的同质可比性问题。Vol 主要从规格品分类价格指数与权重这两方面考虑商品销售点变化对 CPI 的影响。因为考虑到将新的销售点商品及服务纳入 CPI 时,规格品形成了一个新的"篮子商品",新的篮子商品中规格品的分类价格指数与权重需要运用相应方法进行适度调整,根据调整后的规格品分类价格指数与权重就可以测度及修正 CPI。③CPI 计量模型与偏差。Hill 认为,通过预先设置一个比较高的新销售点商品初始价格,理论上就可以及时将居民销售点价格变化情况进行计量,从而将新销售点价格变化情况纳入 CPI。Prime 和 Saglio 认为,商品销售点变化的影响取决于商品销售点之间商品价格的相对变化情况,一般认为居民会从商品价格高的销售点转向价格低的销售点,对 CPI 带来向下的负影响。Saglio 的研究认为,销售点替代对 CPI 的影响还与 CPI 的汇编模型相关,使用 Laspeyres 指数会产生向上的偏差,使用 Paasche 指数则产生向下的偏差[6]。1996 年 Boskin 委员会对美国 CPI 偏差估算范围在 0.8 个至 1.6 个百分点之间,点估计为 1.1%,这个偏差是各种偏差的直接累加。

国内在这方面的研究刚刚处于起步阶段,一些学者已经意识到了网购对 CPI 的显著性影响,对 CPI 与网购商品与服务分类情况进行了一些简单的比较分析。

目前,相对于世界其他各国的网购情况来说,中国网购发展十分迅速,但是国内还没有就网购商品价格对 CPI 影响的专业性文献成果,特别是这方面的定量研究尚属空白。因此,本文拟定量研究中国快速增长的网购现象对 CPI 影响程度。

二、网购价格指数与 CPI 比较分析

(一)理论分析

网购价格指数与 CPI 的主要区别体现在如下两个方面。

1.指数编制理论差异

目前 CPI 编制的理论基础公认有两个:一个是固定篮子指数理论;另一个是生活费用指数理论。固定篮子指数是测度两个对比时期固定篮子商品与服务价格变动情况的相对数,生活费用指数是测度居民在两个对比时期为了某种固定效应(福利、生活标准等)所需要的最低支出的比例。这两种价格指数编制理论在规格品选择、篮子商品的组成、指数计算方法等方面具有显著差异。

aSPI 以生活费用指数理论为基础,编制的是生活费用指数;aSPI-core 与 CPI 以固定篮子指数理论为基础①,编制固定篮子商品价格变化的相对数。这是它们理论方面的本质差异。

2.编制方法的差异

消费者价格指数的编制,本质上是对代表性的规格品价格初级指数及分类指数进行加权平均而得。但怎样对规格品的价格指数进行平均,目前主要有两种方法:

(1)多阶段加权平均。我国目前使用多阶段层层加权平均方法计算 CPI,并且这种指数计算的是国家一级的消费者价格指数。具体的编制流程是这样的:①首先在统计工作的最基层,编制市、县一级的本地消费者价格指数;②各省根据市、县指数加权计算得到省级的消费者价格指数;③国家统计局根据各省上报的价格指数,根据全国消费结构加权计算全国性的消费者价格指数。这种价格指数编制方法的优点是满足了各级地方政府分级管理的需要,简化了国家与省级等上级机构的价格指数编制工作量。存在的缺陷就是:层层加权,中间环节太多,增加了许多不确定性因素,降低了价格指数的代表性,增加了基层统计工作量,使得最终的数据质量难有保障。

(2)一次性加权平均。随着互联网技术的发展与大数据技术的成熟,网

---

① aSPI 与 aSPI-core 编制的理论基础,参见阿里巴巴研究院(www. aliresearch. com)网页中关于网购价格指数的专题介绍。

购商品价格指数采用的是一次性加权平均的结果,直接汇总编制全网域性的一级价格指数。即先计算各种规格品在全网域范围内的平均价格与初级价格指数、基本分类价格指数,然后根据预置的权重计算商品与服务的分类价格指数,得到全网域的商品价格总指数。这样的编制方法好处是:①增强规格品价格空间代表性;②一次性地进行综合汇总,避免干扰;③操作简单、规范。

除此之外,它们在指数编制的其他环节还有一些细小差别,现一起汇总如表1所示。

表1 网购价格指数与CPI的比较表

	aSPI	aSPI-core	CPI
目标人群	线上消费者	线上消费者	线下消费者
总体范围	阿里零售平台	阿里零售平台	国内原则
指标名称	网购(全网)价格指数	网购核心商品价格指数	消费者价格指数
指数作用	反映阿里零售平台所有商品价格变动情况	反映阿里零售平台核心商品价格变动情况	反映居民消费品与服务价格变动情况
大类	10	10	8
中类	46	46	24
小类	500	500	80
理论基础	生活费用指数	固定篮子指数	固定篮子指数
编制方法	一次性加权平均	一次性加权平均	多阶段加权平均
指数模型	加权算术平均	链式加权拉氏模型	(1)规格品使用算术平均 (2)分类指数用几何平均 (3)总指数使用加权链式拉氏模型

注:①CPI规格品分类为2016年1月1日启用的新分类项目;②目前世界上许多国家使用《消费者价格指数:国际劳工组织手册(1989)》推荐的"按照目的划分的个人消费分类"(Classification of Individual Consumption by Purpose, COICOP)。COICOP将住户最终的消费品与服务划分为12个大类、47个中类、117个小类、200多个基本分类的结构。

(二)实证分析

不管 CPI 与网购价格指数的差异性如何,它们还是具有一些共同的特征:都是反映居民消费品与服务价格变化情况的相对数。现就 CPI 与网购商品价格指数进行实证分析。

1.描述性统计分析

本文选取了 2011 年 2 月至 2016 年 4 月的 CPI 与网购指数的月度环比指数变化率进行分析。相关指标的基本情况如表 2 所示。

表 2　CPI 与网购指数的基本信息情况(%)

时间:2011 年 2 月—2016 年 4 月

aSPI-core		aSPI		CPI	
平均	−0.210	平均	0.370	平均	0.200
标准差	0.691	标准差	2.539	标准差	0.498
峰度	3.423	峰度	1.417	峰度	0.651
偏度	0.640	偏度	−0.515	偏度	0.655
最小值	−2.290	最小值	−7.100	最小值	−0.910
最大值	2.310	最大值	7.410	最大值	1.56

从表 2 可知,aSPI-core、aSPI、CPI 的均值为分别为 −0.21%、0.37%、0.20%,aSPI 的均值最大、aSPI-core 的均值最小、CPI 的均值居于中间;aSPI-core、aSPI、CPI 的标准差分别为 0.691%、2.539%、0.498%,aSPI 的波动性最大、CPI 的波动性最小,aSPI 的最大值为 7.41%,最小值为 −7.1%,远远大于 CPI 的最大值 1.56% 与最小值 −0.91%。从变量分布特征看,aSPI 的变化率偏度系数为 −0.515,呈现出负偏特征,aSPI-core、CPI 的偏度系数分别为 0.640、0.655,呈现出正偏特征;aSPI、CPI 变化率峰度系数分别为 1.417、0.651,变量分布曲线为"U"形分布,呈现出"中间少、两头多"的特征,aSPI-core 的峰度系数为 3.423,变量分布呈现出尖顶特征。

2.方差分析

为了进一步研究网购价格指数与 CPI 的关系,对它们进行方差分析,相关结果如表 3 所示。

表 3 网购价格指数、CPI 间的方差分析

比较因子	差异源	SS	df	MS	F	P-value	F crit
aSPI-core 与 aSPI	组间	10.5966	1	10.5966	3.059968	0.082717	3.91755
	组内	429.4092	124	3.462977			
	总计	440.0058	125				
aSPI 与 CPI	组间	0.90187	1	0.90187	0.269339	0.6047	3.91755
	组内	415.2085	124	3.348455			
	总计	416.1103	125				
aSPI-core 与 CPI	组间	5.31567	1	5.31567	14.64448	0.000205	3.91755
	组内	45.00966	124	0.362981			
	总计	50.32533	125				

从表 3 可知,aSPI-core 与 aSPI 间的 F 值为 3.059968,无显著性差异的原假设概率为 0.082717,大于常用的 0.05 的显著性水平。aSPI 与 CPI 间的 F 值为 0.269339,无显著性差异的原假设概率为 0.6047,大于常用的 0.05 的显著性水平。aSPI-core 与 CPI 间的 F 值为 14.64448,无显著性差异的原假设概率为 0.000205,小于常用的 0.05 的显著性水平。可见,这些变量中,只有 aSPI-core 与 CPI 之间存在着显著性差异。同时,aSPI-core 是反映网购十大分类商品价格变化情况,这些核心分类商品目录一般比较固定,价格波动具有长期趋势性,能够很好地说明网购商品价格变化情况,代表性高。

显然,不管是从指数的编制理论基础分析,还是方差分析的结果来看,研究将网购商品价格纳入 CPI 时,重点研究将 aSPI-core 的规格品纳入 CPI 篮子商品可起到事半功倍作用。另一方面,我们对 CPI 规格品的基本要求就是居民消费量比较大,商品价格比较稳定、具有长期的变化趋势性。显然,网购核心价格指数的篮子商品更加满足 CPI 篮子商品条件,从实证分析结果也可佐证网购核心价格指数更有利于完善 CPI,提高 CPI 的准确性。

三、研究假设与偏差定义

网购对于消费者来说是一种由于商品价格差异引起的消费方式的转移,对于 CPI 编制来说本质上是一种新增的商品销售点与价格调查单位,如果不及时将网购商品价格纳入 CPI 指数体系,它会导致 CPI 失真、产生销售点替代偏差。

(一)研究假设

对 CPI 销售点替代偏差问题进行研究,需要强调几个基础知识,这些基础性的理论知识作为公理性质提出。

1. 假设 1:CPI 是中国反映居民线下商品与服务价格变化情况权威性指标,居于主导地位

之所以提出这样的常识性条件,是论文研究的基础。因为我们之所以要研究近年来快速增长的网购现象对 CPI 的冲击与影响,就是因为长期以来,CPI 一直是只反映实体店(线下)商品与服务价格变化情况,并未充分考虑到网购(线上)商品与服务价格变化的影响情况。从这种角度来说,CPI 并未全面描述居民生活商品与服务价格的影响情况,这是一种系统性的偏差。因此,本文在这里强调 CPI 只是正确地反映了线下商品与服务价格变化情况。

同时,CPI 是中国目前宏观经济政策决策的主要依据,也是中国目前唯一可供参考的权威性统计指标,国家每年投入了巨大的资金在不断地完善与编制尽可能真实的 CPI。尽管中国目前的 CPI 存在着各种质疑的声音,但是仍然没有其他的统计指标能够替代它的职能。因此,论文在这里强调指出:CPI 是反映居民消费商品与服务价格变化情况的权威性指标、居于主导地位。也就是说,本文研究将网购商品价格指数作为 CPI 的重要补充形式,用于修正与完善现行的 CPI,而不是相反。

2.假设 2：网购价格指数（aSPI、aSPI-core）正确地反映了线上商品与服务价格变化情况

阿里巴巴集团的网络零售额在整个网络零售额中的占比超过一半，是中国电商领域绝对的龙头企业。它销售的商品、提供的服务覆盖 CPI 规格品 70% 的范围，具有很好的代表性。阿里巴巴研究院编制的网购价格指数（aSPI、aSPI-core）运用了不同的编制理论与方法，从不同角度对销售的商品与服务价格变化进行描述，给了解与判断网购商品价格变化情况提供了很好的参考依据。

由于线上、线下商品与服务特定环境的差异，本文假定：目前的网购价格指数（aSPI、aSPI-core）准确地描述了网购商品与服务价格变化情况。

3.假设 3：基于平均指标抽象的、一般性的性质，研究网购商品价格对 CPI 的影响

提出假设 2 与假设 3 的理由是目前的物价指数，不管是 CPI 还是 aSPI 或者 aSPI-core，本质上都是平均指标。这样的物价指数：首先是它们反映了平均指标的含义，它们描述的是居民生活商品与服务价格抽象的、一般水平的变化情况。在对比的两个时期之间，尽管居民生活商品与服务价格具有结构性的变化特征，但是最终汇总编制得到的都是抽象的平均指标，反映的是居民消费品与服务价格变化的一般水平。

其次，指数模型公理化检验法则。不管是初级价格指数模型，还是高级价格指数汇编模型，既要求它们能够描述商品价格综合变化情况，也要求它们满足一些基本的公理化检验法则。在这些公理化的检验法则中，有两个检验法则为本文运用网购交易额在社会商品零售总额中的占比，研究网购交易额对 CPI 的影响提供了直接的理论依据。这两个检验法则是：

（1）报告期价格的正比性。如果 $\mu > 0$，那么 $P(p^0, \mu p^1) = \mu P(p^0, p^1)$，如果时期 1 的所有商品价格向量 p^1 变为原来的 μ 倍，那么初始价格指数变为原来的 μ 倍。

（2）基期价格的反比性。如果 $\mu > 0$，那么 $P(\mu p^0, p^1) = \mu^{-1} P(p^0, p^1)$，也就是如果时期 0 的所有商品价格向量 p^0 变为原来的正 μ

倍,那么初始价格指数变为原来的 $1/\mu$ 倍。

这两个检验法则不管是对初级价格指数模型,还是高级价格指数模型来说,皆是公理化的检验法则。实质上,从基期到报告期,规格品中的代表性商品与服务价格结构性的变化是常态,等比例、均匀性的变化是特例,但在这两个检验法则中常数 μ 就是抽象了商品价格结构化变化特征,诠释出抽象的、一般性水平上的物价变动特征。本文研究也是基于这些指标的含义,抽象、一般性的研究网购商品价格对 CPI 的影响。

(二)总体范围处理

将网购商品与服务纳入 CPI 编制体系,首先必须处理的问题就是总体范围的整合。由于网购商品只覆盖 CPI 规格品目录的 70％,且成交额要远远小于线下成交额,根据假设 1,我们只需要考虑将网购商品价格按照 CPI 的 8 大类项目来整合。

根据平均指标含义与模型公理化检验法则,尽管商品价格具有结构性变化特征,但是通过平均指标的抽象后,可以将它们理解为所有商品价格,等比例的、一般水平的变动情况。此时,运用部分样本数据或者全部价格数据测度得到的最终价格指数结果是一样的,无显著性差异。在此种情况下,阿里巴巴网购平台的局部性网购价格指数就能够很好地代表所有的网购商品价格变动情况。

根据假设 2 与假设 3,如果从抽象的、一般水平的角度来研究,那么局部性商品的价格变化情况与总体商品的价格变化情况是一致的,网购商品价格指数的测度就与范围无关,反映阿里巴巴网络零售平台核心商品(10个大类)的价格变化情况指数与按照 CPI 范围来整合后的(8 个大类)商品价格变化情况是一致的。这就是本文对网购商品与实体商品范围整合的理论基础。

考虑到数据可获得性与便利性。如果 CPI 与网购指数的分类价格指数与权重数据都能够得到,那么只要对它们进行适当的商品质量调整、归类、合并,组成一个新的"篮子商品",最后运用加权平均就能够得到修正的 CPI。然而,即使我们知道了网购商品价格指数的分类价格指数与权重,但是关于 CPI 的 8 大商品与服务项目的分类权重数据也无法得到(国家统计局并不对外发布 CPI 中 8 大分类商品与服务项目权重数据)。因此,关于线下与线上这两大分类商品价格变化情况,我们必须运用间接方法进行测度。

(三)偏差定义

1.网购视角的 CPI 销售点替代偏差:在其他条件不变的情况下,包含了网购商品价格的 CPI* 与原 CPI 之间的偏差[①]

根据假设 1 至假设 3 可知,CPI 只是反映了线下商品价格变化情况,网购价格指数只是反映了线上商品价格变化情况,只有将它们进行整合后,才是比较全面反映居民消费商品价格变化情况。如果仅用目前的 CPI 来表示居民所有的生活商品与服务价格变化情况,显然欠妥,有“以点代面”的嫌疑。那么,真实的居民生活商品与服务价格指数,应该是综合考虑线上与线下商品及服务价格变化情况的相对数。

2.修正系数设计

理论上,研究网购现象对 CPI 的影响,应该将所有的网购商品与服务价格纳入 CPI 编制体系,但实际上因为各种原因,网购商品与服务价格数据并不容易获取。阿里巴巴研究院针对中国目前快速增长的网购现象,以 2011年 1 月为基期,从 2011 年 2 月开始发布以阿里巴巴网络零售平台为总体的全网价格指数(alibaba Shopping Price Index,aSPI)与核心商品价格指数(alibaba Shopping Price Index-core ,aSPI-core),将网购商品与服务划分为10 个大类、46 个中类、500 个小类(比 CPI 分类多了“办公用品及服务、爱好

[①] 西方国家对 CPI 偏差的定义往往是:CPI 与生活费用指数 COLI 之差,这里同时需要指出的是 CPI 偏差与单纯分析网购商品价格导致的 CPI 偏差(即销售点替代偏差)是有区别的。实际上,这里的定义还有另一个隐含的研究假设:即 CPI 是正确反映实体店商品与服务价格变化情况的指数,aSPI 及 aSPI-core 是正确反映网购商品与服务价格变化情况的指数。因此,在其他条件不变的情况下,将线上与线下商品及服务价格充分考虑到的、新的 CPI* ,将是比较合理、真实的居民消费价格指数。

收藏投资"两个大类），涵盖 CPI 商品与服务范围的 70% 左右①。这是首次专门就网购商品价格变化情况正式编制与发布的价格指数，代表性高，参考价值大。考虑到阿里巴巴集团在中国以至于国际上的重要影响，本文基于网购视角研究 CPI 的销售点替代偏差情况时，这是一个极有参考价值、可以充分利用的文献资料与数据，它在一定程度上能够测度与诠释网购商品价格对 CPI 的影响情况，达到修正现实 CPI 的目标。

因此，本文基于网购视角研究 CPI 的销售点替代偏差情况时，就研究网购价格指数对 CPI 的影响情况。网购商品价格指数究竟能在多大程度上影响 CPI，对 CPI 产生多大的偏差，取决于网购交易额对社会商品零售总额的重要程度。为此，本文提出利用网购交易额与社会商品零售总额，构建对应的修正系数。修正系数（λ）定义如下：

$$\lambda = \frac{\text{网购交易额}}{\text{社会商品零售总额}} \tag{1}$$

式（1）表明，修正系数为网购交易额在社会商品零售总额中所占的比重。这个修正系数本质上就是网购价格指数对 CPI 影响程度的一个权重，网购交易额大、修正系数越大、网购商品价格对 CPI 影响大，网购交易额小、修正系数越小、网购商品价格对 CPI 影响小，最终新的 CPI 是对网购价格指数与 CPI 加权平均的结果。

显然，网购商品价格对 CPI 的影响关键不是指数汇编的技术问题，主要是要考虑到数据的可获得性。在中国电子商务研究中心网站（www. 100ec. cn）上能够得到网购交易额数据，在《中国统计年鉴》中能够得到社会商品零售总额数据，考虑数据的可获得性与便利性，基于宏观角度分析，利用网购交易额在社会商品零售总额中的比重，构建对应的修正系数，修正现实 CPI，测度网购商品价格对 CPI 的销售点替代偏差，切实可行。

3.偏差测度

一般地，CPI 偏差可归结为"上层替代偏差、初级汇总偏差、产品质量变

---

① 根据阿里巴巴研究院（www. aliresearch. com）相关资料与数据整理得到。

化引起的偏差、新产品偏差与销售点替代偏差"。网购现象为学术界一致认
定为销售点替代偏差[12]。销售点替代偏差的计量需要注意两个问题,一是
消费者在旧的与新的销售点间消费转移时,需要考虑到商品权重与范围问
题;二是不同销售点间商品的质量变化问题。对于消费者在销售点间转移
的原因,一般认为是消费者从价格高的销售点转向价格低的销售点。这样,
对于特定的商品来说,就降低了它的平均价格,从而降低了 CPI。但是,当
政府编制 CPI 时,如果没有考虑到消费者在销售点间转移的现象,仍然按照
旧的销售点商品价格编制 CPI,就会高估 CPI。

(1)修正系数估计。社会商品零售总额数据来源于历年《中国统计年
鉴》,网购商品交易额数据取自"中国电子商务研究中心(www. 100ec. cn)"
历年相关的专题报告,测度的修正系数如图 2 所示。

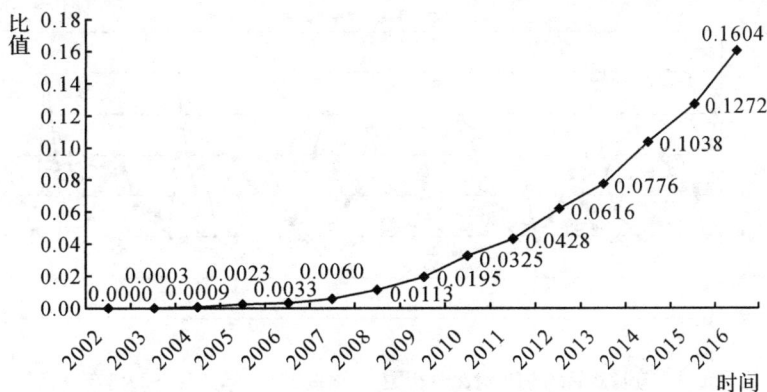

图 2　网购商品交易额在社会商品零售总额中的比重图

从图 2 可知,网购商品交易额在社会商品零售总额的占比逐年提高,从
2012 年起,占比为 6.16%、首超 5%,2014 年占比 10.38%、首超 10%,上涨
明显。另一方面,网购商品价格指数(aSPI,aSPI-core)以 2011 年 1 月为基
期,编制并发布有月环比指数、月同比指数,本文研究网购价格指数对 CPI
的影响,选用的是月环比指数。

(2)销售点替代偏差定性分析。由于阿里巴巴研究院(www. aliresearch. com)编制的网购价格指数是以 2011 年 1 月为基期,于 2011 年 2 月
对外发布 aSPI、aSPI-core 月度变化率数据。因此,本文运用图 2 估计的修

正系数,从 2011 年 2 月起对 CPI 进行修正,并计算同期的 CPI 偏差:

$$调整后的 CPI^* = \lambda \times 网购核心商品价格指数 + (1 - \lambda) \times CPI \quad (2)$$

$$CPI\ 销售点替代偏差 = CPI - 调整后的 CPI^* \quad (3)$$

由式(2)、式(3)可得:

$$CPI\ 销售点替代偏差 = \lambda(CPI - 网购核心商品价格指数) \quad (4)$$

由表1可知,网购核心商品价格指数(CPI-core)在统计意义上显著小于CPI[①],那么式(4)表明:CPI 与网购核心商品价格指数的差为正数,与 CPI 的销售点替代偏差呈现出同向变化关系。当 CPI 与 CPI-core 的差额越大、CPI 销售点替代偏差也大,当 CPI 与 CPI-core 的差额小、CPI 销售点替代偏差也小。由式(4)还可知,CPI 销售点替代偏差为 CPI、CPI-core 之间的差额 λ 倍。

根据式(2)与式(3),CPI 与测度得到的 CPI 对比情况如图 3 所示。

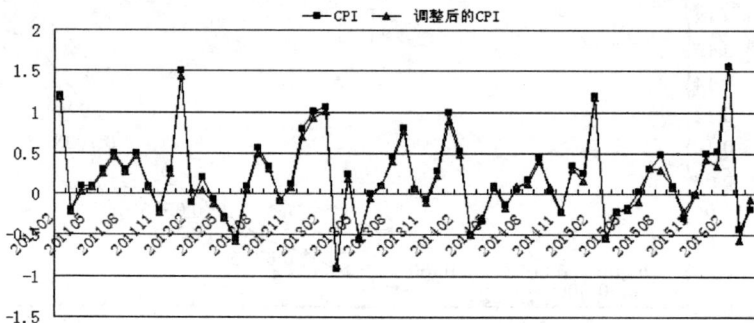

图3 CPI 与调整后的 CPI 对比分析图 (时间:2011 年 2 月—2016 年 4 月)

从图 3 显示可知,充分考虑到网购商品价格的影响后,经过修正系数(λ)调整后得到的新的 CPI 与原 CPI 的对比分析呈现出很强的一致性变化特征,但是,调整后的 CPI 整体上要稍低于原有的 CPI。这种特征与学术界研究得出的因为成本因素等原因,导致网购商品价格要明显低于实体店商品价格的观点是一致的。

(3)销售点替代偏差实证分析。为了进一步详细研究修正系数的变化

---

① 由于网购商品相对于实体店商品具有比较成本优势,一般认为网购商品价格一般要小于实体店的商品价格,这样的结论与目前国内外学术界相关的研究得到的结论一致。

对 CPI 的影响，本文对样本数据的时间段进行细分，阶段性考察修正系数与 CPI 偏差间的关系，相关结果如表 4 所示。

表 4 不同时间段修正系数与 CPI 销售点替代偏差情况

	修正系数（％）	月均偏差（％）
整个样本时间段（2011 年 2 月—2016 年 4 月）	9.35 *	0.0305
2011 年（2011 年 2 月—2012 年 12 月）	4.28	0.0328
2012 年	6.16	0.0341
2013 年	7.76	0.0273
2014 年	10.38	0.0186
2015 年	12.72	0.0349
2016 年（2016 年 1 月—2016 年 4 月）	16.04	0.046

注：①整个样本时间段的修正系数通过对原始数据线性折算后计算得到；②月均偏差为几何平均值。

从表 4 可知，在整个样本期间折算的修正系数为 9.35％，月均销售点替代偏差为 0.0305％；在 2011 年的 11 个月内，修正系数为 4.28％，月均销售点替代偏差为 0.0328％；2012 年，修正系数为 6.16％，月均销售点替代偏差为 0.0341％；2013 年，修正系数为 7.76％，月均销售点替代偏差为 0.0273％；2014 年，修正系数为 10.38％，月均销售点替代偏差为 0.0186％；2015 年，修正系数为 12.72％，月均销售点替代偏差为 0.0349％；2016 年的前 4 个月内，修正系数为 16.04％，月均销售点替代偏差为 0.046％。显然，随着修正系数的增大，月均偏差虽然呈现出一定的波动性，但总的趋势表现为逐渐增大的态势，这说明网购商品价格对 CPI 影响程度也越来越大。

现在进一步对它们之间的关系进行模型分析，运用 SPSS 分析，结果如表 5 所示。

表 5 模型汇总和参数估计值　　　　　　　时间：2011—2016 年

方程	模型汇总				参数估计值			
	R 方	F	df_1	df_2	Sig.	常数	b_1	b_2
线性	0.158	0.748	1	4	0.436	0.024	0.000857	
二次	0.725	3.949	2	3	0.144	0.066	−0.009016	0.000492

注：模型解释变量为网购零售额在社会商品零售额中的占比，被解释变量为 CPI 销售点替代偏差。

从表 5 可知,从 CPI 销售点替代偏差对网购销售额在社会商品零售额中的占比回归结果来看,线性回归方程的截距为 0.024,斜率为 0.000857,这说明解释变量与被解释变量间呈现出同向变化关系,但是拟合优度仅为 0.158,显示线性回归方程的代表性欠理想。

相对于线性回归方程,二次回归的结果显示拟合优度大幅提高到 0.725,比线性回归方程要好得多。同时,一次项系数为 −0.009016,二次项系数为 0.000492,这说明 CPI 销售点替代偏差这些年虽然有所反复,但是总的变化呈现出逐渐提高与增大的趋势。这再次说明了随着网购销售额的增大,网购商品价格对 CPI 的影响增大,导致 CPI 销售点替代偏差增大的态势。这种结论与线性回归揭示的结果是一样的,只不过二次回归结果比较细致地揭示了它们之间的变化过程。

修正系数与对应的 CPI 销售点替代偏差关系,可用图 4 形象直观地来表现出来。

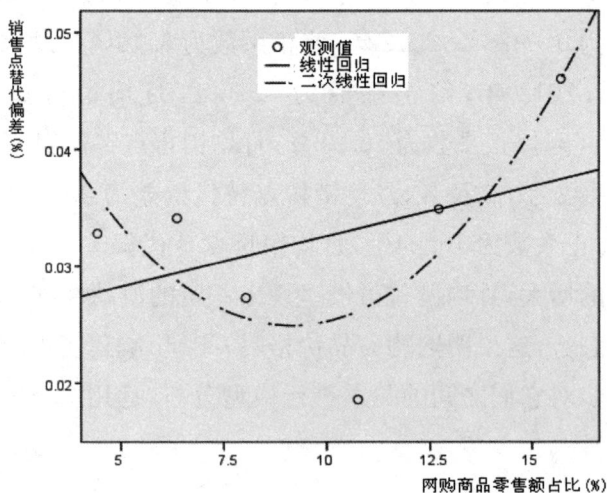

图 4　CPI 销售点替代偏差对网购零售额占比回归情况(2011—2016)

从图 4 可知,随着时间的变化,修正系数即网购交易额在社会商品零售总额中的比重越来越大,相应的销售点替代偏差(图中标示为观测值)虽然有所起伏,但总体上呈现出向上变化趋势。这说明随着修正系数即网购交易额所占比重的增大,网购商品价格对现实 CPI 的冲击也越来越大。

从表 5 中的拟合优度及图 4 中所拟合的趋势线,很显然二次回归(即非线性回归)的结果更加符合销售点替代偏差的变化与波动情况。

四、结　论

本文首次运用网购交易额与社会商品零售总额,构建修正系数,定量研究网购现象对 CPI 产生的销售点替代偏差问题。从以上的理论及实证分析,可得出如下结论:①网购价格指数与 CPI 在编制理论、编制方法、总体范围等方面存在一些明显差别,将网购商品价格纳入 CPI 时,在商品质量调整、分类指数计算、权重等方面必须按照 CPI 编制的方法进行系列调整。②实证分析说明网购核心商品价格指数最能代表网购商品价格变化情况,并且它的篮子商品也是最符合 CPI 对篮子商品要求,将 aSPI-core 的篮子商品纳入 CPI 的篮子商品是最适宜的做法,可提高统计实践工作效率与操作的便利性。③考虑到网购商品价格的影响,调整后的 CPI 要小于目前的 CPI。这样的结论与学术界关于网购商品价格由于具有相对成本优势、从而导致销售点替代现象、降低社会整体物价水平的结论是一致的,进一步验证了在我国的网购现象同样具有这样的特征。④利用网购商品交易额与整个社会商品零售总额,构建相应的修正系数,一定程度上揭示了网购现象对 CPI 影响的实质,达到修正 CPI 的目标。这种修正系数的设计具有平均指标的定义、价格指数模型公理化检验法则的理论支撑,更加符合统计实践工作需要。⑤随着网购交易额的增大,在社会商品零售总额的比重增加,导致 CPI 偏差增加,对 CPI 影响增强。

为了降低 CPI 销售点替代偏差问题,统计实践中应该将网购商品价格逐步纳入 CPI 编制体系,本文建议:(1)尽快加强 CPI 与网购商品范围的整合及商品质量调整研究。按照 CPI 的 8 个大类、24 个中类、80 个小类的统计口径与标准整合与归类网购商品,组成一个新的 CPI"篮子商品"。同时,对新的"篮子商品"中实体店商品与网购商品进行相应的质量对比研究及调整,使得商品与服务满足同质可比性条件,两个对比时期的相对数纯粹反映商品价格变化情况。（2）CPI 分类价格指数及权重。对网购商品与服务价格的时序面板数据进行采集，按照 CPI 编制方法，以地域作为分组标志，将网购样本数据平行归并到全国各省份之中，根据各省份原有 CPI 的分类价格指数与权重对网购商品与服务进行整合，计算并修正新的"篮子商品"分类价格指数与权重，最终汇编得到比较准确的 CPI。

课题负责人：黄秀海

课题组成员：滕清秀　成定平　朱宗元

李　伟　赵　丹

执　笔　人：黄秀海

[参考文献]

[1] REINSDORF，Marshall. The Effect of Outlet Price Differentials in the U. S. Consumer Price Index［M］. Chicago：University of Chicago Press，1993.

[2] DUBEAUX D，A Saglio. Modification des Circuits de Distribution et Evolution de Prix Alimentaires［J］. Economie et Statistique，1995，285(1)：49-58.

[3] VOL N. A review of Bias in the CPI［R］. Statistical Journal of the United Nations Economic Commission for Europe，2000(17)：37-57.

[4] HILL，PETER. The Measurement of Inflation and Changes in the Cost of Living［R］. Paper Prepared for the Joint ECE/ILO Meeting on Consumer Price Indeices，1997(1).

[5] PRIME M，A Saglio. Indices de Prix et Prix Moyen：une etude de cas［J］. Economie et Statistique，1995，(1)：205-236.

[6] SAGLIO A. Changement de Tissu Commercial et Mesure de Revolution des Prix［J］. Economie et Statistique，1995，285(285)：9-33.

[7] M J BOSKIN，E R Dulberger，R J Gordon，et al. Consumer Prices，the

Consumer Price Index, and the Cost of Living[J]. Journal of Economic Perspectives, 1998, 12(1): 3—26.

[8] 田涛. 电商发展对 CPI 的影响研究[J]. 上海经济研究, 2016(3): 112-119.

[9] 马文革. 电子商务对我国 CPI 统计的影响分析[J]. 价格理论与实践, 2016(2): 103-105.

[10] 陈志, 陈艳飞. 网购产品价格指数计算方法研究[J]. 调研世界, 2013 (6): 43-47.

[11] 徐强. CPI 的理论框架: 固定篮子指数还是生活费用指数? [J]. 财经 问题研究, 2006(4): 19-27.

浙江金融服务实体经济的效率研究

在我国经济社会发展步入新时代的大背景下,进一步促进经济与金融的良性互动,大力提升金融服务实体经济的效率,是深化金融领域改革创新的重大课题。本文从经济因素、企业因素、市场因素和制度因素4个方面选取15项指标,测度2005—2016年金融服务实体经济的效率。这项实证性连续评估较好地反映了各省区市金融效率的最新水平,对深化金融领域改革、完善金融市场体系具有重要意义。

一、国内相关研究回顾

国内关于金融支持实体经济发展的相关研究不少。穆怀朋(1993)研究证明,金融发展可以促进国内储蓄,进而提高总投资水平和投资效率,以此促进经济增长。谈儒勇(1999)实证研究了中国金融中介发展和经济增长之间的关系,认为存在显著的正相关关系。康继军和张宗益等(2005)以银行变量衡量间接金融的发展,以股市变量衡量直接金融的发展,实证结果表明中国、日本、韩国三国的金融发展与GDP增长存在因果关系。孙爱军和蒋彧等(2011)选取银行贷款余额、上市公司股票总市值、保费收入以及劳动力作为投入指标,GDP作为产出指标,基于1998—2010年省域数据,量化计算了金融对经济发展支持的效率,并进一步细化到三大产业。俞立平(2012)采用非径向超效率分析模型测度中国金融效率,研究表明中国金融支持经济增长的绝对效率较低,相对效率较高。蒋岳祥和蒋瑞波(2013)选取金融业从业人数、金融业资本存量作为两个投入变量,金融业增加值作为衡量金融中介效率指标,运用三阶段数据包络分析测度中国 30 个省区市金融创新在效率层面的水平。张林和张维康(2017)以资本、劳动、融资额三要素为投入,实体经济总产值为产出构建模型,采用 Malmquist 指数测算了中国 31 个省区市 1999—2015 年金融服务实体经济增长的效率及效率变化情况。

综合上述研究可以发现,近年针对金融服务实体经济效率的实证研究较少,以省域数据为基础的测评研究鲜有。本文基于 31 个省区市 2005—2016 年的面板数据,运用无量纲化等研究方法,测算各省区市金融服务实体经济的效率,并对浙江的实际情况做深入剖析。

二、评价体系设计说明

本文以 31 个省区市为研究对象,从 4 个方面选取 15 项指标组成测评体系,采用对数化处理、无量纲化以及算术平均法等研究方法,得到各省区市金融服务实体经济的效率得分,并形成相对位次。

(一)指标选取

金融服务实体经济效率测评体系的构建,应从金融效率的内涵出发,同时兼顾数据的可得性。金融服务实体经济的效率,是指在经济上金融活动所创造的产出价值与投入价值的关系,也就是金融部门对经济增长的贡献之间的关系。关于金融效率的分类,百度百科以及相关文献大致将其分为宏观金融效率、微观金融效率和金融市场效率 3 种。

基于金融效率的内涵,本文从经济因素、企业因素、市场因素和制度因素 4 个方面选取 15 项指标来解释金融效率、构建测评体系。指标体系全部选用正向型指标,即指标越大,得分越高,金融服务实体经济效率也就越高。

1.经济因素

选用金融业发展水平、金融结构、金融开放度、投资效率和投资结构 5

项指标。

(1)金融业发展水平,用人均金融业产值表示。这一指标比较客观地反映了地区金融业的发展水平和发展程度。

(2)金融结构,用金融业产值占 GDP 比重表示。这一指标是衡量地区金融首位度的一项指标,数值越大,表明这一地区金融业发展水平相对较高。

(3)金融开放度,用利用外资金额除以 GDP 表示。这一指标既可以反映经济体金融的开放度,又可以反映当地的投资环境。数值越大,意味着越有利于引进外部资金,而外资能够给实体经济的发展注入巨大活力。

(4)投资效率,用 GDP 除以固定资产投资表示。这一指标越高,单位固定资产投资对应的 GDP 越高,投资效益越高。

(5)投资结构,用金融业固定资产投资占全部固定资产投资比重测度。这一指标表示金融行业扩大再生产的力度,反映金融行业的活力和规模。

2. 企业因素

选用金融业劳动者薪酬、金融就业率、企业效益 3 项指标。

(1)金融业劳动者薪酬,用金融业职工平均工资除以全省平均工资表示。这一指标越高,意味着金融业劳动者报酬相对越高,金融业劳动者价格越高,从一个侧面反映金融业从业人员素质越高、效率越高。

(2)金融就业率,用金融业城镇单位就业人员数除以总人口表示。这一指标越大,说明金融从业人员相对较多,地区金融需求相对较高,反映地区金融业活力较大。

(3)企业效益,用规模以上工业企业主营业务收入除以成本费用表示。这一指标越高,说明企业的经济效益越好,也可以说明企业成本资金使用效率越高。

3. 市场因素

选用股票市场、贷存比、保险密度 3 项指标。

(1)股票市场,用沪深两市上市公司总市值表示。这一指标反映证券市场活力。数值越大,表明地区直接金融比较发达,金融证券的流动性较强,变现能力较高,金融活跃度较高。

(2)贷存比,用金融机构贷款余额除以存款余额表示。这一指标反映金融机构资金使用的有效性和充分性。数值越大,表明金融机构融通资金使用效率较高,相应地间接融资成本相对较低。

(3)保险密度,用人均保费收入表示。这一指标反映该地国民参加保险的程度,体现地区国民经济和保险业的发展水平。

4.制度因素

选用政府参与度、政府资源效率、财政自给率、政府资源供给4项指标。

(1)政府参与度,用科教文卫事业支出占一般公共预算支出比重表示。这一比重越高,说明政府比较重视社会事业发展,金融服务公共事业效率较高。

(2)政府资源效率,用GDP除以一般公共预算支出表示。这一指标越高,每一单位公共预算支出对应的GDP越高,政府资源使用效率相对越高。

(3)财政自给率,用一般公共预算收入除以支出表示。这一指标反映政府资源充裕度和财政健康度,数值越大,意味着地方财政压力越小,政府调配资源能力较强。

(4)政府资源供给,用税收收入除以一般公共预算收入表示。这一指标反映政府收入来源的稳定性,数值越大意味着地方政府财权提供的保障力度较好,地方政府干预金融市场获取金融资源的可能性较小。

表1　金融服务实体经济效率测评体系表

一级指标	二级指标	具体指标解释
经济因素	金融业发展水平	人均金融业产值
	金融结构	金融业产值/GDP
	金融开放度	利用外资/GDP
	投资效率	GDP/固定资产投资
	投资结构	金融业固定资产投资占比
企业因素	金融业劳动者薪酬	金融业职工平均工资/全省平均工资
	金融就业率	金融业城镇单位就业人员数/总人口
	企业效益	规模以上工业企业主营业务收入/成本费用

续 表

一级指标	二级指标	具体指标解释
市场因素	股票市场	沪深两市上市公司总市值
	贷存比	金融机构贷款余额/存款余额
	保险密度	人均保费收入
制度因素	政府参与度	科教文卫事业支出/一般公共预算支出
	政府资源效率	GDP/一般公共预算支出
	财政自给率	一般公共预算收入/支出
	政府资源供给	税收收入/一般公共预算收入

(二)研究方法

为便于跨年度比较,选定 2005 年为基期年。设定基期年各项指标的最小值和最大值,分别为 0 分和 10 分。为平缓数据畸高畸低对整体结果的影响,对原始数据进行对数化处理。

2005 年各省(区、市)单项指标得分公式为:

$$Y_i^{2005} = \frac{\ln(X_i^{2005}) - \ln(X_{\min}^{2005})}{\ln(X_{\max}^{2005}) - \ln(X_{\min}^{2005})} \times 10$$

Y_i^{2005} 表示 2005 年第 i 项指标的得分,X_i^{2005} 表示 2005 年第 i 项指标的原始数据,$X_{\max}^{2005}$ 表示 2005 年第 i 项指标原始数据的最大值,$X_{\min}^{2005}$ 表示 2005 年第 i 项指标原始数据的最小值。

第 n 年各省(区、市)单项指标得分公式为:

$$Y_i^n = \frac{\ln(X_i^n) - \ln(X_{\min}^{2005})}{\ln(X_{\max}^{2005}) - \ln(X_{\min}^{2005})} \times 10$$

Y_i^n 表示第 n 年第 i 项指标的得分,X_i^n 表示第 n 年第 i 项指标的原始数据。

很多经验研究表明,和其他如主成分分析法、变异系数法等更复杂的测评方法相比,算数平均法得出的测评结果差异往往不大,而算数平均法简单易用,在国内外各种指数编制中应用广泛,因此金融服务实体经济效率综合得分采用算数平均法。

第 n 年各省区市综合得分公式为：

$$Y^n = \frac{1}{15} \sum_{i=1}^{15} Y_i^n$$

Y^n 表示第 n 年各项指标综合得分，Y_i^n 表示第 n 年第 i 项指标的得分。

(三)数据来源

金融机构存款余额、贷款余额以及部分年份保费收入来自各省(区、市)统计公报；各省(区、市)沪深两市上市公司总市值数据来自 Choice 数据库，经整理计算所得；其他数据基本来自 2006—2017 年的《中国统计年鉴》。

三、浙江金融服务实体经济效率现状

根据浙江金融效率综合得分及排名情况，可以发现近十年来，浙江金融服务实体经济能力全国领先，各因素均衡程度不断提升，基本形成了资本市场多层次发展、行业就业能力不断增强的发展格局。

(一)浙江金融效率排名连续十年全国第三

浙江金融业发展长期处于各省区市前列。2006 年浙江金融服务实体经济效率指数全国第 2，之后 10 年浙江仅落后于北京、上海，稳居全国第 3。2007—2016 年，浙江金融效率指数与全国平均的差距，由 1.94 分扩大至 2.06 分。以 15 项指标具体分析，10 年间各项指标取得较大进展，如人均金融业产值由 2219 元/人稳步提升至 5457 元/人，累计增长了 146%；保险密度指标，由 730 元/人提升至 2730 元/人，浙江保险业务发展迅速，稳居全国第 5；科教文体卫事业支出占比、税收收入占一般公共预算收入比重两大指标，常年居各省区市排名前 3，体现浙江政府参与度与资源控制较好。到 2016 年，浙江 8 项指标全国排名前 5，如投资效率、金融就业率、保险密度以及政府参与度等指标名列前茅；其余指标排名均居各省区市前 18。

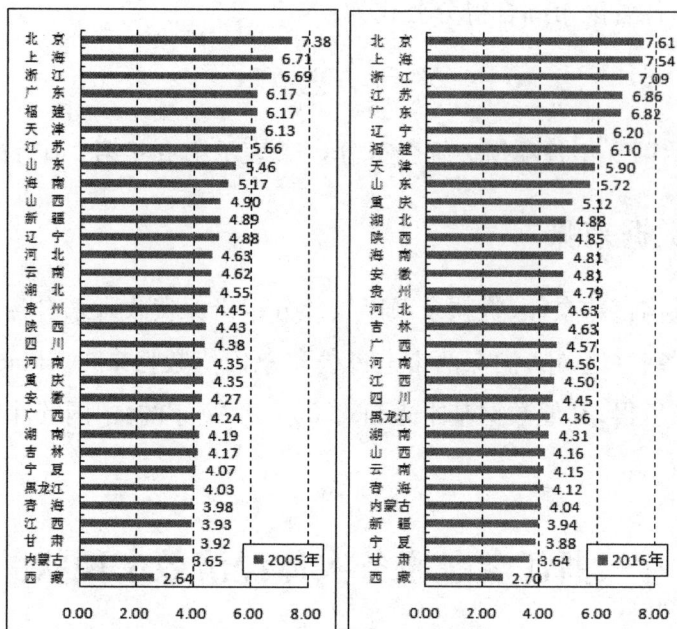

图1　2005 年和 2016 年 31 个省区市金融服务实体经济效率得分

(二)金融效率四大因素发展渐趋均衡

　　浙江金融效率指数构建主要包括经济、企业、市场和制度四大因素。函数 Var 用于测度样本方差,表示一组数据的离散程度,这一指标越大,金融效率各因素差异越大,反之亦然。经计算可得,2005—2016 年,金融四大因素得分的 Var 值由 5.05 下降到 3.37,也就是说,金融四大因素得分差距在波动中不断缩小,从侧面表明金融各方面发展的协调性不断增强。直观来看,2005 年得分最高的制度因素与得分最低的企业因素之间差距为 5.5 分,到 2016 年差距缩小至 3.5 分。可见,金融服务实体经济效率的提升,正在从制度因素单一驱动,向经济、企业、市场和制度四大因素协同推动转变。金融四大因素均衡程度增强,是适应浙江省经济发展新常态,培育金融可持续发展新动力和新的增长极,优化金融结构的现实需要,意义十分重大。

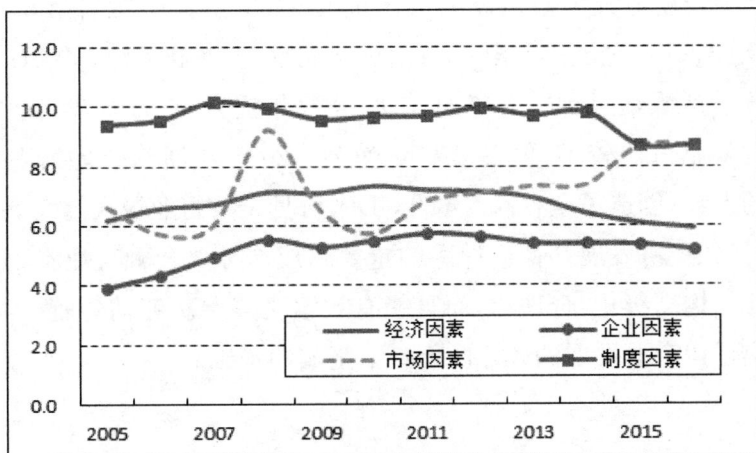

图 2   2005—2016 年浙江金融效率四大因素

(三)股票市场规模从全国落后跃居前列

近 10 年浙江上市公司规模迅速崛起。2007 年浙江沪深两市上市公司总市值 3194 亿元,比全国平均低 12658 亿元,仅占各省区市平均市值的 1/5,全国排名第 25 位;到 2016 年,浙江沪深两市上市公司总市值 41657 亿元,比全国平均高 23420 亿元,是各省区市平均市值的 2.3 倍,全国排名第 4 位,仅次于北京、广东和上海。同样,这一指标的金融效率得分增长强劲,2007 年,股票市场得分为 2.68 分,比全国平均低 1.58 分;到 2016 年,股票市场得分 7.71 分,比全国平均高 3.20 分。2016 年,浙江沪深两市上市公司规模占总市值的 7.4%,已成为全国资本市场不可或缺的重要组成部分。经过多年的发展,浙江金融服务实体经济的效率与能力日益增强,基本形成了支持创新创业的市场环境与社会基础,对企业降低财务成本、创新健康成长发挥着积极作用。

(四)金融吸纳就业能力不断增强

金融业吸纳就业的潜力不断释放。2007—2016 年,10 年间浙江金融行业就业人数年均增长 8.4%,比全国平均高 2.3 个百分点。2007 年,浙江金融业城镇单位就业人员数占总人口比重为 44.3‰,全国排名第 5,到 2016 年上升至 83.0‰,全国排名第 4,仅落后于北京、上海和天津。同样,这一指标的得分一路飘红,从 2007 年的 5.92 分逐年提升至 2016 年的 8.96 分。尽管金融就业占比较小,但发展势头强劲。2016 年浙江金融行业以全省 83.0‰的人数,创造了全省 6.5%的 GDP,可见金融行业极大地发展了生产力,是浙江省经济发展和社会保障的重要组成部分。金融行业不仅有利于促进产业结构高级化、合理化,而且能有效解决多层次劳动力就业问题,为建立适应现代产业发展的人才队伍打下坚实的基础。

四、浙江金融服务实体经济存在的问题

浙江金融效率长期处于中国前列,但近年来领先优势有所弱化。2012 年以来,浙江金融服务实体经济的效率持续出现下滑,投资效率、信贷效率等指标明显下降,浙江金融未来发展前景依旧困难重重。

(一)近年金融服务实体经济效率总体呈下降趋势

2012—2016 年,浙江金融服务实体经济效率得分分别是 7.59 分、7.46 分、7.32 分、7.17 分和 7.09 分,呈逐年下滑态势。拖累金融效率主要体现在三大指标。一是金融业薪酬,2012 年金融业职工平均工资是全省平均工资的 2.3 倍,到 2016 年下降至 1.8 倍,也就是说金融业劳动者价格普遍趋降,这从侧面表明金融就业者收入因劳动效率下降而减少。二是投资效率,2012 年 1 单位固定资产投资对应 2 单位 GDP,到 2016 年 1 单位固定资产投资对应 1.6 单位 GDP,投资效率下降近 1/5。三是政府资源控制,2012 年税收收入占一般公共预算收入比重为 93.8%,到 2016 年下降至 85.6%,非税收收入进一步扩大。贡献度反映各指标作用于综合得分的程度。2012 年至 2016 年,这 3 项指标贡献度分别为－0.22 分、－0.18 分和－0.17 分,合计为负 0.57 分;也就是说,其间 3 项指标合计拉低金融效率综合得分 0.57 分。

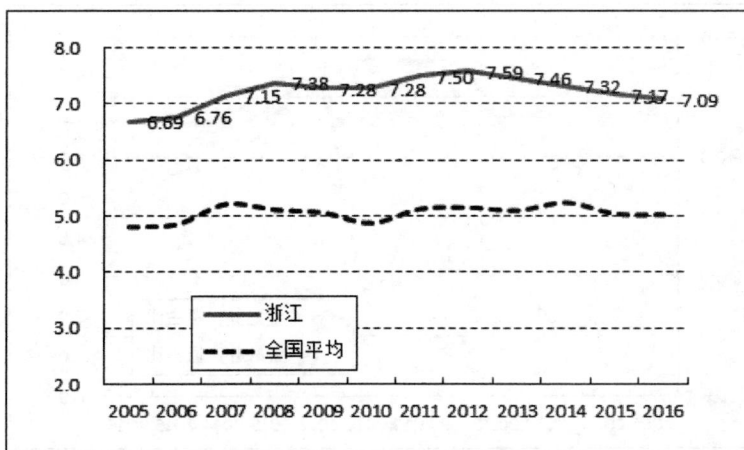

图3　2005—2016 年浙江及全国金融服务实体经济效率得分图

(二)金融业对于地方 GDP 贡献度有所回落

浙江金融产业地位有所下降,主要体现在先升后降的三大指标。一是浙江金融业产值占全省 GDP 的比重。2005 年以来,这一指标从 5.0％上升至 2011 年的 8.5％,然后一路下滑,2016 年降至 6.5％,远远低于工业等传统行业占比。全国排名从 2011 年第 3 下降至 2016 年的第 18 位。浙江金融业规模明显偏小,金融业产值排名与浙江经济总量的排名不相匹配。二是金融业产值增速。2006 年这一指标是 25.5％,2009 年上升至最高点 35.2％,然后一路下滑,到 2016 年降至 4.4％,可见浙江金融业提升的后续动力不足。三是浙江金融业投资占全省投资总额的比重。这一指标同样具有先升后降类似表现,2005 年为 7.6‰,然后连续多年攀升至 2012 年的高点 52.6‰,此后持续下滑,2016 年降至 29.4‰。全国排名从 2012 年第 2 下降至 2016 年的第 7。近期浙江金融业投资比重回落,原因主要是近年宏观经济形势压力陡增,产业结构转型艰难以及金融隐患风险上升等因素影响导致。

图 4 2005—2016 年浙江金融业产值占比和投资占比图

（三）浙江金融效率相对优势减弱

近年浙江相对其他省区市的优势呈现收敛态势。浙江金融效率得分与全国平均的差距，2012 年是 2.43 分，2016 年缩小至 2.06 分；与中位省市的差距，2012 年是 2.82 分，2016 年缩小至 2.45 分。浙江金融效率得分，2012 年是全国平均的 1.5 倍，2016 年缩小至 1.4 倍；2012 年是最低省份的 2.9 倍，2016 年缩小至 2.6 倍。与兄弟省市比较，2005 年浙江比江苏高 1.02 分，到了 2016 年缩小至 0.23 分；2005 年浙江比广东高 0.52 分，到了 2016 年缩小至 0.27 分。从 2016 年度来看，浙江各项指标表现一般。15 项指标中 8 项指标得分较上年有所下滑，5 项指标在全国的位次较上年有所下降。其中两项指标甚至低于全国平均水平，一是浙江金融业产值占 GDP 比重 6.5%，比全国平均低 1.1 个百分点；二是企业效益指标，浙江主营业务收入与成本费用比例低于全国平均水平，可见企业使用资金能力偏低，金融资源利用效率相对较低。

（四）信贷资金使用效率下滑

2014 年，浙江金融机构存款余额 79242 亿元，全国排名第 4；贷款余额

71361 亿元,全国排名第 2;贷存比为 90.1%,全国排名第 7。到 2016 年,浙江金融机构存款余额 99530 亿元,全国排名第 5;贷款余额 81805 亿元,全国排名第 3;贷存比为 82.2%,全国排名第 9。2014—2016 年,浙江金融机构存款余额年均增长 12.1%,比贷款余额增长快了近 5 个百分点,存款余额与贷款余额之间的差距日益扩大;贷存比下降了 7.9 个百分点,排名下滑 2 个位次,与全国平均的差距由 13.5 下降至 5.4 个百分点。近年来,浙江金融机构存款余额增长大大快于贷款余额增长,2016 年浙江贷存比处于近 11 年来的最低水平,储蓄向投资转化的能力有待进一步提高。这里的原因是多方面的,例如企业对市场前景缺乏信心、自主压缩产能,银行出于金融安全考虑出现惜贷慎贷现象,等等。

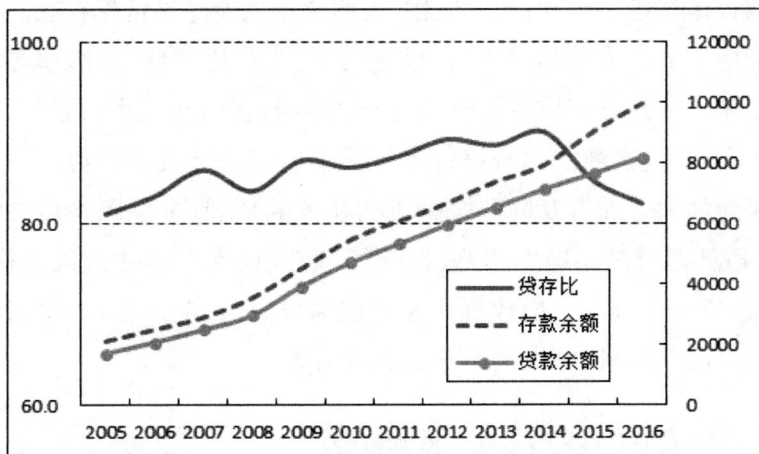

图 5　2005—2016 年浙江存贷款余额及贷存比

五、浙江金融发展的趋势与展望

国际国内金融形势正在发生深刻变化,短期浙江金融效率指数下行压力依然较大,但是基于多方面因素考量,判断未来浙江金融服务实体经济效率发展整体向好。

165

(一)金融服务实体经济效率指数呈螺旋式上升

浙江金融效率指数在走出 2012 年局部高点以后,已连续 4 年持续下滑,浙江金融正处在深度调整和转型发展的关键时期。浙江金融未来发展下行压力和上行动力胶着,指数运行呈现"三好、三忧"发展特征。"三好"显示金融运行效率总体向好。一是金融服务经济发展势头良好,浙江人均金融业产值、沪深股市上市公司市值、人均保险保费收入等指标一路攀升。二是新动能成长向好,互联网、大数据、人工智能、共享模式等新的经济增长点不断涌现,金融体系将为经济转型大潮提供多样化的创新服务。三是金融开放领域推进较好,随着"一路一带"和长江经济带建设的全面铺开,跨区域金融机构合作将进一步加快。"三忧"表明金融风险隐患依然存在。一是金融效率指标下滑压力依然较大,如投资效率、贷存比、财政自给率等指标持续下降多年。二是资产质量风险趋升,在实体经济低迷的大背景下,对企业经营提出严峻考验,浙江国有银行不良贷款出现一定反弹态势。三是群体性金融风险加大。随着互联网金融机构业务的拓展,金融风险传染性不断扩大,如 P2P 网贷极易爆发跑路、诈骗等事件,且受害群体范围往往较广。总体来看,短期金融效率指数将在底部震荡徘徊,长期来看,效率指数走势取决于金融改革前景,螺旋式上升是必然趋势。

(二)保险市场保持较快发展态势

保险业是现代金融三大支柱产业之一,也是 21 世纪全世界公认的朝阳产业。浙江保险市场开发程度不断提升,2005 年以来,浙江人均保险保费收入以年均 14.1% 的速度增长,到 2016 年提升至 2730 元/人,居全国第 5。从发展水平看,浙江省保费低于北京、上海、天津、江苏等 4 省市水平,低于全球 4107 元/人的平均水平,低于发达国家 22489 元/人。不过以目前的发展速度,只需 4 年左右时间便可达到世界平均水平,大概需 17 年可赶上发达国家现有水平,可见浙江省保险市场发展空间潜力巨大。未来浙江省保险业务发展前景广阔,主要包括三大支撑。一是被保险方有需求。2016 年浙江人均生产总值达到 83923 元,居民的保险意识与保险行为发展相对较

快。根据国际经验,人均生产总值超过 3000 美元以后,各种保险需求将大
幅增加,且生产总值每增加 1 个百分点,保险需求将上升 1.3 个百分点。[①]
二是保险业务有创新。针对消费者心理,保险公司将进一步适应社会发展
和形势变化,做精做细保险产品和服务,推动保险模式创新、产品创新和管
理创新,推动供给侧加快改革。三是人口结构转型有市场。2016 年浙江 60
岁以上户籍人口 1030.6 万,占总人口的 21.0%,比上年同期增长 4.7%。
日益庞大的老年人口为商业养老保险提供了广阔的市场空间。展望保险市
场未来,机遇与挑战并存,经济、人口结构转型以及产品创新等都将为浙江
保险业发展创造良好条件。

表 2　2016 年浙江与其他地区人均保险发展水平比较　　　单位:元/人

地区	人均保险保费收入
北京	8440
上海	6320
天津	3380
江苏	3350
浙江	2730

(三)金融业平均工资稳中趋降

金融业职工平均工资下降是大势所趋。以 2012 年为节点,2005—2012
年浙江金融业职工平均薪酬年均增长 12.6%,而 2012—2016 年年均增长仅
2.8%。2016 年浙江金融业职工平均工资 130813 元,较上年增长仅 0.1 个百分
点,几乎处于停滞状态,如果考虑物价等通货膨胀因素,浙江金融业平均工资实
际为负增长。未来一段时期,浙江金融业薪酬将继续保持平稳趋降态势,主要
出于三大因素考虑。一是银行业传统红利渐失。2006—2016 年,浙江贷款余额
增速由 21.2%下降至 7.0%。可以预见,随着利率市场化进程的不断推进,利差
将进一步收窄,以往依靠利差收入生存的银行业,必将面临收益下降、经营

---

①　数据来源:《浙江省保险市场调查报告》,https://wenku. baidu. com/view/
540e105bf01dc281e53af0e7. html

转型等难题。二是国家政策限制高管年薪。2015年初,《中央管理企业负责人薪酬制度改革方案》正式实施,改革后多数金融机构高管的薪酬水平大幅削减。三是金融科技冲击传统金融。例如,支付宝、微信等软件危及银行的支付系统;低成本高效率的互联网平台开始替代传统经纪人办理新增开户等业务;人工智能可以监控实时数据,帮助金融从业者完成公司财报、股票市场等金融分析,等等。技术变革加速传统金融模式不断更新与转型。

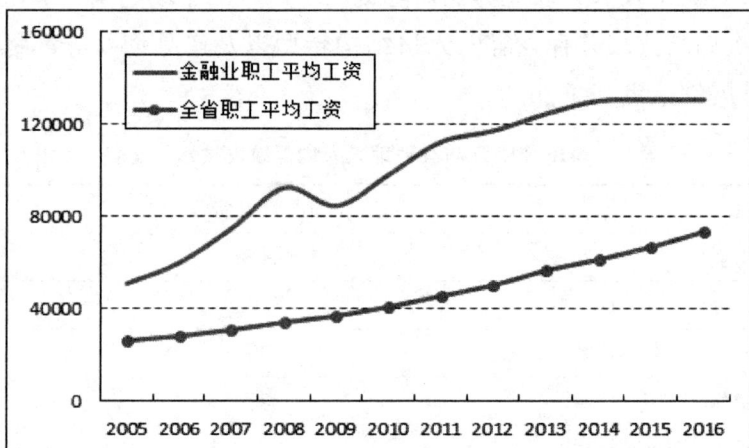

图6 2005—2016年浙江金融业及全省职工平均工资

(四)浙江金融发展跳出区域局囿

随着金融改革的深化,浙江金融不仅服务于本地经济,还将服务于中国乃至世界。这一判断主要基于以下三方面考虑。一是形势好,中国金融业"出海潮"势头迅猛。中国已逐步从商品输出过渡到资本输出,如具有代表性的亚投行,在促进中国资本走出去、开展与其他国家经济政治合作及重塑亚洲金融秩序方面具有重要意义。浙江金融要抓住这个走出去的"黄金期",大幅提高金融机构参与国际大型信贷、并购等业务能力,推动金融机构加快国际化进程。二是基础好,浙商网络遍布全球。经过几十年的高速发展,浙江拥有了众多的特色优势产业,近年来一大批浙商加快海外战略布局,着力打开跨国经营新空间。据统计,浙商投资已遍布140多个国家和地区。浙江金融要顺势而为,充分把握浙商网络布局全国乃至全球的优势,着力发展服务浙商经济的金融产业,构建浙商总部金融新高地。三是前景好,互联网金融发展不断创新和丰富。作为新兴金融模式发展的前沿阵地,浙江涌现了一批具有全国影响力的互联网金融企业,网络借贷、理财和基金等产品蓬勃发展,业务范围不再受制于地域范围,有效拓展了传统金融机构的服务半径,相信未来以支付宝为龙头的互联网金融将为更广泛的人群提供金融服务。

六、增强金融服务实体经济效率

围绕建设"金融强省"的总体目标,加快普惠金融、科技金融、绿色金融发展,进一步推进多层次资本市场建设,提升金融服务实体经济能力,把浙江省打造成金融转型提升的改革创新强省。

大力发展普惠金融。浙江是普惠金融发展得比较好、最有前景的地区之一。2016 年末,浙江全辖银行业小微企业贷款余额达 2.34 万亿元,在全国名列前茅。大力推动普惠金融已成为全社会的普遍共识,未来发展可从以下三方面着力。一要始终以客户的发展需求为导向。鼓励金融机构以市场为立足点,推进金融产品和服务方式创新,让小微企业、农民、贫困人群等金融弱势群体及时获取价格合理、便捷安全的金融服务,浙江要大力实施推动农信普惠金融提升工程、创新发展农村产权融资等举措。二要花大力气解决难啃的硬骨头。普惠金融发展过程中,小微企业以及个人信用体系不健全问题依然突出,下一步必然要完善信用数据体系,降低借贷双方信息的不对称程度,提高借贷市场的公开度和透明度,实现交易成本降低、交易效率提升。三要用发展的眼光看待普惠金融。互联网技术的普及,大大推进了浙江普惠金融的数字化进程。与互联网深度融合是未来普惠金融的发展方向。作为互联网金融的先发地,浙江要加快移动支付、网络小贷、互联网理财等业态推广发展,变金融科技为金融生活,切实提升数字普惠金融覆盖面。

推进多层次资本市场建设。各地要把提高直接融资比例作为金融工作的重要内容。一是加快上市服务体系建设。加大力度推动浙江企业上市，推进企业进入主板、中小企业板、创业板、新三板、浙江股权交易中心等资本市场挂牌，分层次引导企业对接资本市场。建议建立上市企业绿色通道制度，完善激励机制以提高企业上市积极性，联合中介机构对企业进行专业培训与指导，落实鼓励扶持措施，合理协调处理好上市过程中出现的实际问题，切实提升服务水平。二是加快推进债券融资。加强发债主体培育，继续创新企业债券品种，扩大支持重点领域与项目的专项债券发行规模，从而实现优化融资结构、降低融资成本。加强增信服务支持，有针对性地设立一批政府出资为主、具备相当实力的融资担保机构，充分发挥服务企业发债过程中的重要作用。加强债券风险防范，完善债券市场信用体系建设，凭借大数据、云计算等新型技术，加快与金融部门建立信息共享合作机制，加强企业信用约束。三是提升区域市场基金服务能力。积极对接券商直投公司和基金管理公司，鼓励引导更多的社会资本参与新兴产业投资，促进当地经济发展。

推动科技金融融合发展。美国硅谷是科技创新与金融深度融合的典型。硅谷科技企业的成功离不开硅谷银行、证券公司、创投机构等的金融支持。借鉴发达国家经验，浙江应该在科技与金融资源密集的地区，推进科技创新创业与金融融合发展试点，探索科技企业对接金融资本的新模式与新机制，努力营造科技投融资优良环境。一是完善体系，拓展科技投融资渠道。鼓励有条件的地区在科技型企业密集区探索设立科技专营支行，实行差异化的授信和考核机制，以及适合科技创新企业发展的金融服务模式，开展投贷联动、资产证券化等试点。二是因地制宜，引导民资进入科技金融体系。充分发挥浙江民营经济、民间资本的优势，鼓励引导民间资本开展创业风险投资，吸引民间资本进入科技信贷、科技保险、科技抵押、知识产权质押等领域，允许在特定范围内建立提供科技创新创业专项服务的金融机构。三是改善服务，培育发展科技金融中介。搭建科技金融服务平台，对科技型企业提供融资咨询、创业辅导、交易评估、人才培训等专业化投融资服务，着力破解科技创新创业发展"融资难"问题。

促进绿色金融发展。随着生态质量要求的提升以及低碳经济的不断发展,绿色金融越来越成为国家着力发展的重点之一。未来发展绿色金融要处理好三大关系。一是商业利益与社会责任之间的关系。金融机构要改变以往注重经济效益、较少考虑环保因素的发展思维,逐步向兼顾商业利益与社会责任转变,贷款主体适度向低碳、环保的产业和项目倾斜,引导资金流向更为环保、低碳的领域。二是短期效益与长期效益之间的关系。从短期来看,降低绿色企业的融资成本,对于金融机构的效益影响是负面的;但从长期来看,随着绿色经济的兴起与发展,产业规模将不断扩大,绿色金融将为金融机构带来更持续、效率更高的收益。因此,金融机构不能因为当前的低收益而忽视了绿色金融未来的潜在收益,要统筹考量产业现状与长远走向,积极发展绿色债券、绿色信贷、绿色贷款贴息等金融产品。三是政府引导与市场运作之间的关系。发展绿色金融既要政府部门的引导,又要市场需求的拉动,下一步要通过政府"有形的手"与市场"无形的手"共同发力,淘汰低效、落后和不符合"两型"要求的产能,引导生产要素流向效益相对较高的环境友好型领域,推动金融资源绿色化配置。

课题负责人:潘哲琪

课题组成员:王闻丹

[参考文献]

[1] 穆怀朋.金融储蓄与经济增长关系的分析与验证[J].金融研究,1993(9):60-67.

[2] 谈儒勇.中国金融发展和经济增长关系的实证研究[J].经济研究,1999(10):53-61.

[3] 康继军,张宗益,傅蕴英.金融发展与经济增长之因果关系——中国、日本、韩国的经验[J].金融研究,2005(10):20-31.

[4] 孙爱军,蒋彧,方先明.金融支持经济发展效率比较[J].中央财经大学学报,2011(11):34-39.

［5］俞立平.中国金融对经济增长贡献的效率研究[J].统计与信息论坛，
    2012(5):42-47.

［6］蒋岳祥,蒋瑞波.区域金融创新:效率评价、环境影响与差异分析[J].浙
    江大学学报(人文社会科学版),2013(4):52-65.

［7］张林,张维康.金融服务实体经济增长的效率及影响因素研究[J].宏观
    质量研究,2017(1):47-60.

浙江省"数字驿站"高水平发展影响因素统计建模及评价指标体系研究①

一、研究背景

为深入贯彻《中华人民共和国国民经济和社会发展第十三个五年计划纲要》《对外贸易发展"十三五"规划》《电子商务"十三五"发展规划》等政策文件,有效促进我国电子商务领域与外贸领域的结合以及政策环境创新,提升跨境电子商务在企业中的应用,推动浙江省跨境作为国际网络贸易中心进入高水平发展阶段,本课题承担人在 2017 年申请了关于浙江省"数字驿站"高水平发展影响因素建模与评价指标体系的研究项目。

2016 年,中国进出口跨境电商整体交易规模达到 6.3 万亿元,在传统外贸年均增长不足 10% 的情况下,我国跨境电子商务保持了年均 30% 以上的增长速度。浙江省跨境电子商务发展迅速,2016 年的跨境电子商务进出口总额占全国份额的 20%,已经位列全国第 2。依托于浙江省形成的良好跨境电子商务生态系统,浙江省企业与政府不断创新,2017 年,杭州跨境电商综试区在国家"一带一路"倡议指导下,牵线阿里巴巴与马来西亚政府建成了我国第一个海外"数字驿站",实现了中国 eWTP 规则与国外的对接。而浙江作为"数字驿站"建设的关键节点,通过电子商务的连接效应,联动了全国甚至全球跨境电子商务资源要素,正在通过"数字驿站"高水平发展成

---

① 本文数据收集时间:2016 年 11 月 26 日至 2017 年 10 月 15 日。

为国际贸易新枢纽,为促进我国多双边区域贸易做出了重要贡献。可以说,"数字驿站"这一由政府与企业联动协作的体制机制创新活动,不仅深化提升了政府的治理能力,而且放大了政策的集成效应,有力推动了企业主体"走出去",应当被测度与评价,找出不足,使这项创新活动成为先进的制度与规则。

综上所述,"数字驿站"内涵其实就是高水平、高质量的跨境电子商务发展。目前,我国跨境电子商务发展在速度与规模上位于世界领先地位,尤其在浙江,这里的跨境电商平台更是跻身于世界级电商平台行列。但是,面对新贸易保护主义抬头的复杂外贸环境,政府需要不断进行制度创新,才能为跨境电商平台不断提升平台的国际竞争力提供环境与政策帮助,在此基础上,我国中小企业才能在跨境电子商务中得到转型升级的机会与机遇。因此,研究浙江省"数字驿站"高水平发展影响因素,就是要研究浙江跨境电商平台、政府以及外贸企业的跨境电子商务高水平发展的影响因素。通过研究才能更好地推动我国跨境电子商务发展水平的提高,加快推动浙江省成为国际网络贸易中心的进程。

二、浙江省跨境电子商务高水平发展影响因素的统计建模

近几年,跨境电子商务作为国际贸易新的商业模式兴起,在世界范围内发展迅猛,成了提升国家以及企业对外贸易水平的有效工具;此外,也成了许多国家发展战略计划的一部分。但目前,根据艾瑞咨询发布的《中国跨境电商行业研究报告》,2017年,我国跨境电商在进出口贸易总额中的渗透率为20%左右。当跨境电子商务在国际贸易中的占比越来越大时,找到不断提高跨境电子商务发展水平的途径显得尤为重要。尤其是浙江,作为全球网络贸易的中心,承担着打造世界级别"数字驿站"的责任,其发展水平的高低可以直接体现在外贸企业国际竞争力水平的高低上。

我们知道,现阶段的跨境电商竞争焦点已从"便宜、小的商品"过渡到了大批量、高价值订单市场的深耕。众多学者围绕提升外贸企业国际竞争力

问题进行了丰富的理论研究,发现了跨境电子商务是提升企业国际竞争力的一条有效路径。通过调查研究,我们对浙江跨境电子商务提高企业国际竞争力的主要影响因素、途径、机理进行了实证研究,以期找到影响浙江省跨境电子商务高水平发展的主要影响因素。

(一)主要影响因素模型的构建

杨坚争、刘涵从交易流程角度出发,利用主成分分析法归纳出 4 个跨境电子商务发展的重要影响指标,分别是网络营销、国际电子支付、电子通关、国际电子商务物流。此后,杨坚争课题组成员在此基础上,不仅发现电子商务法律是又一重要影响指标,还运用这些指标进行了企业跨境电子商务能力识别的实证检验。高云莺从生态圈构成的角度出发,提出跨境电商背景、应用、基础设施以及发展趋势是跨境电子商务发展突破瓶颈的主要因素。刘家国等运用扎根理论分析找到了影响中俄跨境电子商务发展的 4 个主要因素:宏观环境、跨境实现中介、行业竞合关系以及企业自身能力。

不同于国内学者,国外学者常常将跨境电子商务认为是一种技术。因此,通常基于技术扩散理论,使用验证性因子分析的方法对影响企业开展跨境电子商务的主要因素进行挖掘。其中,促进因素主要包括四大类:信息技术基础设施应用程度、可感知的收益、政策法律的支持程度以及合作伙伴的准备度。阻碍因素则主要包括电子支付、市场压力、通关障碍。如果说国内的研究是在探讨企业缺少跨境电子商务哪方面的政策支持,那么国外的研究则更注重企业本身缺乏哪种使用跨境电子商务这种技术的能力。

目前,这些文献提出的跨境电子商务主要影响因素已经不能涵盖我国跨境电子商务市场现在的发展需求,需要进一步提炼跨境电子商务发展的关键环节,通过对关键环节的识别满足企业的更高要求,以帮助企业更好地通过开展跨境电子商务切实提高企业国际竞争力。基于此,作者及其课题组搜集大量高质量文献、报告,知名跨境电商企业管理人员的主旨发言,国家各部委及各级政府的政策文件,运用扎根理论进行资料分析,提出了我国跨境电子商务提升企业国际竞争力的主要因素模型,如图 1 所示。

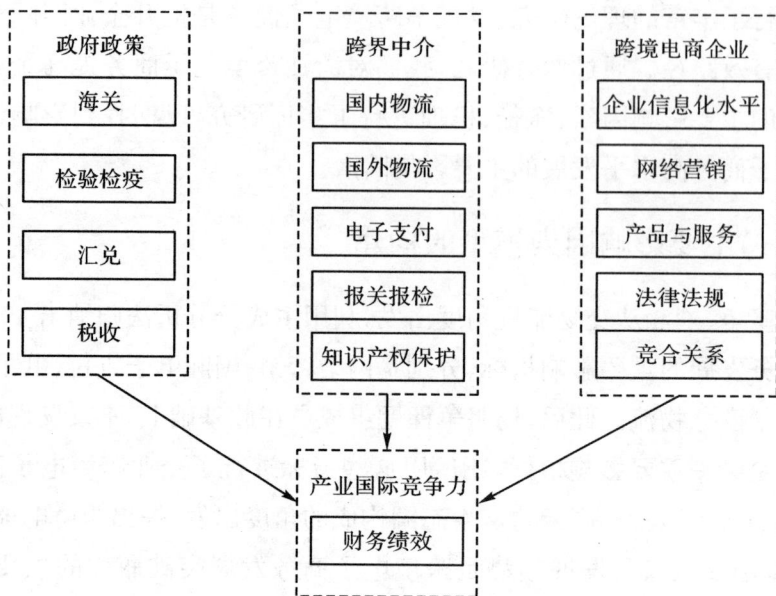

图1　跨境电子商务提升企业国际竞争力的主要影响因素模型

(二)实证检验

1.问卷设计与数据收集

(1)量表设计。

本研究采用的量表中企业国际竞争力采用已有文献的成熟量表,同时结合实际情况的发展做出部分构件量表的自主开发。其中,企业国际竞争力由企业绩效表示,根据 Reinartz 等开发的企业绩效测量量表要求被访企业评估自己相对于主要竞争对手而言的表现情况,从公司整体绩效、市场份额、公司成长、公司盈利、财务绩效、企业自身产品/服务的总销售额达到了预期的战略目标。所有测度项均采用 7 级 Likert 量表测量(1=非常不同意,2=不同意,3=比较不同意,4=一般,5=比较同意,6=同意,7=非常同意)。测度项如附录的表 1 所示。

(2)样本与数据收集。

本研究针对跨境电子商务提升企业国际竞争力的研究,采用问卷调查的方法收集样本。2017 年 6 月至 2017 年 10 月,通过专业的调研公司共回收来自跨境电子商务企业的问卷 422 份,有效问卷 272 份,问卷有效率为 64.5%,其中,来自浙江的问卷 17 份,北京 32 份,广东 66 份,江苏 32 份,上海 30 份,其他省份(地区)95 份。调查问卷的其他统计特征如表 2 所示。问卷收集的数据显示此次调查涵盖了我国制造业、服务业、高新技术业以及其他行业的企业,其中,以制造业为主。

表 2　样本企业的统计特征

类型	属性	样本(个)	比例(%)	类型	属性	样本(个)	比例(%)
企业类别	制造商	204	75	企业规模(人)	100 以下	18	6.62
	批发零售商	14	5.15		101~200	57	20.96
	平台型企业	11	4.04		201~500	79	29.04
	综合服务提供商	43	15.81		501~1000	62	22.79
企业业务类型	进口	55	20.22		1001~2000	32	11.76
	出口	126	46.32		2000 以上	24	8.82
	两者皆有	91	33.46	企业性质	国有企业	31	11.4
企业产业类型	一般制造业	158	58.09		民营	183	67.28
	服务业	37	13.6		三资	45	16.54
	高新技术业	77	28.31		集体	7	2.57
企业年限	1~5	12	4.41		其他	6	2.21
	6~10	94	34.56	企业的专业技术人员数量	5 以下	7	2.57
	11~15	97	35.66		6~10	60	22.06
	15 以上	69	25.37		11~20	64	23.53
企业属性	互联网企业	110	40.44		21~50	55	20.22
	传统企业	162	59.56		50 以上	86	31.62

2. 结构方程模型检验

(1)测度模型分析

本文采用结构方程模型(SEM)进行数据分析,所用软件为 SPSS 13.0 和 AMOS 17.0。首先采用极大似然估计法通过验证性因子分析(CFA)检验测度模型的信度(Reliability)以及效度(Validity)。信度检验反映的是测度项的可靠性,通常使用 α 系数(Cronbach's Alpha)与组合信度(CR)2 个指标进行考察,根据经验标准,α 系数大于 0.70 时认为测度项的信度较好,若是量表开发研究,则 α 系数最好大于 0.90;组合信度 CR 大于 0.70 时,表明测度项的信度较好。

效度检验反映的是测度项与对应构件之间的合适程度,一般分为聚合效度检验(convergent validity)以及区分效度检验(discriminate validity)。聚合效度检验的是不同的测度项是否可用来测量同一构件,通常使用标准化因子载荷(Standard factor loading)以及平均萃取方差(AVE)进行考察:标准化因子载荷大于 0.6 时反映该测度项可以用来测量对应构件。区分效度检验的是所有构件之间是否具有明确的语义区分,需要所有构件的 AVE 平方根大于该构件与其他构件之间的相关系数。

初始模型中构件的测量量表并非全部来自前人的文献,有一些构件以及测度项属于自主开发,通过如上所述的验证性因子分析后,发现 4 个构件的 Cronbach's alpha 值均大于 0.7,但"跨境中介"这一构件的 CR 值小于 0.7,因此删除"跨境中介"这一信度不足的构件以及标准化因子载荷小于 0.6 的测度项,产生新的优化模型 Model 2,如图 2 所示,对剩余 3 个构件做信效度检验,如表 3、表 4 所示。

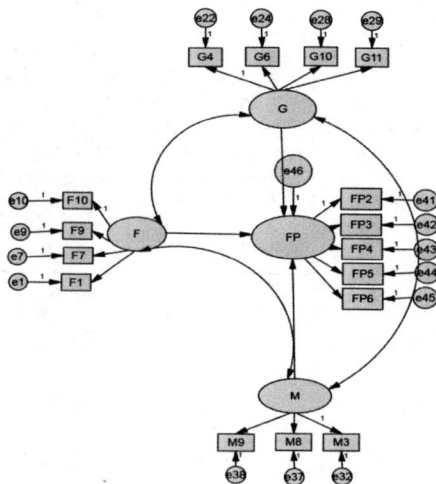

图 2 优化模型 Model 2

表 3　信度与聚合效度检验

构件	测度项	标准化因子载荷	Cronbach's Alpha (α)	组合信度 CR	AVE
政府政策 （G）	G4	0.624	0.685	0.718	0.589
	G6	0.584			
	G10	0.691			
	G11	0.592			
跨境中介 （M）	M3	0.668	0.792	0.664	0.598
	M8	0.584			
	M9	0.637			
跨境电商 企业（F）	F1	0.764	0.837	0.754	0.636
	F7	0.674			
	F9	0.566			
	F10	0.622			
企业国际 竞争力 （FP）	FP2	0.568	0.773	0.782	0.52
	FP3	0.64			
	FP4	0.638			
	FP5	0.615			
	FP6	0.763			

表 4　区分效度检验

	G	F	FP
G	0.767		
F	0.664	0.797	
FP	0.582	0.604	0.721

注：对角线上的粗体数值为 AVE 平方根

　　如表 3 所示，Model 2 中的三个构件"G""F""FP"的 Cronbach's alpha 值均超过 0.7，所有测度项的因子载荷均大于 0.5，AVE 值均大于 0.5，CR 值均大于 0.7，表明优化模型 Model 2 的信度较好，各测度项之间具有较高的内部一致性，而且此时数据具有较好的聚合效度。如表 4 所示，相关系数矩阵对角线上的系数值均大于该构件与其他构件的相关系数，说明此时数据具有较高的区别效度。

(2)结构模型检验

对优化模型 Model 2 进行 SEM 分析,得到模型拟合指数 $\chi^2/df=$ 1.005,RMSEA=0.056,NFI=0.945,CFI=1,GFI=0.968,AGFI=0.95,各项配适度指标均在可接受范围内,如表 5 所示,表明 Model 2 与实际数据的拟合程度良好。

表 5　模型拟合度指标

	χ^2/df	RMSEA	GFI	AGFI	NFI	CFI
实际值	1.005	0.056	0.968	0.95	0.945	1
推荐值	<3	0.05-0.08	≥0.90	≥0.80	≥0.90	≥0.90

根据上述结构方程模型检验,提出如下假设:

H1:政府政策对企业国际竞争力有显著的正向影响。

H2:跨境电商企业行为对企业国际竞争力有显著的正向影响。

通过路径分析验证因果假设,结果如表 6 所示,H1 与 H2 两个假设的路径系数都在 0.001 的水平上显著,即政府政策、跨境电商企业行为分别对企业国际竞争力有显著的正向影响,2 个因果假设均获得支持。

表 6　路径系数结果

假设	路径系数	SE	T 值	p	结果
H1:G-FP	0.501	0.198	1.017	***	支持
H2:F-FP	0.622	0.244	1.729	***	支持

注:G 为政府政策,F 为跨境电商企业行为,FP 为企业国际竞争力,***表示 $p<0.001$,带*表示关系显著,假设获得支持。

3. 结论

跨境电子商务的持续创新正驱动着国际贸易发生深刻变革,市场主体行为与政府政策都是提升企业国际竞争力的有利途径。根据市场对跨境电子商务主体责任的细化,本研究将跨境电子商务企业细分为跨境电子商务企业与跨境中介企业两大类,通过实证分析,得到如下结论:

(1)政府政策对企业国际竞争力提升有显著的正向影响

有4个测度项被验证是提升企业国际竞争力的主要影响因素,分别为政府的"一带一路"等倡议、政府提供的公共服务平台、现存的税收管理体系越来越标准化、国内的跨境电子商务风险识别水平越来越高。

(2)跨境电商企业的自身行为对企业国际竞争力提升有显著的正向影响

主要的影响因素包括"企业的信息化程度""物流新技术(产品追溯、物流网络监控等)""国际物流运输体系的标准化与信息化""物流服务提供商的服务水平"。

(3)跨境中介企业对企业国际竞争力提升的影响不显著

尤其是电子支付、报关报检、知识产权保护等通常被认为是跨境电子商务的重要环节,对我国跨境电商企业的企业国际竞争力提升效果并不显著。

三、构建浙江省"数字驿站"高水平发展的评价指标体系

显然,要打造浙江省成为国际网络贸易的中心——国际级别的"数字驿站",其内涵就是要找到提升浙江省跨境电子商务发展水平的途径。根据第二章研究内容表明,跨境电商平台以及外贸综合服务企业构成的跨境电子商务中介企业、从事跨境电子商务的外贸企业、制定政策的政府决策部门这三方面主体通过活动,共同作用于跨境电子商务发展水平,能够显著提高跨境电商企业的竞争力。基于此,本研究构建了由跨境中介、跨境电商企业以及政府三个子系统构成的浙江省"数字驿站"高水平发展的评价指标体系。

(一)"数字驿站"高水平发展评价指标体系构建原则

跨境电子商务高水平发展的评价,必须能够反映出浙江省打造"数字驿站"的发展途径,这样才能够对政府的环境与政策决策提供参考的价值。因此,关于浙江省"数字驿站"高水平发展评价指标体系的构建必须符合三个基本条件:①能够反映目前跨境电子商务发展的特点;②能够体现跨境电子商务朝着高水平发展方向推进的未来趋势;③具有数据可获得性,可进一步应用于实际的跨境电子商务发展评估工作当中。

(二)跨境电子商务发展水平综合评价指标体系

本部分研究以构建可以评估与评价"数字驿站"发展水平的指标体系为目标,依据第二章进行的跨境电子商务高水平发展影响因素实证检验,构建了可以评估跨境电子商务高水平发展的评价指标体系。

当前对我国跨境电子商务发展各方面的评价研究并不常见,但是存在一些电子商务发展指标体系可供借鉴。从宏观统计角度出发,当前对于我国电子商务发展测度的研究多集中在两个方向:一个是关于筛选电子商务发展指标,建立我国电子商务发展指标体系的研究;另一个是选用各种数学模型实证分析我国电子商务发展水平的研究。在第一个研究方向上,我国CII电子商务指数测算与研究课题组早在2001年就发布了《关于电子商务水平测度的研究》报告,这是我国第一份官方的电子商务评价指标体系报告,评价了我国地方级电子商务发展状况。报告中构建的电子商务指标个数多,涵盖范围广,但也因此缺乏数据可得性,带来了样本量不足、代表性受限的后果,同时这也并不是一个具有国际可比性的电子商务指标体系。杨坚争在《电子商务关键性统计指标筛选研究》一文中用到的指标在数据可得性方面有了很大的提高。2008年,刘敏在《电子商务发展测度指标体系研究》中选择以OECD(经济合作与发展组织)设计的电子商务绩效评估体系框架为基础,构建了一套具有国际可比性兼具统计可行性的中国电子商务指标体系。但是指标间的相互独立性的处理被忽略了。

从参与跨境电子商务活动的主体角度出发,构建跨境电子商务高水平发展评价指标体系模型,模型中的层级分类与测度项本身构成了测度跨境电子商务高水平发展程度的合理指标体系,因此,可以直接用来评价"数字驿站"高水平发展。如图3所示,综合评价指标体系以跨境电子商务高水平发展程度为总目标,基于第二章的研究结果将总目标分解为跨境中介、跨境电商企业以及政府3个子目标,最后,在指标层,将3个主要因子分解为11个主要指标进行测算,指标均为正向指标,指标主要内容如表7所示。

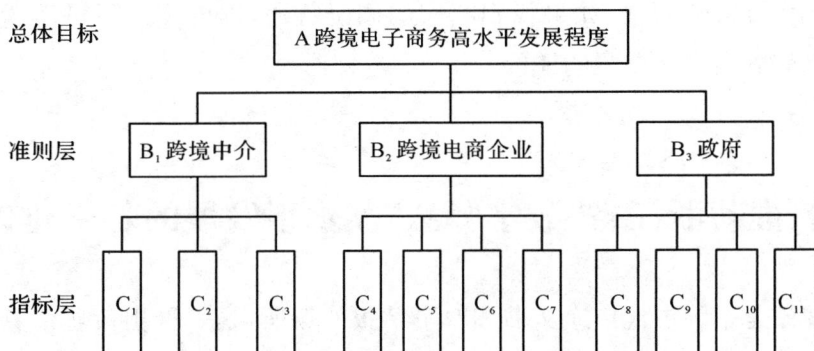

图3　跨境电子商务高水平发展评价指标体系图

表7　跨境电子商务高水平发展综合评价指标

指标名称	指标内容	指标属性
c_1	我们认为提供"一条龙"服务的外贸综合服务平台直接提高了中小企业开拓市场的能力	正向指标
c_2	我们企业已经实现了进出口商品的电子报检	正向指标
c_3	我们觉得国内的退税、结汇流程越来越简便	正向指标
c_4	我们企业的信息化程度比较高	正向指标
c_5	我们关注物流新技术(产品追溯、物流网络监控)并应用于企业	正向指标
c_6	我们感觉国际的物流运输体系越来越标准化、信息化	正向指标
c_7	物流服务提供商的服务水平越来越高	正向指标
c_8	政府的"一带一路"等发展战略为我们提供了新的国际合作途径	正向指标
c_9	我们认为现在政府提供的公共服务平台实现了信息共享、极大提高了业务效率	正向指标
c_{10}	我们认为现在的税收管理体系越来越标准化	正向指标
c_{11}	我们感觉到国内的跨境电子商务风险识别水平越来越高,避免了企业的双重税收和零税收	正向指标

　　本研究收集到的问卷中仅17份来自浙江,因为还无法对浙江省目前跨境电子商务高水平发展程度进行评估与评价。但是,基于全国样本的实证研究得到的跨境电子商务高水平发展评价指标体系,既能反映目前我国跨境电子商务发展的优势与短板,又体现跨境电子商务朝着高水平发展方向

推进的主要影响因素,如果找到相应的调研数据,则可应用于对于浙江省"数字驿站"高水平发展的评价工作。

四、推动浙江省"数字驿站"高水平发展的若干建议

驿站是中国古代传递文书和军事情报的场所,是一种担负着信息传递的实体场景。"数字驿站"也担负着重要的中介使命,但是,更加强调网络信息的传递与网络中心的定位。基于对我国互联网发展以及对外贸易国际新地位的清晰认识,浙江省政府连同重要跨境电商企业应该提出打造以杭州为中心节点城市、"一带一路"背景为契机、联通全球的"数字驿站"计划,通过"数字驿站"建设建立浙江省在世界中的网络贸易中心地位。这不仅是一项创新性活动,而且对进一步推动我国靠近历史舞台中央地位具有十分深远的影响。根据本研究结果,跨境电子商务中介、跨境电商企业以及政府决策部门三个主体共同推动跨境电子商务的发展,能够从不同的方面促进跨境电子商务向高水平方向的发展。因此,本研究对推动浙江省"数字驿站"高水平发展提出如下建议。

(一)加强政策的便利化、前瞻性与可持续性

1. 多措并举,促进关检汇税协同机制

2016年,杭州市跨境电子商务占全市出口总额的 13.2%,跨境电子商务试点工作带动出口发展的成效明显,但是在建立在线化综合服务体系方面还需突破:

(1)在国内,跨境电子商务对于消费者来说就是要便捷、高效、低成本地通过网站购买商品,而无须关注通关、报检等环节,因此需要促进关检汇税协同机制,进一步推动企业跨境电子商务便利化,使消费者最大程度地感受到便利。对于政府来说,就是要多措并举,通过政策促进企业:①通关便利化;②关检汇税各部门间的信息采集与交换;③在线化的政务处理。

(2)在国外,需要在"人类命运共同体"的理念下,充分利用"一带一路"等国家战略积极与境外各国建立互联互通的紧密关系,并落实到与各国签订双边、多边自贸协定,即通过政府政策:①规范通关、商检、结汇、退缴税的互联互通,实现单边报关、单边退税;②鼓励有能力的企业通过合作的方式,与国外产业园区、电子商务园区,甚至政府部门建立双边或多边的电子商务综合服务平台,例如 eWTP 等,以产业嵌入的方式实现我国标准的推广与采纳。

自杭州跨境电子商务"两平台、六体系"经验形成以来,关检汇税的相关政策都在不断完善,"单一窗口"为企业提供的综合服务也在不断深化和拓展。但为了更好实现商品、物流、金融数据间的采集、存储和挖掘,有必要多措并举、促进关检汇税协同机制,借此形成政府方面的跨境电子商务大数据平台,奠定杭州市国际网络贸易中心的地位,进一步带动杭州市企业国际竞争力的提升。

2.政策红利即将消失,积极制订后续发展规划

2015 年 3 月,杭州成立了我国第一个(杭州)跨境综合试验区,随后,天津、重庆等 12 个城市也被批准设立跨境综合试验区,综合试验区成了"一带一路"建设的先头兵。2017 年,上海贸易自由港建设方案出台,提出了发挥上海在国家"一带一路"建设中桥头堡作用的说法。2018 年,党中央做出支持海南全岛建设自由贸易试验区的决定。以区位优势对比来看,杭州的政策红利正在逐渐消失,尽管有先进的制度经验,但这些经验是可被成功复制的。因此,针对可能消失的政策红利,浙江政府应积极制订后续发展规划,稳定跨境电商持续快速的增长,提高浙江在"一带一路"建设中的作用与地位。

(1)制订浙江品牌建设政府规划,以提高质量为抓手创造杭州品牌。①推进技术标准化、质量标准化、管理标准化,加强对"浙江制造"质量的要求,用高标准制造精品,以好口碑为浙江品牌夯实基础。②积极开展浙江品牌建设,充分利用四大跨境电商平台大力宣传和开发浙江品牌价值,支持与扶持第三方品牌培育以及运营专业服务机构,为企业提供品牌推广等相关

服务。

（2）激活政府数据价值，让政府大数据成为推动跨境电商精准发力的新动能。根据目前大数据规模以及发展的趋势来看，中国一定是未来世界大数据中心之一，而大数据已经成为一种生产资料。良好的政府—企业数据对接状况为浙江带来了高效的政府效率，主动寻求可靠的大数据公司，充分激活政府数据价值，是打造浙江"数字驿站"、促进跨境电子商务高水平发展的必备条件。

（二）实施中介型企业发展战略，引导其发挥功能性效应

大力推动中介型企业发展（即跨境电商平台型企业与跨境电子商务综合服务企业），可以促使传统对外贸易由资源分散向资源集中、由互不相连向彼此叠加、由线下向线上，由竞争向竞合的方向发展。类似于产业园区的集聚功能，中介型企业被认为是具有集聚功能的虚拟场所，同样能够产生产业集聚的效果，如果能够制定与实施合适的中介型企业发展战略，就能够发挥其独特的规模效应、平台效应与集群效应。

对此，提出如下建议：（1）重视中介型企业发展状况，对产生的新兴业态要区别于已有的企业类型，并及时制定相关发展战略，促进跨境电子商务中介型企业的健康发展。在规范行业发展的基础上引导不同类型的中介型企业发挥各自的功能性效应，坚持专业化、差异化、特色化的定位，避免同质化和恶性竞争，进而带动跨境电商企业国际竞争力的提高。（2）开展企业、研究院所、政府部门等多方面会面的研讨会，重视国家法律法规的执行，制定既符合国际标准又符合国内实际发展需要的杭州市跨境电商平台企业发展意见，进行平台型企业健康有序发展的试点工作。（3）完善公共服务，从资金、管理、业务、人才培训等方面给予中介型企业适当优惠和扶持，最大限度地组合资源，从而提高中介型企业自身的企业竞争力。

（三）打造优质跨境电商生态圈，吸引企业、发展企业

目前，浙江省正在形成以人才、会展、服贸、物流、境外园区为五大平台，以"一路接单、一站供货、一键品控、一网融资、一线维权"为主要特点的外贸

综合服务生态圈。但是,除了提供服务,政府还能连接平台、企业、高校与科研机构,打造包括跨境电商、消费者、跨境物流、跨境支付、海关、法律、人才、政策等在内的优质跨境电商生态圈,才能在未来为跨境电商创造更好的发展条件,吸引企业、留住企业、发展企业。具体建议包括:

第一,重视与平台企业的合作,进一步发挥超级平台企业的带动作用。超级平台企业自带大数据与流量,对于打造优质的跨境电商生态圈具有重要的企业集聚与带动作用。以阿里巴巴为例,其推动的 eWTP 在与马来西亚的合作中,就双边贸易的数据对接、标准认定、贸易便利、风险防控等领域形成了基于大数据的标准体系、贸易方式及合作模式。政府一定要非常重视与平台企业的合作,通过签署合作备忘录探索连接全球网络贸易资源要素的实现路径,利用平台企业为浙江跨境电商企业的海外推广提供数字营销、市场分析、建站优化等优质服务,重点开拓"一带一路"市场,助力浙江打造国际知名品牌,布局全球产业链,推进传统外贸和制造企业的进一步转型升级。

第二,重视政策透明度与稳定性,为跨境电商提供开放、公平的外贸环境。2016 年"4·8 新政"纠结于贸易顺差问题几经反复,一定程度阻碍了我国跨境电商进口的发展。目前,在美国、欧盟都已出台了关于数字贸易的相关法律条文情况下,我国在数字经济与数字贸易方面的法律探讨才出现不久。当务之急是制定稳定、透明的相关法律与政策,一方面有利于跨境电商更好的大展拳脚,另一方面也能控制市场朝着健康有序的方向发展。

课题负责人:谌　楠
课题组成员:李　欢　王东鹏
　　　　　　艾维娜　高　尚

[参考文献]

[1] 艾瑞网. 中国跨境电商行业研究报告[EB/OL]. (2014-12-16)[2016-02-12]. http://report.iresearch.cn/report/201412/2294.shtml.

[2] 欧阳峰. 电子商务对中小企业核心竞争力的作用机理研究[J]. 中国流

通经济，2005，19(6)：31-34.

[3] 黄益方，孙永波. 互联网环境下零售企业竞争力影响因素——基于价值链理论[J]. 中国流通经济，2014(7)：83-89.

[4] 王智新. 核磁共振在膝关节损伤患者的诊断价值分析[J]. 医学美学美容旬刊，2015(2)：113.

[5] 杨坚争，刘涵. 我国不同规模企业跨境电子商务应用状况调查分析[J]. 当代经济管理，2014，36(1)：25-29.

[6] 杨坚争，郑碧霞，杨立钒. 基于因子分析的跨境电子商务评价指标体系研究[J]. 财贸经济，2014，35(9)：94-102.

[7] 赵志田，杨坚争. 中小制造企业跨境电子商务能力识别、检验与综合评价[J]. 系统工程，2014(10)：53-62.

[8] 高云莺. 平潭发展跨境电子商务的瓶颈及其突破路径[J]. 福建论坛（人文社会科学版），2015(10)：199-204.

[9] 刘家国，刘巍，刘潇琦，等. 基于扎根理论方法的中俄跨境电子商务发展研究[J]. 中国软科学，2015(9)：27-40.

[10] ZHU K, KRAENER K, XU S. Electronic business adoption by European firms：a cross-country assessment of the facilitators and inhibitors[J]. European Journal of Information Systems，2003，12(4)：251-268.

[11] LIN H F, LIN S M. Determinants of E-business Diffusion：A Test of the Technology Diffusion Perspective [J]. Technovation，2008，28(3)：135-145.

[12] GIBBS J L, KRAEMER K L. A Cross‐Country Investigation of the Determinants of Scope of E-Commerce Use：An Institutional Approach [J]. Electronic Markets，2004，14(2)：124-137.

[13] WYMER S A, REGAN E A. Factors Influencing e‐commerce Adoption and Use by Small and Medium Businesses[J]. Electonic Markets 2005，15(4)：438-453.

[14] HSU P F, KRAEMER K L, Dunkle D. Determinants of E-Business

Use in US Firms［J］. International Journal of Electronic Commerce，
2006，10(4)：9-45.

［15］GOMEZ-Herrera E，MARTENS B，TURLEA G. The drivers and
impediments for cross-border e-commerce in the EU［J］. Information
Economics & Policy，2014，28(C)：83-96.

［16］CRAGG P，MILLs A. IT support for business processes in SMEs
［J］. Business Process Management Journal，2011，17(5)：697-710.

［17］HUANG C F，JIANG Y F，Guo G L，et al. Development of a yeast
strain for xylitol production without hydrolysate detoxification as part
of the integration of co-product generation within the lignocellulosic
ethanol process.［J］. Bioresource Technology，2011，102（3）：
3322-3329.

［18］REINARTZ W，KRAFFT M，Hoyer W D. The Customer Relation-
ship Management Process：Its Measurement and Impact on Perform-
ance［J］. Journal of Marketing Research，2004，41(3)：293-305.

［19］《CII 电子商务指数研究与测算》课题组. 关于电子商务水平测度的研
究［J］.统计研究,2001,（12)：26-31.

［20］杨坚争,徐进,杨立钒.电子商务关键性统计指标筛选研究［J］.郑州大
学学报(哲学社会科学版),2009，42(2)：74-76.

［21］刘敏,陈正.电子商务发展测度指标体系研究［J］.统计与信息论坛,
2008,（7)：20-28.

［22］OECD. Measuring ICT usage and electronic commerce in enterprises：
proposal for a model questionnaire on ICT usage［EB/OL］. (2001-11-
11）［2018-02-12］. http：//www. oecd. org/internet/ieconomy/
20628443. pdf.

［23］OECD. ICT use by businesses：revised OECD model survey［EB/
OL］.（2005-02-16）［2018-02-12］. http：//www. oecd. org/sti/sci-
tech/35867672. pdf.

社保降费的劳动力市场效应统计研究

　　面对工资水平持续上涨,企业用工成本过高的问题被广泛关注,其中社会保险缴费水平是焦点之一。作为降成本的重要内容,"适当降低社会保险费率"被列入全国国民经济"十三五"发展规划纲要中。国务院总理李克强在 2016 年 4 月主持召开国务院常务会议,决定在 2015 年已经降低失业、工伤和生育三项社保费率的基础上,从 2016 年 5 月 1 日起两年内实施:①降低养老保险缴费比例,对企业职工基本养老保险单位缴费比例超过 20％的省份直接降至 20％,单位缴费比例为 20％且 2015 年底基金累计结余可支付月数超过 9 个月的省份阶段性降低至 19％;②将失业保险总费率由现行的 2％进一步阶段性降至 1％—1.5％。

　　浙江省制度费率低于全国。对照《全国条例》与《浙江条例》:截至 2013 年,浙江省由企业承担的基本养老保险与基本医疗保险的费率总和低于全国 4 个百分点。即便如此,浙江省近年来连续出台了多项政策降低社保缴费费率。2015 年 10 月浙江省人力资源和社会保障厅等 3 部门发出《关于调整工伤、生育保险费率等有关事项的通知》,降低工伤和生育保险缴费费率,其中,工伤保险缴费费率在 0.2％—2.85％之间,根据 2016 年 6 月国务院常务会议精神,平均费率约为 0.75％,"省本级生育保险费率从 0.5％调整至 0.3％";2016 年 6 月浙江省人力资源和社会保障厅等 4 部门发出《关于阶段性降低社会保险费有关问题的通知》,"临时性下浮医疗保险费缴费比例","临时性下调失业保险费率",其中,医疗保险费的临时性下浮幅度"相当于企业单位缴费部分 1 个月的额度","失业保险单位费率由 1.5％降为 1％";2017 年 4 月浙江省人力资源和社会保障厅等 3 部门又发出《关于阶段性降低失业保险费率有关问题的通知》,决定"从 2017 年 5 月 1 日至 2018 年 12 月 31 日(费款所属期),全省失业保险单位费率由 1% 降为 0.5%"。

降低社保缴费率直接降低了企业用工成本。同时,依据工薪税归宿理论,企业这一用工成本的降低将影响企业的雇佣行为,包括提高雇佣工资以及扩大雇佣规模。为此,我们有理由推测浙江省相对较低的社会保险缴费负担,为企业提供了相对较好的发展空间。

本课题以工薪税归宿理论为基础,运用人社部薪酬成本调查形成的"企业—员工"匹配数据、结合三经普企业财务数据,就社会保险企业缴费水平对企业雇佣工资和雇佣规模的影响开展系统的实证研究,为社会保险政策设计和劳动力市场管理提供决策依据。

一、社会保险企业缴费与企业雇佣行为:理论研究

(一)工薪税归宿理论

我国社会保险缴费分为企业缴费与个人缴费两部分,其中,社会保险企业缴费作为企业用工成本的重要组成部分,企业有较大动机通过降低雇佣工资和缩小雇佣规模等调整雇佣行为的方式转嫁成本。工薪税归宿理论表明,社会保险企业缴费对企业雇佣行为的挤出效应会受到来自劳动力供给弹性、劳动力需求弹性,以及员工对社会保险企业缴费的价值判断等因素的影响(Summers,1989)。若员工将社会保险企业缴费完全等同于其工资收益,此时劳动力供给完全缺乏弹性或劳动力需求具有完全弹性,社会保险企业缴费将通过挤出员工工资的形式将这部分成本完全转嫁给员工;若员工认为社会保险企业缴费对其并没有货币价值,此时企业所支付的社会保险缴费等同于税收,工薪税归宿理论等价于一般的税收归宿理论。

企业间的人力资本结构差异意味着员工对社会保险企业缴费的价值判断平均水平也存在较大差异(Kugler&Kugler,2009),行业和地区的异质性意味着劳动力供给需求结构和劳动者对社会保险企业缴费的价值判断平均水平呈现差异(Gruber & Kruger,1991;Kevin,2007;朱文娟,等,2013;陶纪

坤,2016)。因此,在研究社会保险企业缴费对雇佣工资与雇佣规模的挤出效应时,应该对企业、行业和地区的异质性加以控制。

(二)文献述评

有关社会保险企业缴费对雇佣工资和雇佣规模的影响研究,当前的理论是清晰的,国外的经验型研究判断也基本一致:无论是在发达经济体还是欠发达经济体,将社会保险缴费转嫁至员工工资是企业面对社会保险缴费成本效应的普遍方式(Gruber,1994;Aderson&Meyer,2000;Ooghe 等,2003;,Nielsen&Smyth,2008);关于社保缴费对雇佣规模的影响,在发达经济体,由于低工资的形式已经能消化社会保险费造成的成本效应,社会保险缴费对雇佣规模几乎不存在挤出效应(Gruber & Kruger,1991;Gruber,1994;HelgeBenmarker,等,2008),而在相对欠发达的经济体,社会保险缴费对雇佣规模依然存在较强的挤出效应(Kugler&Kugler,2009;Lai&Masters,2005)。但中国的社会保险存在强制性不足的问题,各企业的实际社会保险企业缴费率存在差异,因此社会保险企业缴费的经济归宿问题仍有待观察。当前,针对中国的经验性研究尚不丰富且判断存在争议(朱文娟,等,2013;刘苓玲,2015;陶纪坤,2016;赵海珠,2017;杨俊,2008;马双,等,2014;秦立建,苏春江,2014)。

争议的来源是多重的:首先,社会保险地方统筹存在征缴"三险"和"五险"的差异,受可比性与可得性的数据限制,我国有关社会保险费的研究多是基于单一险种展开,然而从企业成本角度抽取"五险"缴费中某一险种的缴费情况研究对企业雇佣行为的影响,可能会影响社会保险缴费挤出效应的估计结果。其二,受数据条件的限制,基于企业主体的研究未能控制企业人力资本结构、工会因素、企业无固定期限合同签订率等变量。基于员工主体的研究未能控制员工参与工会情况、员工签订劳动合同类型、所处企业雇佣规模、所处企业雇佣工资水平等变量,因此,对于雇佣工资与雇佣规模的挤出效应的估计可能存在偏差。其三,理论和国外经验研究表明,雇佣工资与雇佣规模之间存在相互替代关系,现有研究对两者的分别观察使得这部分替代关系无法得到估计,没有对此进行系统估计可能使实证结果存在偏误。

二、社会保险企业缴费水平分布：区域差异及动态变化

全国范围内实际社会保险企业缴费水平与名义社会保险企业缴费水平具有一定差距是我国当前存在的客观现实。名义社会保险企业缴费水平是指各统筹地区政策规定的具体企业缴费率；实际社会保险企业缴费水平是指企业实际缴纳社会保险企业缴费部分的缴费率，其计算公式是：实际社会保险企业缴费水平＝企业实际缴纳的社会保险费用/企业职工工资总额。在清洗 2007 年全国大中型工业企业数据库和 2013 年浙江省第三次经济普查数据后，分别观察社会保险企业缴费水平的区域差异和动态变化。

(一)社会保险企业缴费水平的区域差异

由于社会保险企业缴费标准由各统筹地自行规定，险种涵盖范围有所差异。因此，本文选取社会保险企业缴费比例的主体和社会保险参保率最高的社会保险险种——医疗保险与养老保险，作为衡量全国各企业的社会保险企业缴费水平。根据 2007 年大中型工业企业数据库数据显示，全国平均社会保险企业缴费水平约为 9.26%，与全国约 30% 的养老保险与医疗保险名义缴费水平有较大差距。表 1 显示了全国各省市平均社会保险企业缴费水平分布，其中，广东省的实际社保企业缴费水平最低，为 6.92%，而云南省的实际社保企业缴费水平最高，为 11.96%，各省市实际社会保险企业缴费水平与名义缴费水平都存在一定差距。其中，浙江省的社会保险企业缴费水平为 8.15%，低于全国平均水平，在各省区市分布中也处于缴费相对偏低的水平。

表 1　各省区市社会保险企业缴费水平分布(单位：%)

省份名称	社保缴费水平	省份名称	社保缴费水平
广东	6.92	广西	10.56
福建	7.80	山东	10.73
四川	7.86	贵州	10.80
浙江	8.15	内蒙古	10.99

省份名称	社保缴费水平	省份名称	社保缴费水平
河南	8.83	宁夏	11.18
江西	8.84	上海	11.29
山西	8.88	陕西	11.30
河北	9.42	黑龙江	11.46
辽宁	9.60	北京	11.55
湖北	9.87	新疆	11.65
湖南	9.93	甘肃	11.88
安徽	10.14	吉林	11.90
重庆	10.25	云南	11.96

注:受数据限制,此处社会保险企业缴费仅包括养老保险与医疗保险两险。

(二)社会保险企业缴费水平的动态变化

受制于全国性数据缺乏,此处运用 2007 年大中型工业企业数据库和 2013 年浙江省第三次经济普查数据,以浙江省规模以上工业企业为例观察动态变化。2007 年大中型工业企业数据库的社会保险缴费仅包括养老保险和医疗保险两类,而 2013 年浙江省第三次经济普查数据的社会保险缴费包括养老保险、医疗保险、工伤保险、生育保险、失业保险等"五险"。为解决两年社会保险缴费口径不一致的问题,使缴费水平具有可比性,对 2007 年数据做如下处理:假设企业对 5 种社会保险的少缴、漏缴等行为的概率是相同的,按照 2013 年浙江省企业"五险"缴费水平,大致得到养老保险和医疗保险费率占比为(20% + 10%)/(20% + 10% + 1% + 0.5% + 2%) = 89.55%,从而将 2007 年社会保险企业缴费水平 τ 整体调整为 $\bar{\tau} \doteq \dfrac{\tau}{8955\%} \doteq 112\tau$。

相比于 2007 年,2013 年的浙江省名义社会保险企业缴费水平有较大幅度下调,但实际缴费水平有所提高。以养老保险为例,自 2008 年起,浙江省人民政府发布 70 号文件《浙江省人民政府关于调整用人单位基本养老保险费缴费比例有关工作的通知》,提出要将用人单位原缴费水平为 20% 的基本养老保险缴费比例"逐步统一到全省 12％—16％区间内"。2009 年《浙江省人民政府关于印发浙江省企业职工基本养老保险省级统筹实施方案的通知》进一步提出"全省单位缴费比例暂定为 14％；凡单位缴费比例高于14％的市、县（市），要逐步调整到 14％，单位缴费比例低于 14％的市、县（市）可暂维持现状"。与之相对，浙江省 2007 年至 2013 年的实际社会保险企业缴费水平有所提高，从 9.08％上升到 9.94％。

进一步观察企业累积分布下的社会保险企业缴费水平变化（图 1），自第一分位点（企业累计占比为 25％）至第三分位点（企业累计占比为 75％），2013 年的实际缴费水平虽始终高于 2007 年，但两者的差距在逐渐减小。至 95 分位点起，两年的实际缴费水平持平，为 23.80％，而后 2007 年的实际社会保险企业缴费水平超过 2013 年。这一方面体现了企业缴纳社会保险缴费的责任意识和缴费能力在增强；另一方面也说明，在实际缴费低于名义缴费水平的客观现实下，适当降费减税并不意味着会减少实际来自企业的社保基金收入。

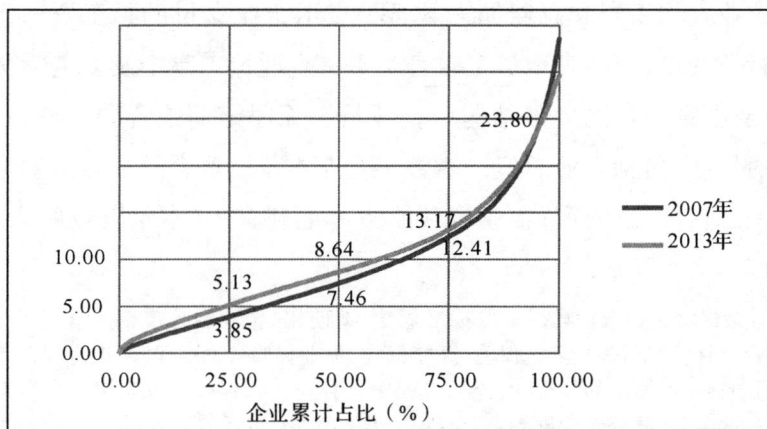

图 1　2007—2013 年浙江省实际社会保险企业缴费水平累积分布图

三、模型设计与样本数据

社会保险企业缴费的雇佣工资挤出效应和雇佣规模挤出效应可能同时发生,且两种效应之间可能存在替代关系。参考 Kugler&Kugler(2009)、朱文娟(2013)、马双、甘犁(2014)等学者的做法,建立雇佣工资决定模型(1)与雇佣规模决定模型(2)的联立方程:

$$\begin{cases} \ln\left(\dfrac{W_{ij}}{E_{ij}}\right) = \alpha_0 + \alpha_1 \tau_{ij} + \alpha_2 \ln(E_{ij}) + X_{ij}\theta + \alpha_3 \text{edu}_{ij} + \alpha_4 \text{industry}_{ij} + \alpha_5 D_j + \mu_{ij} \quad (1) \\ \ln(E_{ij}) = \beta_0 + \beta_1 \tau_{ij} + \beta_2 \ln\left(\dfrac{W_{ij}}{E_{ij}}\right) + X_{ij}\gamma + \beta_3 \text{cont}_{ij} + \beta_4 \text{industry}_{ij} + \beta_5 D_j + e_{ij} \quad (2) \end{cases}$$

其中,i 代表企业,j 代表地区,主要解释变量 τ_{ij} 为社会保险实际缴费率[①],$\tau_{ij} = T_{ij}/W_{ij}$,$T_{ij}$ 为企业的社会保险费总支出,被解释变量 $\dfrac{W_{ij}}{E_{ij}}$ 和 E_{ij} 分别表示企业人均工资和总雇佣人数,W_{ij} 表示企业支付的总工资[②],X_{ij} 表示企业的特征变量,edu_{ij} 表示员工教育水平=企业员工高中及以上学历占比,cont_{ij} 为企业雇佣合同期限结构=企业员工无固定期限合同签订占比。企业特征变量 X_{ij} 包括企业总资产对数=企业本年资产合计的自然对数;资产负债率=总负债/总资产;企业盈利能力=毛利率=(本年营业收入-本年

---

① 社会保险企业缴费数据采取标准做法,即使用《企业会计准则第 9 号——职工薪酬》中对应科目的数据,包括养老保险、医疗保险、失业保险 、工伤保险、生育保险等社会保险费用,也包括企业缴纳的年金(补充养老保险)、补充医疗保险或储蓄型医疗保险。受企业会计准则的限制,此处无法剔除补充保险费用的影响,可能存在高估社会保险费的挤出效应的可能。但一般认为,企业缴纳的年金(补充养老保险)、补充医疗保险或储蓄型医疗保险相对于社会保险"保基本"的特性,属于更高层次的补充保险。当社会保险实际缴费率总体低于社会保险名义缴费率,可以认为,企业在"保基本"尚未足额缴纳的情况下很难有动力再去支付更高层次的人工成本。因此可以假设此处数据中的补充保险费用部分对估计的影响很小甚至可以忽略不计。

② 企业工资总额指企业在报告期内直接支付给本企业全部从业人员的工资总额,包括计时工资、计件工资、奖金、津贴和补贴、加班加点工资、特殊情况下支付的工资,相当于财政部《企业会计准则第 9 号—职工薪酬》中的"职工工资、奖金、津贴和补贴"的口径。

营业成本)/本年营业收入；企业最大生产能力＝固定资产合计的自然对数；企业所有制根据企业登记注册类型(国统字〔1998〕200 号)将企业分为国有企业、非国有的内资企业，和非内资企业；工会化率＝企业员工的工会会员占比；industry$_{ij}$根据标准的国民经济行业分类，使用两位数的行业门类代码，表示行业控制变量；D_j 为杭州市行政区划代码包括 14 个地区的地区控制变量 μ_{ij}、e_{ij} 为残差项。

观察系数 α_1 和 β_1 的显著性及其符号，据以判断社会保险企业缴费水平是否对雇佣工资与雇佣规模具有挤出效应以及挤出效应的程度。

本文的主要实证方法是用三阶段最小二乘法(3SLS)对联立方程组进行估计。在使用这一方法前，首先必须考虑该组模型是否满秩，这是联立方程估计能够识别的前提。此处，我们采用一般经验方法判断，即观察每个方程设定是否都有自己的前定变量，如果满足，则该系统估计方法是成立的。雇佣工资决定方程的内生变量是雇佣规模，独有的前定变量是员工教育水平和行业平均工资水平。雇佣规模决定方程的内生变量是工资，独有的前定变量是企业雇佣期限结构和行业平均雇佣规模。因此可以判断，此联立方程估计是可行的。

本文以杭州市人社部薪酬成本调查形成的 2013 年"企业—员工"匹配数据、匹配三经普企业财务数据，得到 1552 家企业，数据清洗后形成最终样本企业 1163 家。杭州市"企业—员工"匹配数据记录了包括从业人员工资总额、社会保险缴费等企业人工成本，较为具体的薪酬数据为研究提供了数据保证。

样本数据显示(见表 2)，全部样本企业所有制以民营企业(包括集体企业)为主，这是杭州市经济的特点。其中，企业雇佣工资的人均年均工资约为 5.6 万元，分行业的平均雇佣工资最小值为 3.9 万元，最大值为 11 万元；企业雇佣规模的均值为 265 人，分行业的平均雇佣规模最小值为 98 人，最大值为 620 人；社会保险企业实际缴费率的均值约为 15.4％；工会会员平均占比约为 70％，企业员工教育水平达到高中及以上占比的近 7 成，无固定期限劳动合同的员工平均占比约为 12％。

表2 主要变量的统计性描述

	变量	均值/比率	标准差	最小值	最大值
被解释变量	雇佣工资(千元/人)	55.96	43.62	2.11	461.89
	雇佣规模(人)	265.47	520.14	12.00	3547.00
	雇佣工资对数	3.83	0.58	0.75	6.14
	雇佣规模对数	4.78	1.17	1.61	9.60
解释变量	社会保险缴费(%)	15.42	7.95	0.96	29.98
	固定资产对数	9.75	1.83	5.29	13.87
	毛利率(%)	24.20	23.12	−3.14	99.29
	企业总资产对数	11.41	1.46	7.88	15.07
控制变量	资产负债率	2.24	3.04	0.23	23.67
	工会变量	0.70	0.43	0	1
	员工教育水平	0.68	0.30	0	1
	企业雇佣期限结构	0.12	0.25	0	1
	行业平均工资	62.85	12.44	38.73	110.33
	行业平均雇佣规模	295.79	130.53	97.50	620.17

注:所有制和地区特征使用两个及以上虚拟变量,限于篇幅此处不作展示。

四、社会保险企业缴费水平对雇佣工资和雇佣规模的影响

表3汇报了社会保险企业缴费水平对雇佣工资和雇佣规模的单方程估计和联立方程估计结果。列(1)—(3)是利用雇佣工资决定模型(1)分别逐步控制企业特征变量、行业控制变量和地区控制变量的OLS单方程估计,列4是利用雇佣工资决定模型(1)和雇佣规模决定模型(2)构成的联立方程组进行3SLS估计的结果。列5-7是利用雇佣规模决定模型(2)分别逐步控制企业特征变量、行业变量和地区变量的OLS单方程估计,列8是利用联立方程进行3SLS估计的结果。

表3 社会保险企业缴费水平对雇佣工资和雇佣规模的估计结果

	雇佣工资				雇佣规模			
	OLS 估计			3SLS 估计	OLS 估计			3LS 估计
	(1)	(2)	(3)	(4)	(5)	(6)	(7)	(8)
社保企业缴费率	−0.0188 ***	−0.0186 ***	−0.0174 ***	−0.0251 ***	−0.0159 ***	−0.0155 ***	−0.0181 ***	−0.0437 ***
	(0.0023)	(0.0024)	(0.0028)	(0.0030)	(0.0036)	(0.0035)	(0.0041)	(0.0080)
雇佣规模对数	−0.1913 ***	−0.1863 ***	−0.1791 ***	−0.8612 ***	—	—	—	—
	(0.0276)	(0.0291)	(0.0286)	(0.2164)				
雇佣工资对数	—	—	—	—	−0.4844 ***	−0.4783 ***	−0.4664 ***	−1.8980 ***
	—	—	—	—	(0.0559)	(0.0554)	(0.0565)	(0.3532)
固定资产对数	0.0117	0.0143	0.0008	0.1796 ***	0.2567 ***	0.2527 ***	0.2564 ***	0.1933 ***
	(0.0168)	(0.0167)	(0.0169)	(0.0552)	(0.0231)	(0.0232)	(0.0244)	(0.0347)
资产对数	0.1702 ***	0.1611 ***	0.1711 ***	0.3531 ***	0.3091 ***	0.3095 ***	0.2642 ***	0.4719 ***
	(0.0199)	(0.222)	(0.0215)	(0.0678)	(0.0296)	(0.0295)	(0.0292)	(0.0615)
资产负债率	−0.0039	−0.0042	−0.0033	−0.0109 **	−0.0207 ***	−0.0215 ***	−0.0231 ***	−0.0139 **
	(0.0055)	(0.0055)	(0.0056)	(0.0043)	(0.0079)	(0.0080)	(0.0081)	(0.0058)
毛利率	0.0035 ***	0.0038 ***	0.0041 ***	0.0053 ***	0.0064 ***	0.0070 ***	0.0064 ***	0.0077 ***
	(0.0008)	(0.0009)	(0.0009)	(0.0013)	(0.0013)	(0.0014)	(0.0015)	(0.0020)
国有企业	0.2384 ***	0.2463 ***	0.3136 ***	−0.2029	−0.5816 **	−0.5870 **	−0.8278 **	0.0727
	(0.0920)	(0.0917)	(0.0844)	(0.2229)	(0.2338)	(0.2321)	(0.2100)	(0.2911)
内资企业	−0.0610 ***	−0.1613 ***	−0.1376 ***	−0.2660 ***	−0.2877 ***	−0.2893 ***	−0.2563 ***	−0.3665 ***
	(0.0384)	(0.0384)	(0.0412)	(0.0776)	(0.0580)	(0.0580)	(0.0617)	(0.1030)
工会会员占比	0.1114 ***	0.1085 ***	0.0935 ***	0.0880	0.0799	0.0775	0.0576	0.1639 *
	(0.0343)	(0.0343)	(0.0338)	(0.0552)	(0.0560)	(0.0561)	(0.0565)	(0.0890)
员工教育水平	0.2020 ***	0.1942 ***	0.1854 ***	−0.1653	—	—	—	—
	(0.0623)	(0.0622)	(0.0601)	(0.1099)	—	—	—	—
雇佣期限结构	—	—	—	—	−0.1869 *	−0.1857 *	−0.1832 *	0.0874
	—	—	—	—	(0.1064)	(0.1060)	(0.1053)	(0.0723)
行业控制变量	—	0.0025	0.0023	−0.0052		0.0003	0.0003	−0.0007
	—	(0.0021)	(0.0021)	(0.0037)		(0.0003)	(0.0003)	(0.0004)
地区控制变量 常数	—	—	已控制	已控制	—	—	已控制	已控制

续　表

	雇佣工资				雇佣规模			
	OLS 估计			3SLS 估计	OLS 估计			3LS 估计
	(1)	(2)	(3)	(4)	(5)	(6)	(7)	(8)
常数	2.8271 ***	2.7237 ***	2.4281 ***	2.9073 ***	0.9566 ***	0.8650 ***	1.0584 ***	5.1842 ***
	(0.1458)	(0.1672)	(0.1785)	(0.3188)	(0.2980)	(0.3108)	(0.3430)	(1.0689)

结果显示,在逐步控制企业特征变量、行业变量和地区变量,考虑雇佣规模挤出效应对雇佣工资挤出效应影响的基础下,社会保险企业缴费水平对雇佣工资始终存在显著的负效应。由联立方程估计结果可知,单方程估计低估了雇佣工资的挤出效应,社会保险企业缴费水平每降低 1 个百分点,雇佣工资将会增加 0.0251 个百分点。若忽略了雇佣工资与雇佣规模之间的替代影响,仅使用单方程估计将会低估社会保险企业缴费的企业雇佣行为的挤出效应,其中,社会保险企业缴费水平每降低 1 个百分点,雇佣规模将会增加 0.0437 个百分点。

在不同类型的企业下,劳动力需求弹性不同,在不同人力资本的员工中,劳动力供给弹性与员工对社会保险企业缴费的价值判断也不同,企业—员工的异质性构成了挤出效应异质性的理论基础。人力资本水平分别可以使用员工教育水平和员工劳动合同类型进行区分,分样本回归结果如表 4。

表 4　社会保险缴费水平对雇佣行为的分人力资本水平的联立估计结果

分类依据	分样本名称	雇佣工资		雇佣规模	
		系数估计	标准误	系数估计	标准误
员工教育水平	低人力资本结构	0.0112	0.1037	−0.0520*	0.0291
	中下人力资本结构	−0.0086*	0.0052	0.0578	0.2705
	中上人力资本结构	−0.0188***	0.0044	0.0999	0.1835
	高人力资本结构	−0.0133	0.0095	−0.0752	0.0595
企业雇佣期限结构	未签订无固定期限合同	−0.0503**	0.0979	−0.0410***	0.1288
	签订无固定期限合同	−0.0168***	0.0587	−0.0243***	0.0547

从不同雇佣结构看社保缴费对企业工资的影响来看,对于中间人力资本结构企业,社会保险企业缴费水平对雇佣工资具有显著的挤出效应,而在低人力资本结构企业和高人力资本结构企业中都没有观察到雇佣工资的挤出效应。这可能是因为,低人力资本结构企业主要为利润比较低,劳动力密集型为主的企业,员工的工资本就不高,受最低工资的限制,企业没有更多转嫁雇佣工资的空间;高人力资本结构企业更有可能拥有更高的劳动生产率,人力成本支出在企业利润中的占比相对较小,企业一方面有能力消化这部分人力成本,另一方面也有动力通过高工资激励员工提升劳动生产率,从而为企业创造更高利润。按是否签订无固定期限劳动合同分类的结果表明,两类企业中都存在社会保险企业缴费水平对雇佣工资显著的挤出效应,其中,人力资本结构更低的企业存在更高的雇佣工资挤出效应。

从对不同雇佣结构看社保缴费对企业雇佣规模的影响来看,社会保险企业缴费水平对雇佣规模的显著挤出效应仅在以员工教育水平划分的低人力资本结构企业中出现。此类企业多为利润较低,劳动力密集型为主的企业,相对受最低工资影响而转嫁空间过低的雇佣工资,企业主要通过转嫁雇佣规模的方式转嫁其社会保险企业支出的人工成本。按是否签订无固定期限劳动合同分类的结果表明,两类企业都观察到了社会保险企业缴费水平对雇佣规模的挤出效应,其中,未签订无固定期限劳动合同企业,即人力资本结构相对更低的企业对雇佣规模具有更大的挤出效应。

五、结　论

本文运用 2007 年全国大中型工业企业数据库、杭州市 2013 年企业—员工薪酬匹配数据与浙江省第三次经济普查的财务补充数据,基于工薪税归宿理论,考虑企业雇佣行为间存在的交互影响,构建了联立的雇佣工资决定模型和雇佣规模决定模型方程组,利用三阶段最小二乘法模拟社会保险企业缴费水平对雇佣工资和雇佣规模的挤出效应。本文主要形成以下基本结论和建议。

第一,适当降低社会保险企业缴费水平。实证研究发现,社会保险企业缴费水平每增加1个百分点,雇佣工资将显著降低0.025个百分点,雇佣规模将显著降低0.044个百分点。社会保险企业缴费对企业造成了成本压力,促使企业调整了其包括雇佣工资与雇佣规模的雇佣行为安排。适当降低社会保险企业缴费水平有利于释放企业活力,促使企业雇佣工资水平的提高和雇佣规模的扩大。

第二,对人力资本水平结构较低的企业(一般是以劳动力密集型为主,经营较困难的企业)应适当给予优惠政策倾斜。研究发现,不存在无固定期限劳动合同签订员工的企业相对于存在该类员工企业具有更强的雇佣工资挤出效应和雇佣规模挤出效应;高人力资本结构企业的就业挤出效应不明显,低人力资本结构的企业主要通过挤出雇佣规模来转嫁成本,中间企业则倾向于通过挤出雇佣工资来转嫁成本。由于人力资本积累和企业的转型升级不能一蹴而就,近期应该给予此类企业适当帮助,创造条件为其要素配置留出时间和空间(钱雪亚,2016),促使其度过当前客观上的经营和转型难关。

课题负责人:钱雪亚

课题组成员:张跃华　胡　琼　宋文娟

张梦婷　夏娇妙

[参考文献]

[1] ARTHUR VAN SOEST. Structural Models of Family Labor Supply: A Discrete Choice Approach[J]. The Journal of Human Resources, 1995(30):63-88.

[2] ADRIANA Kugler, MAURICE Kugler. Labor Market Effects of Payroll Taxes in Developing Countries: Evidence from Columbia[J]. Economic Development and Cultural Change, 2009, 57(2):335-358.

[3] ADERSON P. M., MEYER B. D. The effect of the umemployment

insurance payroll tax on wages, employment, claims and denials[J].
Journal of Public Economics, 2000, 78(1-2):81-106.

[4] KEVIN J. Murphy. The Impact of Unemployment Insurance Taxes on
Wages[J]. Labour Economics, 2007,14:457-484.

[5] LAI, Y., MASTER. S. The Effects of Mandatory Maternity and
Pregnancy Benefits on Women's Wages and Employment in Taiwan,
1984-1996[J]. Industrial and Labor Relations Review, 2005(58):
274-281.

[6] NELISSEN, Fortein, Arthur van Soest. The Impact of Various Policy
Measures on Employment in The Netherlands[J]. Japanese Journal of
Social Security Policy, 2005, 4(1):17-32.

[7] SUMMERS, L., GRUBER, J., and VERGARA, R. Taxation and
the structure of labor markets: The case of corporatism[J]. Quarterly
Journal of Economics, 1993, 108(2):385-411.

[8] ZELLNER,A. and H. Theil. Three Stage Least Squares: Simultane-
ous Estimation of Simultaneous Equations[J]. Econometrica, 1962
(30):63-68.

[9] 陈强. 高级经济学及 Stata 应用[M]. 2 版. 北京:高等教育出版社,2010.

[10] 封进. 社会保险对工资的影响——基于人力资本差异的视角[J]. 金融
研究,2014(7).

[11] 刘苓玲,慕欣芸. 企业社会保险缴费的劳动力就业挤出效应研究——
基于中国制造业上市公司数据的实证分析[J]. 保险研究,2015(10).

[12] 马双,甘犁. 养老保险企业缴费对员工工资、就业的影响分析[J]. 经济
学(季刊),2014,13(3):969-1000.

[13] 钱雪亚,胡琼,邱靓. 工资水平的成本效应:企业视角的研究[J]. 统计
研究,2016,33(12):17-27.

[14] 秦立建,苏春江. 医疗保险对农民工工资效应的影响研究[J]. 财政研
究,2014(5).

[15] 陶纪坤,张鹏飞. 社会保险缴费对劳动力需求的挤出效应[J]. 中国人

口科学,2016(6):78-87.

[16] 杨俊. 养老保险和工资与就业增长的研究[J]. 社会保障研究,2008 (2).

[17] 朱文娟,汪小勤,吕志明. 中国社会保险缴费对就业的挤出效应[J]. 中国人口科学,2013,23(1):137-142.

城市营商环境研究
——以杭州为例

一、研究背景与意义

"营商环境"一词源于世界银行集团国际金融公司(IFC)"Doing Business"项目调查。该项目调查始于 2002 年,世界银行根据私人部门的国际化投资与贸易的战略发展需要,每年发布全球营商环境报告。我国则在 2013 年正式把营商环境建设提高到国家发展战略层面。2016 年 3 月 17 日公布的《国民经济和社会发展第十三个五年规划纲要》中,提出要"营造优良营商环境",具体包括"营造公平竞争的市场环境、高效廉洁的政务环境、公正透明的法律政策环境和开放包容的人文环境"等。2017 年 1 月,国务院印发《关于扩大对外开放积极利用外资若干措施的通知》指出,要大力创造更加开放、便利、透明的营商环境,积极吸引外商投资以及先进技术和管理经验,推动新一轮高水平对外开放,以开放促改革、促发展。2018 年 1 月 3 日,国务院总理李克强主持召开国务院常务会议,部署进一步优化营商环境,持续激发市场活力和社会创造力;确定加大支持基础科学研究的措施,提升原始创新能力。会议指出,优化营商环境就是解放生产力、提高综合竞争力。随着我国对营商环境改善的重视,多个省份纷纷推出营商环境长期发展规划,将营商环境视为核心竞争力和发展潜能的重要标志。但在营商环境完善和优化的过程之中,经常遇到目标不明、激励不足、考核不力、评价不实等问题。

基于上述背景,项目组以现代统计理论与方法、现代经济管理理论为指导,在对国内外营商环境相关研究进行系统回顾的基础上,立足于粤港澳研究院发布的《2017年中国城市营商环境报告》的评价结果,量化分析杭州市的总体环境以及软环境、市场环境、商务成本环境、基础设施环境以及社会服务环境等六大子环境,挖掘杭州市营商环境的优势因素,探究制约其营商环境的约束因素,最后,基于营商环境的理论与量化分析结果,为进一步提升杭州市的城市营商环境提出一些有针对性的政策建议。

正确评价一个地区或者国家的营商环境,可以让当地政府清楚地认识到企业营商环境的不足,从而促进企业健康有序的发展,提升城市的竞争力。因此,本项目对杭州市营商环境评价的量化分析,对于丰富城市营商环境理论研究和优化城市营商环境的政策思考,无疑有着重要的理论和实际意义。

二、营商环境研究现状回顾

营商环境研究一直是国内外理论界和实务界关注的焦点问题。

国外学者较多地关注营商环境的影响因素。Hambrick(1981)指出,企业的营商环境由不同部分共同构成,各部分都单独地影响企业的经营活动,且在某种程度上周围环境比其自身因素对企业的经营活动影响更大。Slappendel(1996)提出"结构主义视角",即按照营商的构成主体识别其构成要素,企业营商环境的重要因素包含消费者、供应方、竞争者、政府等,与企业组织创新有关的环境特征包括环境的变化和不确定性、环境异质性以及沟通等。Lucas(2001)把影响企业重要决策的外部环境因素归结为八类:技术、管制、经济、社会文化、国际影响、消费者、供应方、竞争者。Benn Eifert & Alan Gelb 和 Vijaya Ramachandran(2005)认为,营商环境包括影响不同企业和行业经营效率的政策、机构、基础设施、人力资源、地理环境等。在企业层面,它直接影响生产成本;在行业层面,它往往涉及市场结构和竞争。Wach-Krzysztof (2008)通过对波兰南部地区中小企业的研究发现,区域营商环境在促进小企业发展方面起着至关重要的作用,证实"资本可获得性和金融支持"以及"创业基础设施"两个因素和小企业的发展高度相关。Lan Worthington 等(2011)将影响企业外部环境区分为两类:一是对公司日常运营产生直接影响的外部因素;二是倾向于影响企业总体的外部因素。此外,世界银行于 2003 年起,每年发布《全球营商环境报告》,记录一些关键性营商改革的案例,为各国理解和改善营商环境提供借鉴和参考。2016 年 10月发布的《2017 年营商环境报告:人人机会平等》,以 10 项指标比较 190 个经济体在便利营商方面的整体表现,报告显示 2016 年全球共有 137 个经济体推行了 283 项关键性营商改革,使全球营商环境和中小企业创立运营便利度不断改善。2017 年中国的营商便利性排名上升了 2 位,至第 78 名。

国内对营商环境的研究起步较晚,且多数集中于对企业维度(中小企业、小微企业、民营企业、外资企业等)营商环境的讨论,如唐磊磊(2012)通过对中小企业营商环境相关理论进行系统分析,提取出了 5 个影响中小企业营商环境的因素,类似代表性的研究还有张志勇、苏云寒(2013)对民营企业,龚唯平、刘岳忠(2014)对中小微企业,孙丽燕(2016)对外贸企业,司皓洁(2016)对小微企业营商环境的研究。近来,部分学者开始尝试从其他空间维度(市域、省域、国家)讨论营商环境。如黄振饶(2015)从广西参与"一带一路"建设,打造开放型经济新优势的角度,分析营商环境的现状和面临的任务。常瑜(2016)、金彦海(2017)则分别从河北省、辽宁省在营商环境建设中存在的问题出发,提出优化营商环境的策略。许可、王瑛(2014)则对后危机时期中国的营商环境和各行业的营商环境进行了评估。张莉(2017)对中外营商环境进行对比分析。

此外,学者还从不同要素维度(融资环境、法治环境、市场环境、法制环境、政务服务环境等)研究营商环境。就融资环境方面,吴卫星(2012)通过对浙江中小企业融资环境分析,指出中小企业的融资成本过高、信息不对称等问题。同类的定性研究还包括冯珊珊(2013)、陈白雪(2014)、王佳莹(2016);就法治环境方面,周盛盈、陆茜(2012)通过问卷调查了解珠海法治环境和营商环境的现状,指出该市建设法制化营商环境存在的主要问题,并提出创新立法机制、完善法律法规、深化商事登记和社会信用体系改革的政策建议，董彪、李仁玉(2016)也讨论了法制建设的重要性。此外，上海财经大学财经研究所课题组(2009)和冯玥(2016)对市场环境，吴瑞雪(2010)和冯钰媛(2014)对税务环境，李芬(2014)和詹谨熙(2015)等对政务服务环境开展了研究。

综观现有研究，不难发现主要存在如下问题：就空间维度而言，绝大部分研究都是基于企业层面的定性分析，基于其他维度的研究比较少见，特别是基于城市维度对营商环境的定量研究更是鲜有所见。就要素维度而言，多数研究是基于营商环境的某一个或几个要素的专门性讨论，对营商环境影响因素综合考量的文献也是少有见到。

三、杭州市营商环境量化分析

(一)粤港澳城市营商环境项目概述

为了找到我国主要城市之间营商环境的长处和短板，推动地方商事制度改革，改善地方营商环境，激发市场活力和创造力，释放我国经济蕴藏的巨大潜力，粤港澳大湾区研究院中国城市营商环境课题组，通过选取全国直辖市、副省级城市、省会城市共 35 个城市(西藏拉萨因为数据缺乏，不参加排名)，通过构建包含软环境(权重 25%)、市场环境(权重 20%)、商务成本环境(权重 15%)、基础设施环境(权重 15%)、生态环境(权重 15%)、社会服务环境(权重 10%)等 6 个二级指标、28 个三级指标、36 个四级指标在内的城市营商环境评价指标体系，对 2016 年中国主要城市的营商环境进行了综合评价，具体的指标体系和权重归纳如表 1 所示。

表1 中国城市营商环境评价指标体系

一级指标	二级指标（权重）	三级指标（权重）	四级指标	备注
城市营商环境	软环境（25%）	开办企业(1/5)	开办企业耗时—男性(天数) 开办企业成本(人均收入百分比) 最少支付资本(人均收入百分比)	1. 开办企业数据源自世界银行调查数据 2. 税负有三个口径：(总财政＋社保费用＋土地收入)(大) 一般财政预算收入(中) 地方税(小)
		执行合同(1/5)	执行合同耗时(天数) 执行合同成本(标的额的百分比)	
		财产登记(1/5)	财产登记程序 财产登记成本(财产价值的%)	
		内外资投资增速(1/5)	内外资增速的加权平均	
		税负水平(1/5)	一般财政预算收入/GDP	
	市场环境（20%）	经济综合水平(3/5)	地区生产总值	
			人均地区生产总值	
			地区生产总值增速	
		活力水平(2/5)	进出口总额	
			社会零售品销售额	
	商务成本环境（15%）	用电成本(1/9)	工业用电价格	
		用水成本(1/9)	工业用水价格	
		用气成本(1/9)	工业天然气价格	
		用地成本(1/3)	房价收入比	
		劳动成本(1/3)	职工年平均工资	
	基础设施环境（15%）	公路设施(1/8)	道路面积	
		航空设施(1/8)	航空吞吐量	
		管道设施(1/8)	供气量	
		货运设施(1/8)	货运量	
		移动互联网数据设施(1/8)	移动电话接入互联网数	
		公交服务(1/8)	公交数量	
		出租车服务(1/8)	出租车数量	
		轨道交通水平(1/8)	轨道交通长度	

一级指标	二级指标（权重）	三级指标（权重）	四级指标	备注
城市营商环境	生态环境（15%）	空气（1/3）	优良天气数	空气相关指标分别计算指数然后加权
			PM2.5年均浓度（逆指标）	
		绿化（1/3）	建成区绿化覆盖率	
		废水（1/3）	单位面积废水排放量（逆指标）	
	社会服务环境（10%）	医疗服务（1/5）	每万人的床位数	
		科技服务（1/5）	科技投入占GDP的比重	
		融资服务（1/5）	本外币贷款占GDP比重	
		教育服务（1/5）	学生人数与常住人口之比	
		养老服务（1/5）	城镇基本养老参保比	

（二）杭州市营商环境量化分析

基于《2017年中国城市营商环境报告》，课题组从营商总体环境和六大子环境对2016年杭州市的营商环境进行量化分析，通过对比分析找到杭州营商环境的长处和短板，以期为优化和提升杭州营商环境政策的制定提供量化支持。

1.总体营商环境量化分析

2016年35个城市营商环境综合评价的平均值为0.4908，杭州市的营商环境评价值为0.532，明显高于均值，位列第7。如图1所示，排名前10的城市中，广州、北京、深圳、上海位列前4，均为中国一线城市，重庆、南京和杭州紧随其后。其中，南京和杭州同为长三角经济发达地区省会城市，营商环境紧随一线城市，发展潜力较大。值得注意的是，杭州与一线城市的营商环境差距还比较明显，就量化评价数值而言，与位列第一的广州相比，差距达到了近24%，杭州整体的营商环境还有很大的提升空间。

就构成总体营商环境的六大子环境而言，营商软环境是企业决定投资的最重要因素，而市场环境直接决定了企业盈利空间的大小，故此两项子环境的权重分别高达25%和20%。与此同时，商务成本和基础设施也是企业

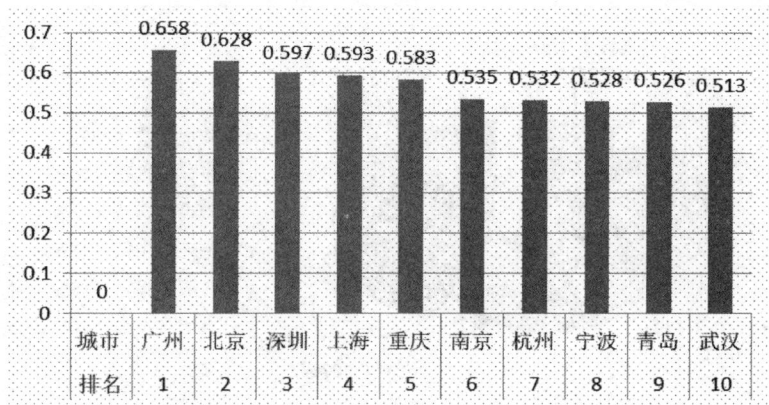

图1　2016年城市营商环境综合评价值及排名（前10名）

营商选址的重要考察因素。此外，随着国家对环境保护的高度重视以及人们环保意识的不断增强，污染成本已经成为企业的一项重要支出，故生态环境也是构成城市营商环境的重要因素。于是商务成本、基础设施和生态环境3个子系统的权重分别为15％。社会服务虽然还不是投资者考虑的最关键因素，但是无论是在理论研究还是实务领域，它一直被认为是构成营商环境的因素之一，故其权重相对较小，为10％。图2直观展示了2016年杭州市6个营商子环境的评价结果以及排名。不难发现，高权重的软环境指数和市场环境指数在35个城市排名中分别位居第4和第7，这奠定了杭州城市营商环境在全部城市排名中位居前列。与此同时，需要重视的是，商务成本指数排名32，生态环境指数排名19，这是制约杭州城市营商环境的主要因素。

2.营商子环境量化分析

为了进一步探寻杭州城市营商环境优劣势，以下将基于各子环境，从三级和四级指标来做具体的量化分析。

（1）软环境

营商软环境指数包括开办企业、执行合同、财产登记、内外投资增速、税负水平5个指标，权重分别为20％，其中前3项分别用手续数、时间数和成本来测算，各项数据源自世界银行的调查。2016年软环境指数平均值为

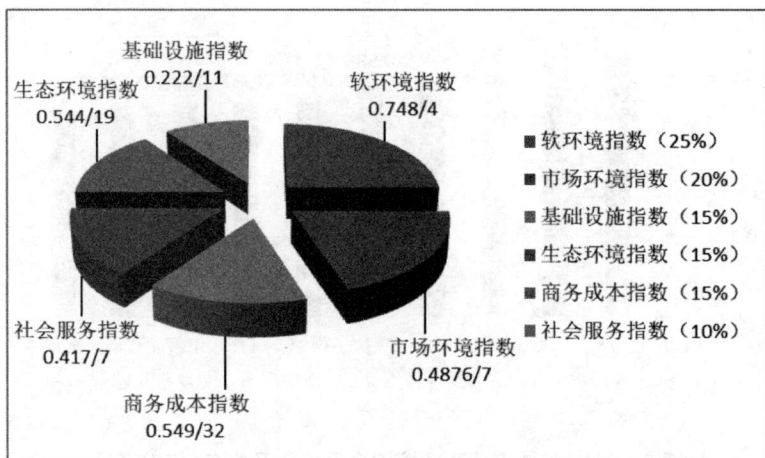

图2　2016年杭州市六大营商子环境评价值及排名情况图

0.6633,杭州市的软环境指数为0.784,位居第4,与排名第一的广州市差距接近0.1,主要城市排名如图3所示。

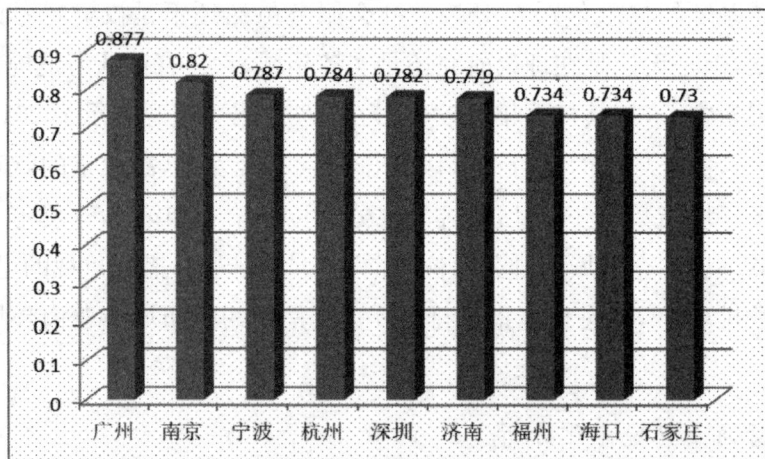

图3　2016年城市营商软环境综合评价值(前9名)

细看软环境的各项构成指数,开办企业指数由开办企业耗时—男性(天数)、男士开办企业成本(人均收入百分比)、最少支付资本(人均收入百分比)3个指标合成。杭州的开办企业指数位列35个城市之首,这与杭州开办企业的时间和资金成本较低有关。样本数据显示,杭州男性开办企业耗时31天,仅高于广州的28天,而所有城市的平均天数是40天,男士开办企业成本仅占人均收入的5.7%,而样本平均值为10.67%,最少支付资本为人均收入的200%,所有城市中最低,而样本城市的平均值为269.34%。

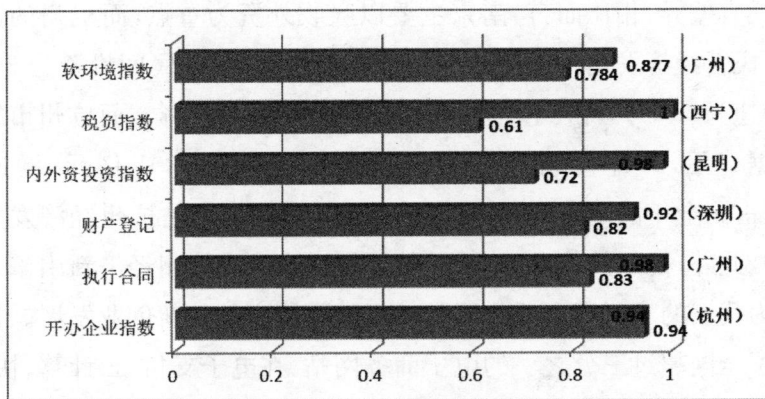

图4 2016年杭州市营商软环境和分项指数与分值最高城市对比图

执行合同指数主要由执行合同耗时和执行合同的成本两项指标来体现。杭州的执行合同指数为0.83,虽然高于平均值0.6034,但与执行合同指数最高的城市广州也有一定差距。究其原因,一方面,杭州执行合同耗时为285天,而南京和广州执行合同天数仅需112天和120天。另一方面,杭州的执行合同成本占标的额的11.2%,而广州、深圳、上海等一线城市该项指标均不超过10%。因此,杭州合同执行过程还有待提升,特别是执行合同耗时尚有较大的提升空间。

财产登记分项指数主要由财产登记程序个数与财产登记成本两项指标合成。杭州该项分指数得分为0.82分,深圳得分最高为0.92分,杭州在35个评价城市中位居第11。细观两项分指标,财产登记需要8个程序,与上海仅需4道程序相比,财产登记手续还可以进一步精简。财产登记成本占财产价值的比例为3.7%,这一指标与北(3.1%)、上(3.6%)、广(3.7%)、深(3.7%)四大一线城市相当,说明杭州财产费用相对合理。

内外资投资增速指数系内资和外资投资的增速进行计算后加权得到。《2017年中国城市营商环境报告》指出,在软环境不好时,内外资企业可能不愿意投资,该指标能反映软环境水平。2016年杭州市内外资投资指数为

0.72,与南京、北京并列,位居第 12。2016 年杭州的固定资产投资为 5842.42 亿元,而实际利用外资 72.09 亿元,增速分别为 5.1％和 1.35％,而同位段的南京相应的增速分别为 2％和 4.3％。究其原因,主要是两地经济发展模式有差异,相比而言,南京主要以吸收外资为重点,而杭州的民间资本活跃,民营经济发达。统计数据显示,2016 年杭州的民间投资为 3003.78 亿元,增速为 1.04％,占到整个固定资产投资的 51.46％。而杭州市统计局最新数据显示,2017 年杭州市民间投资总量达到 3301 亿元,增速高达 10.4％,占到全年固定资产投资的 56.35％,民营经济是杭州经济发展主要驱动力。此外,杭州的信息产业发展迅猛,逐步成为杭州经济新引擎。以阿里巴巴为代表的互联网产业集群带动了整个城市的创新创业发展。目前杭州集聚了全国超过三分之一的电子商务网站,在电子支付、云计算、快递、网络营销、信息技术运营服务方面领先全国。相较于内资而言,杭州的外资投资是相应的短板,无论是总量还是增速方面均有待提升。值得注意的是,报告中内外资投资指数昆明位居榜首,而北上广深、重庆、南京等城市都位居中下段,这主要是因为该指数基于内外资增速计算所得,而这些一线和准一线城市的投资总量较大,增速效应很难显著。

税负指数是基于一般财政预算收入与 GDP 总量之比来测度的。一般财政预算收入系中口径的税收水平指标,以地方税为主,能够反映出本地创造 GDP 的税负水平。杭州市的税负指数为 0.61,低于税负指数的平均水平 0.6866,位列第 24,表明目前杭州企业税负相对较重,税负负担过重是制约杭州营商环境的主要短板。

(2)市场环境

市场环境指数反映了一个市场的经济综合水平和活力水平,主要通过地区生产总值、人均地区生产总值、地区生产总值增速、进出口总额和社会零售品销售额等 5 个指标经过无量纲化后等权加总所得,其中前 3 个指标反映城市的综合经济水平,后两个指标度量城市的活力程度。如图 5 所示,2016 年杭州的营商市场环境综合评价值为 0.4876,处于样本城市的第 7 位。

具体到综合经济水平的 3 个指标,如图 6 所示,2016 年杭州市 GDP 为

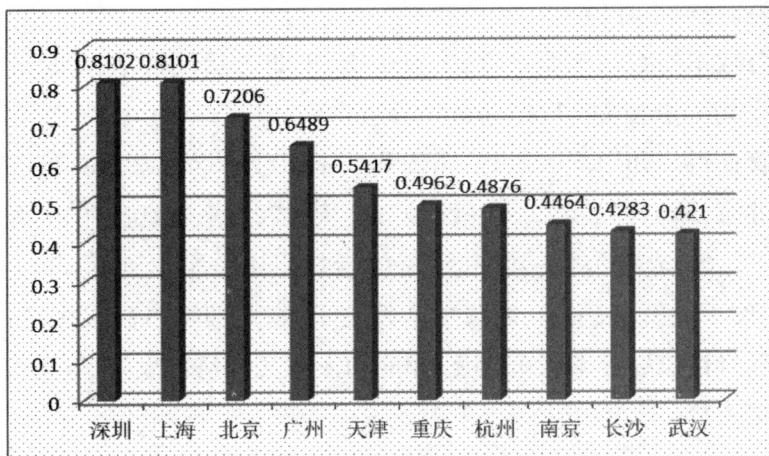

图5　2016年城市营商市场环境综合评价值(前10名)

11050.49亿元,排名第9;人均为GDP 12.03万元,排名第5,GDP增速更是达到10%,仅次于贵阳和重庆,位列第3。这说明杭州经济的总量、质量以及发展速度都位于全国前列,为营造良好的营商环境奠定了强有力的经济基础。

　　反映城市活力的两个指标社会零售品消费额以及进出口总额在35个城市中均位列第9,排名位居前列。然而,值得注意的是,杭州的进出口总额与排名第一的上海相距甚远,不到其十分之一,这固然与城市规模有关,但也从一定程度上凸显杭州经济外向型发展的潜力所在。此外,社会零售商品消费总额也只有与排名居首的北京市总额的一半不到,说明杭州"促消费"还有较大的空间。

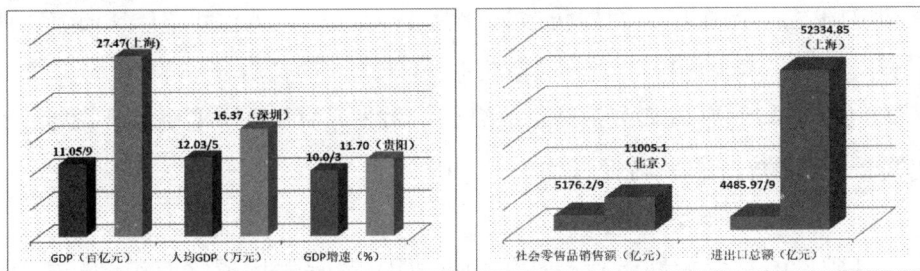

图6　2016年杭州市营商市场环境各指标与水平最高城市对比图

（3）商务成本环境

商务成本指数由工业水价、工业电价、工业天然气价格、房价收入比和职工年平均工资按照 11.11%、11.11%、11.11%、33.33%、33.33%的比重加权计算而得。如图6所示，杭州商务成本指数排名第32位，商务成本仅仅低于北京、深圳和上海3个一线城市。从指数值来看，杭州的商务成本指数为0.549，与成本最低的呼和浩特的指数相比差距达到0.335。究其原因，杭州的工业用水、用电、用气成本较之于西、北部城市高很多，特别是杭州天然气价格位居样本城市之首，相应的天然气价格指数为零，直接拉低了商务成本指数。

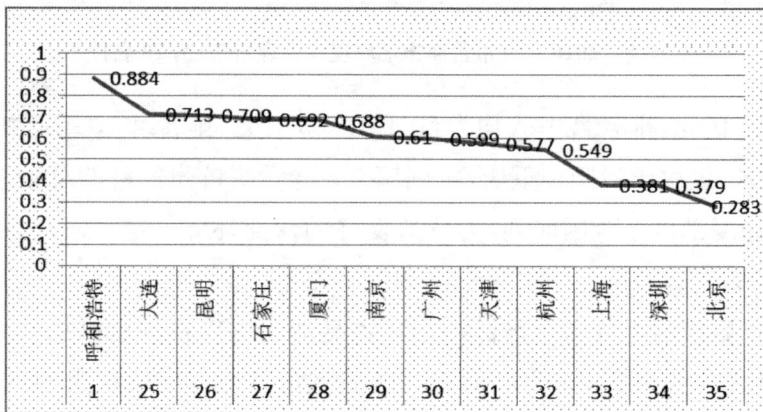

图7　2016年主要城市商务成本指数折线图

相较于水电气和劳动力成本，杭州的高房价是导致商务成本居高的主要原因，2016年杭州市平均房价为17962万元/平方米，位列深圳、上海、北京和厦门之后全国第5，而房价收入比为19.47%，位列深圳、上海、北京、厦门和南京之后排名第6。此外，报告显示2016年杭州非私营平均工资为72668元，虽与北京（119928元）、上海（107023元）的平均工资相距较远，但仍高于35个城市的平均工资均值71315元。

（4）基础设施环境

基础设施是影响城市营商环境的重要因素，报告用道路面积、航空吞吐量、供气量、货运量、移动电话接入互联网数、公交数量、出租车数量、轨道交通长度8项指标的加权(等权)平均来测度样本城市的基础设施指数。如图8所示,2016年杭州市基础设施指数位居第11,略低于南京市,但与北上广深等一线城市差距较大,说明杭州的基础设施还有待进一步完善。具体到基础设施指数构成指标,一方面,杭州的航空吞吐量在除北上广深外的非一线城市中排名非常靠前;另一方面,得益于电子商务和互联网信息经济的高速发展,杭州的移动电话接入互联网比例也非常高,这些都为杭州基础设施指数排名靠前奠定了基础。值得关注的是,轨道交通指标差强人意。数据显示,2016年轨道交通长度仅仅为80千米,远低于北京上海等一线城市,与南京(216.5千米)差距也较大。

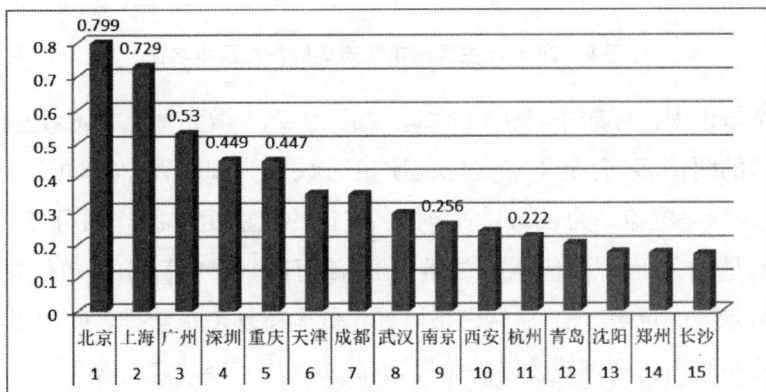

图8　2016年主要城市基础设施指数及排名图

实际上,随着G20杭州峰会的顺利召开,以及亚运会的申办成功,当前杭州的道路基础设施建设得以大幅度的提升,基本建成的"四纵五横"的快速路网盘活了整个路网结构、32条主次干道的优化疏通了杭州七大区域的路面交通、地铁二期建设即将完工,轨道在84千米的基础上,延伸至190千米,三期工程(2017—2022年)也正在建设之中,预计长达196千米。

(5)生态环境

生态环境指数用空气、建成区绿化覆盖率以及废水指标指数化后等权合成。如图9所示,2016年杭州的生态环境指数为0.544,在35个样本城市中位居第19,与海口、昆明等排名居首的城市差距较大。

细究生态环境各构成指标(如图10)不难发现,反映空气质量的两个指标数

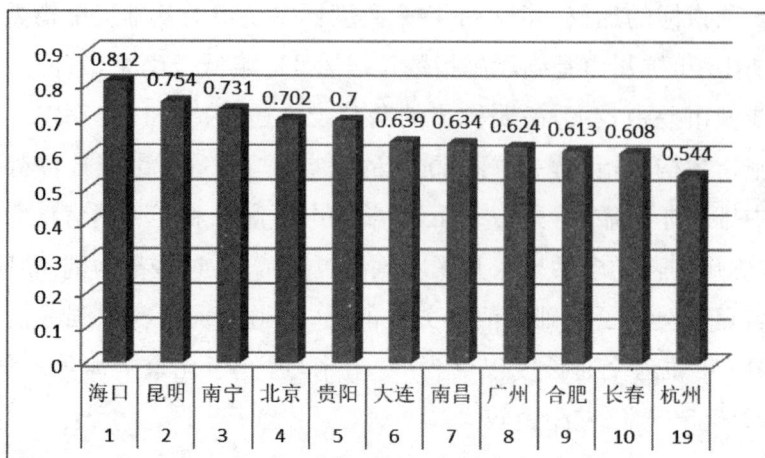

图 9　2016 年主要城市生态环境指数及排名图

值在样本城市中排序居中,其中 PM2.5 浓度为 48.8 微克每立方米,是排名第一城市海口的两倍多,而全年空气优良质量天数仅为 260 天,海口可以达到 358 天;建成区绿化覆盖率为 40.44%,与排名居首的北京相差 20 个百分点。特别值得注意的是,单位面积的废水排放量为 2.04 万吨,位列第 28,是单位排放量最低城市哈尔滨的近 267 倍,显然该指标是拉低生态环境指数排名的主要原因,也是制约杭州城市营商环境发展的短板,因此杭州生态环境亟待改善。

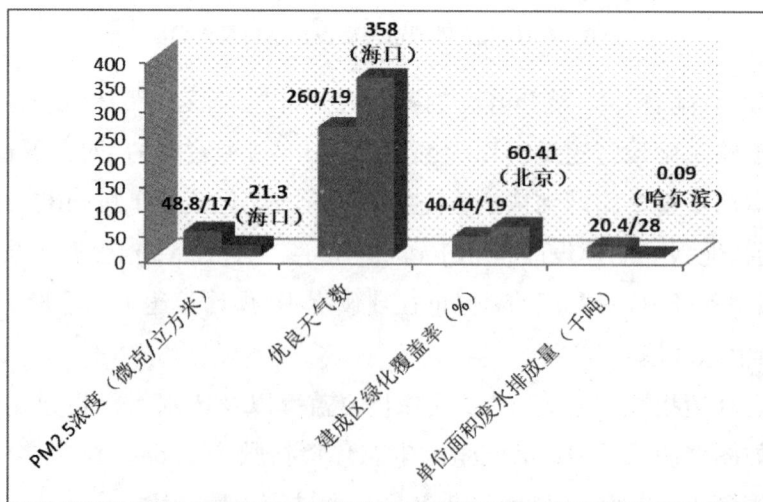

图 10　2016 年杭州市生态环境各指标与水平最高城市对比图

（6）社会服务环境

社会服务指数反映了城市的医疗、金融、科技、教育、养老等方面的服务环境，采用每万人的床位数、本外币贷款的 GDP 占比、科技投入的 GDP 占比、学生人数与常住人口之比以及城镇基本养老参保比例 5 个指标指数化后加权（等权）平均计算所得。如图 11 所示，杭州社会服务总体环境较好，位居样本城市的第 7，而且前 10 名的城市社会服务环境指数比较接近，说明排名前列的城市均有较好的社会服务环境。

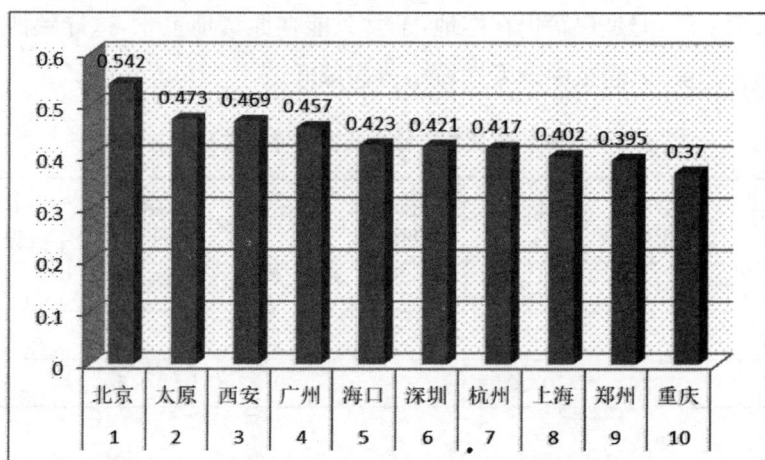

图 11　2016 年主要城市社会服务环境指数及排名图

细观社会服务各分项指数（如表 2 所示），杭州在养老参保、科技服务两项指数都比较靠前，这使得杭州整体的社会服务指数能够跻身于样本城市前列。事实上，杭州一直致力于建立覆盖广泛、灵活的养老保障制度，2016年城镇基本养老参保比例超过 60％，2008 年 1 月 1 日起，开始实施《杭州市基本医疗保障办法》和《杭州市基本养老保障办法》，旨在打造一个有杭州特色的全覆盖社会保障模式，把越来越多没有保障的城镇居民纳入社保"安全网"，实现了"老有所养""病有所医"。比如，在主城区，两个《办法》对城镇老年居民生活保障户籍、年龄准入年限做了调整，准入年限由 25 年降到 5 年，准入年龄调整为男年满 60 周岁、女年满 55 周岁，参保人数有了明显增长。杭州的科技服务指数排名靠前，并且大幅度领先于平均水平，这与杭州在科技服务方面的投入是密不可分的，2016 年科技投入总额 343 亿元，占到

GDP 的 3.10％,科技投入强度在全国仅次于北京、西安、武汉、上海、太原、成都等城市,位居全国第 7。此外,杭州政府还通过科技创新"一号工程"和全面创新改革试验区建设等多项举措促进科技创新,提升科技服务能力。另外,杭州的医疗指数、融资指数虽排名靠前,但是皆距平均水平不远,这表明医疗服务以及融资服务还有进一步提升的空间。值得关注的是,学生服务指数排名第 23,这可能与该项指数的指标度量有关,因为《报告》中学生服务指数的度量指标系学生人数与常住人口之比,而很多中西部地区居民在东部沿海发达城市上班,但是户籍仍在本地,子女只能在原籍地上学,这导致西部地区该项指标普遍偏高,而东中部发达城市普遍偏低。

表 2　2016 年主要城市社会服务环境指数及排名表

分项指数	社会服务指数	医疗指数	科技投入强度指数	融资指数	学生服务指数	养老参保指数
指数值	0.42	0.30	0.42	0.23	0.38	0.74
杭州排名	7	10	7	12	23	4
平均值	0.32	0.23	0.30	0.22	0.50	0.35

四、结论及政策建议

项目组基于《2017 年中国城市营商环境报告》对于杭州市城市营商环境的量化分析,不难发现以下几点。

第一,杭州市总体营商环境良好,但是与北上广深一线城市相比,还有一定的差距。六大营商子环境中,软环境表现最好,是杭州营商环境位居前列的主要原因,较高的商务成本是制约杭州营商环境提升的短板;此外,生态环境的表现也差强人意。

第二,营商软环境较好,开办企业便捷,但合同执行效率有待提升,财产登记手续也可以进一步精简,而税负过重是拉低软环境的主要原因;市场环境良好,综合经济水平较高,但经济活力还有待提高,"促消费"也有较大的空间;商务成本与一线城市齐平,较高的气价和房价是推高成本的主要因素;基础设施环境中上,具有较大的提升空间;生态环境排名居中,污染物排放指标过高是拉低排名的主要原因;社会服务环境较好,养老参保服务和科技服务表现良好,医疗服务和融资服务还有进一步提升的空间。

基于上述研究,课题组提出以下政策建议:

第一,继续深化"最多跑一次"改革,健全政务服务"一次办结"机制,精简行政审批事项、提高行政服务效率。

第二,推进企业降本增效,降低制度性交易成本,减轻企业税费负担,依法取消、免征各类行政事业性收费;降低企业用工、用地成本及水电气等生产要素成本。

第三,抓住"后峰会、前亚运"重要机遇窗口期。一方面,打好重大基础设施项目建设硬仗;另一方面,提升杭州的国际知名度,在拓展民间资本投资深度与广度的同时,促进经济的外向型发展,提升经济活力。

课题负责人:曾　慧

课题组成员:徐雪琪　黄　靓

廉素洁　何泽森

[参考文献]

[1] ALFARO L, CHANDA A, Kalemli-Ozcan S, Sayek S. FDI and Economic Growth: the Role of Local Finance Market [J]. Journal of International Economics,2004(64):89-112.

[2] BLOMSTROM M, KOKKO A. Human and Inward FDI [J]. EUS Working Paper Series with number 167 of The European Institute of Japanese Studies, April 2003.

[3] BARRELL R, PAIN N. Foreign Direct Investment, Technological Change and Economic Growth within Europe [J]. the Economic Journal, 1997(107):1770-1786.

[4] BARRO R. , Sala-i-Martin X. Economic Growth [M]. New York: McGraw Hill, 1995.

[5] BORENSZTEIN E, GREGORIO J, LEE J. How Does Foreign Direct Investment Affect Economic Growth? [J]. Journal of International Economics, 1998(45):115-135.

[6] CHENERY, STOUT. Foreign Assistant and Economic Development [J]. American Economic Review, 1996, (56):126-154.

[7] COHEN W, LEVINTHAL D. Absorptive Capacity: A New Perspective on Learning and Innovation [J]. Administrative Science Quarterly, 1990(35):128-152.

[8] COMINA D, HOBIJNB B. Cross-country technology adoption: making the theories face the facts [J]. Journal of Monetary Economics, 2004, 22(5):39-83.

[9] CHOONG C, YUSOP Z, SOO S. Foreign direct investment, economic growth, and financial sector development: a comparative analysis [J]. Asian Economic Bulletin, 2004(21):278-289.

[10] FINDLAY R. Relative Backwardness, Direct Foreign Investment and the Transfer of Technology: a Simple Dynamic Model [J]. Quarterly Journal of Economics, 1978(92):1-16.

[11] GRIFFITH R, REDDING S, VAN R J. R&D and Absorptive Capacity: Theory and Empirical Evidence [J]. Journal of Ewnomics, 2003 (1):99-118.

[12] GROSSMAN G, HELPMAN E. Innovation and Growth in the Global Economy [M]. Cambridge, MA: MIT Press, 1990.

[13] HARRIS R, ROBINSON C. Productivity impacts and Spillovers from Foreign Ownership in the United Kingdom [J]. National Institute Economic Review, 2004(187):58-75.

[14] JEANNINE N. B. Private Capital Flows, Financial Development and Economic Growth in Development Countries [J]. Working Paper,

Bank of Canada，2000-15.

[15] KELLER W. Absorptive Capacity：On the Creation and Acquisition of Technology in Development [J]. Journal of Development Economics，1996(49)：199-222.

[16] KOKKO A. Technology，Market Characteristics and Spillovers [J]. Journal of Development Economics，1994，(43)：279-293.

[17] MARK R. Absorptive Capability and Economic Growth：How do Countries Catch-up? [J]. Cambridge Journal of Economics，2004，28 (4)：577-596.

[18] 陈晓红,宋洋.区域创新系统中知识吸收能力的评价及比较研究[J].科技进步与对策,2011(1):108-112.

[19] 贺灿飞，魏后凯. 信息成本、集聚经济与中国外商投资区位[J].中国工业经济，2001(9):38-40.

[20] 刘青海.吸收能力的概念及影响因素:文献综述[J].浙江社会科学,2011(2):136-160.

[21] 卢晓勇,金艳清.中国中部地区 FDI 吸收能力的因素分析与评价[J].南昌大学学报(哲学社会科学版),2011(11):58-63.

[22] 赖明勇,包群,阳小晓.我国外商直接投资吸收能力研究[J].南开经济研究,2002(3):45-50.

[23] 赖明勇,包群,彭水军,等.外商直接投资与技术外溢——基于吸收能力的研究[J].经济研究,2005(8):95-105.

[24] 张斌盛.中国 FDI 技术吸收能力实证研究[D].上海:华东师范大学商学院,2006.

[25] 赵国庆.中国区域外商直接投资吸收能力评价[J].经济评论,2006 (6):45-98.

[26] 周剑.外资技术溢出吸收能力的衡量指标体系及国际比较[J].国际商务—对外经济贸易大学学报,2006(2):69-72.

[27] 文余源.长三角地区城市 FDI 区位决定动态研究——空间计量的视角 [J].商业经济与管理,2011(5):71-79.

新常态背景下非正规经济的
就业效应统计研究

一、问题提出

2016年3月,"十三五"规划纲要提出"保障非正规就业劳动者权益",将非正规就业提升至国家战略高度。随着经济转型升级的加快,正规经济增速有所下滑,而非正规经济门槛低、工作时间富有弹性,短期内可对冲经济下行,成为新的"增长源"。面对供给侧改革带来的挑战,非正规经济在满足商品多样化、缓解就业压力方面具有更大的发挥空间。科学认识非正规经济功能定位,亟须系统性方法。作为综合性的数据框架,社会核算矩阵(SAM)是经济系统分析的有用工具。基于SAM探讨非正规经济的直接就业效应和间接乘数效应及其行业差异,具有重要意义。第一,能提升非正规经济研究高度、拓展SAM研究广度。从非正规经济角度看,将非正规经济纳入统一核算框架,可以深化非正规经济的研究层次。从SAM角度讲,设计非正规经济SAM编制方法,能够拓宽SAM在非正规经济领域的研究方向。第二,可为明确非正规经济功能定位、突破非正规就业瓶颈提供参考。经济新常态背景下,我国非正规经济规模、形态均会发生演变,未来非正规经济究竟发挥何种功能需要科学判断。

关于非正规经济就业效应的量化研究较少。黄苏萍、王雅林和朱咏(2009)发现东北三省非正规就业人数占总就业人数的33.33%,对GDP贡献由1996年14.31%上升至2006年36.43%。周红燕、李文政和张春海

(2011)从就业形势和就业部门两个维度构建就业非正规指数,发现非正规就业是降低失业、改善产业结构、促进第三产业发展的重要力量。郭为、厉新建和许珂(2014)测算了旅游非正规就业总量及其拉动效应,发现旅游就业的拉动效应远远高于 WTTC 和国内学者测算的间接就业效应。然而,多数文献侧重非正规经济的就业总效应研究,较少涉及效应的行业差异;分析了非正规经济的直接就业效应,缺乏间接效应的探讨。非正规经济并非独立存在,会通过生产、分配和消费关联对正规经济产生影响。那么,非正规经济和正规经济的直接就业效应有何差异? 非正规经济对其他行业非正规就业存在何种效应? 非正规经济和正规经济的整体就业创造能力有何差异? 这些效应在 1992—2012 年是如何演化的? 本课题将对上述问题做出回答。

二、我国非正规经济的统计界定

(一)ILO 和 SNA 对非正规经济的统计界定

15[th]ICLS 基于"单位"视角考察非正规经济。将其归纳为"以为有关人员提供就业和创造收入为主要目的而从事市场性生产活动的单位,通常组织水平低、经营规模小、劳动和资本要素区分程度小,劳动关系建立在个人社会关系之上"。17[th]ICLS 从"工作"视角考察非正规经济。ILO 根据单位性质将生产单位划分为正规部门、非正规部门和一般住户(见表1),以就业状况为依据区分不同就业类型:非正规就业(1+2+3+4+5+6+8+9+10)、非正规部门就业(3+4+5+6+8),以及非正规部门之外的非正规就业(1+2+9+10)。

表 1 17th ICLS 对非正规就业的分类

按单位性质分组	按就业状况分组								
	自有账户工人		雇主		家庭工人	雇员		与生产者合作的人员	
	非正规	正规	非正规	正规	非正规	非正规	正规	非正规	正规
正规部门企业					1	2			
非正规部门企业	3		4		5	6	7	8	
一般住户	9					10			

1993—SNA 首次引入非正规部门,将其视为住户子部门,并转载了 15th ICLS 相关决议,但未对非正规部门提出新建议。2008—SNA 将国民经济分成 5 个机构部门:一般政府、非金融及金融公司、住户、非营利机构。非正规部门可以从住户部门中识别(表 2 中 1+2+3+4+5)。

表 2 SNA 中识别 ICLS 界定的非正规部门

一般政府	非金融及金融公司		住户					非营利机构
	已注册或者雇员大于一定数量的公司	未注册或者雇员小于一定数量的公司	已注册或者雇员大于一定数量的公司	非正规自雇型企业		非正规雇主型企业		一般住户(从事自身最终使用生产的住户,包括自有住房)
				市场生产	自给性生产	市场生产	自给性生产	
				出售全部或大部分产出	出售部分产出 / 不出售产出	出售全部或大部分产出	出售部分产出 / 不出售产出	
		5		1	2	3	4	

尽管非正规经济的概念尚未达成一致,但它由非正规部门和正规部门内部非正规就业人员从事的经济活动构成,这一观点不存争议(Chen,2012)。

(二)我国非正规经济概念的统计界定

1. 我国非正规经济概念的框架设计

自 1996 年引入以来,非正规经济相关研究不断涌现,但均未按照国际标准对概念进行界定。作为典型的城乡二元经济结构,中国非正规经济应该包括城镇和农村非正规经济。为清楚识别非正规经济,本课题设计了一个非正规经济框架结构(刘波、徐蔼婷,2018)。

结合 ILO 和 SNA 的统计标准,非正规经济由 4 部分构成(见图 1)。黑色方框代表经济总体,中间粗虚线将经济划分为两部分,左侧为城镇经济,右侧为农村经济;细虚线围成的"倒 T 形"区域为非正规经济,方框上方的灰色区域为未被观测经济。A 代表城镇非正规部门,C 代表农村非正规部门,B 代表城镇正规部门内部非正规就业人员的经济活动,D 代表农村正规部门内部非正规就业人员的经济活动。农村有一部分不需区分正规/非正规的农业经济,因而包括农业经济、非正规经济和正规经济。

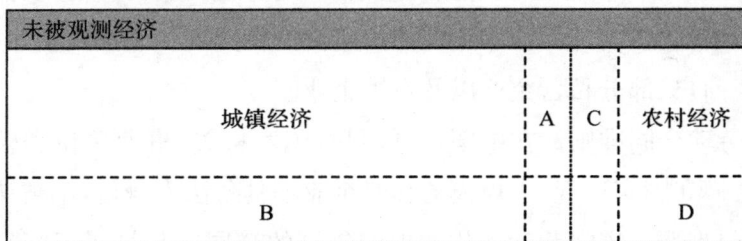

未被观测经济			
城镇经济	A	C	农村经济
B			D

图 1　中国非正规经济的概念框架图

接下来根据 ILO 和 2008—SNA 建议的企业规模、企业性质和劳动合同三种准则,结合法律法规和经济统计数据,从"单位"和"就业"角度对非正规经济概念进行统计界定。

2. 对非正规部门就业的界定

(1)"企业"规模准则。根据 2008—SNA 对非正规部门的说明,直接用企业规模进行识别。ILO 建议雇佣规模为 5 人以下。实际操作中,各国存在差异。根据《关于印发中小企业划型标准规定的通知》和《城乡个体工商户管理暂行条例》，从业人数不超过 7 人的个体工商户，可作为中国非正规部门的基本单位。

若将规模放宽，根据《关于印发中小企业划型标准规定的通知》，小型企业、微型企业也符合非正规部门规模准则。比如 20 人以下的工业企业、交通运输业企业、仓储邮政业企业等，10 人以下的零售业企业、信息传输、软件和信息技术服务业企业等。"三经普"显示，小微企业吸纳 14730.4 万人就业，占全部企业法人单位从业人数 50.4%。就此而言，可以认定中国非正规部门由个体工商户和部分私营企业构成。

（2）"企业"性质准则。非法人企业是企业构成非正规部门的必要条件，ILO 核定，非正规部门不具法人资格。中国的法人分为企业法人、机关事业单位法人和社会团体法人。介于自然人和法人之间的非法人企业，《中华人民共和国民法总则》没有做出详细规定。根据《中华人民共和国合同法》《中华人民共和国合伙企业法》及《中华人民共和国民事诉讼法》，经济主体分为自然人、法人和其他组织。可以判断，其他组织是介于自然人和法人之间的非法人企业。非法人企业是合法成立、有一定的组织机构和财产、但又不具备法人资格的组织。据此，非正规部门应该由自然人和非法人企业构成，包括个体工商户、部分私营企业以及乡镇企业。

（3）劳动合同准则。在中国，一般只有国家机关、事业单位和较大的法人企业会遵守国家法规，小规模的私营企业不具备法人身份，不被认为是正规单位，很难严格遵守劳动法规。他们签订的合同充其量属于"劳务合同"或"雇佣合同"，附带的福利和真正意义上的"劳动合同"相去甚远（黄宗智，2013）。从单位注册类型角度看，个体工商户和私营企业相较于国有、集体和新兴部门更可能拒绝与雇员签订劳动合同。为此，将非正规部门就业定义为个体经营户、私营企业中的小微企业（约占私营企业总数 50%）的就业人员。

3.对非正规部门之外非正规就业的界定

非正规就业主要由城镇下岗职工、转移劳动力、失业待业人员和离退休人员构成。根据前文说明，个体工商户属于非正规就业；对于私营企业的就业性质,学界存在不同看法(蔡昉和王美艳,2004)。

根据《私营企业暂行条例》,私营企业是指企业资产属于私人所有、雇工8人以上的营利性经济组织。私营企业研究课题组显示,中国仅有1.13%私营企业的雇员数量大于100人,绝大多数为小型和微型企业。2013年末,全国共有第二、三产业的小微企业法人单位785万个,占全部企业法人单位95.6%(国家统计局,2014)。就此而言,不仅部分私营企业符合非正规部门界定标准,私营企业内部的就业也属于非正规就业。国有集体企业、股份合作单位、联营单位、有限责任公司、股份有限公司、港澳台投资单位及外商投资单位新兴正规部门也存在规模可观的非正规就业,工资、福利待遇与正式员工存在明显差距。

关于农村乡镇企业,1978年之前,劳动政策的潜在目标是确保人人就业。1978年之后,农村地区家庭联产承包责任制的引入改变了农业生产方式。人民公社改为"乡镇企业",既可招收劳动力也可决定工资。1990年之前,农村非农就业只有乡镇企业,城镇地区国有、集体企业占99%之多。可以说,20世纪90年代之前农村乡镇企业和城镇国有、集体企业均为正规就业单位。尽管近年乡镇企业性质逐渐发生变化,但和农村个体私营企业相比还属于正规部门。

因此本课题认为,中国非正规经济由城镇个体私营企业,国有企业、集体企业、股份合作单位、联营单位、有限责任公司、股份有限公司、港澳台投资单位、外商投资单位内的临时工、季节工,以及农村个体私营企业的经济活动构成。

三、我国非正规经济 SAM 的编制

(一)FISAM 的表式设计

1. 宏观 FISAM 表式设计

宏观非正规经济 SAM(FISAM)和一般 SAM 一样,由活动、商品、劳动、资本、居民、企业、政府、国外和投资—储蓄账户组成。综观各国对非正规经济的操作界定,农业经济不包括在非正规经济活动之中。本课题将农业部门单独列出,因而活动和商品区分为农业经济、非正规经济和正规经济。同样,劳动账户也区分为农业劳动、非正规劳动和正规劳动。考虑到非正规经济其他方面的数据缺失,这里暂不区分资本和机构账户。宏观 FISAM 的账户结构见表3。

2. 细化 FISAM 表式设计

结合投入产出表的行业分类和非正规经济活动的行业分布,本课题将除农业之外各活动账户进行正规和非正规的分解,将居民分为 10 个不同阶层。具体如下:活动/商品账户分为农业,采掘,制造,电力、燃气及水的生产和供应,建筑,交通运输仓储邮政,批发零售住宿餐饮,金融保险,房地产,科学研究和综合技术服务,地质勘探和水利管理,教育文化艺术广播电视,卫生体育社会福利,国家机关和社会团体,社会服务。劳动账户分为农业劳动,非正规劳动及正规劳动。居民账户分为五等分城镇居民和五等分农村居民。资本、企业、政府、国外及投资—储蓄,与宏观 FISAM 一致。

理论上讲,宏观 FISAM 是由 13 个账户构成的 13 阶矩阵,细化 FISAM 是由 48 个账户构成的 48 阶矩阵。但实际编制过程中,细化 FISAM 会因投入产出表的分类有所区别。

表3　中国 FISAM 表式结构(商品和活动合并)

	农业经济	非正规经济	正规经济	农业劳动	非正规劳动	正规劳动	资本	居民	企业	政府	国外	投资	合计
农业经济													农业产出
非正规经济		中间收入						居民消费		政府消费	出口	资本积累	非正规产出
正规经济													正规产出

续　表

	农业经济	非正规经济	正规经济	农业劳动	非正规劳动	正规劳动	资本	居民	企业	政府	国外	投资	合计
农业劳动	农业劳动报酬												
非正规劳动	非正规和正规劳动报酬												要素收入
正规劳动													
资本	资本利润												
居民				要素收入分配					分红利息	政府对居民转移支付	居民国外收益		居民总收入
企业													企业总收入
政府	政府生产税						资本收入	个人所得税	企业直接税				政府总收入
国外	进口						国外资本的投资收益			对国外的支付			外汇支出
储蓄								储蓄					总储蓄
合计	农业产出	非正规产出	正规产出	要素支出				居民总支出	企业总支出	政府总支出	外汇收入	总投资	

(二)FISAM 的编制方法

第一、二、三次经济普查显示,GDP 被低估 16.80％、4.45％和 3.40％,
且大多源于第三产业。比如,"一经普"漏算第三产业约 2.13 万亿元,占流
失总量 92.61％,"三经普"中第三产业漏算占流失总量 46.90％。尽管统计
局已通过普查数据修正了 GDP 等指标,但现实生活中还有许多活动未包括
在 GDP 核算范围内。忽视这些活动不仅会低估非正规经济规模,也会导致
FISAM 各模块数据自相矛盾。本课题围绕"如何估算未观测经济活动并将
其纳入资金流量表和投入产出表,如何实现 NSAM 向 FISAM 转化,如何编
制细化 FISAM"等问题,编制出 1992—2012 年 5 张宏观和细化 FISAM 序
列表。整体思路如下。

1.搜集基础数据资料

一类是年鉴数据资料,包括《中国统计年鉴》《中国财政年鉴》《中国乡镇企业及农产品加工业年鉴》及《中国城市(镇)生活与价格年鉴》。另一类是微观调查数据或文献数据资料,包括 1991—2011 年 CHNS 数据、2005 年 1‰人口抽样调查数据(薛进军和高文书,2012),以及非正规就业人员平均工资调查数据(任远和彭希哲,2006)。

2. 调整资金流量表和投入产出表

具体思路:第一,估算 NOE 规模及其比重;第二,基于 NOE 比重数据调整资金流量表中各交易项目;最后,以调整后的资金流量表数据作为总控制数,调整投入产出表中关税、增加值、中间使用、总产出、进口和最终使用数据。

3. 编制宏观 NSAM

对于基础数据资料较为完善的中间使用、最终使用和最初投入模块,直接根据调整后的资金流量表和投入产出表编制;对于基础数据相对不完善的模块(比如反映机构部门间经常转移和财产收入转移的中间转移矩阵),采用"直接分配法"和"收入转移法"推算和编制。

4. 编制宏观 FISAM

第一,将宏观 NSAM 划分为中间使用、最终使用、最初投入和资金流量模块;第二,利用"工资份额法""产出份额法""固定资产投资比例法""就业比例法"编制三大模块;第三,将 NSAM 中间转移矩阵、资本账户、储蓄账户相关信息嵌入 FISAM 资金流量模块;第四,将各模块进行积木式组合,利用 RAS 方法平衡。

5. 编制细化 FISAM

结合应用研究的需要,编制细化 FISAM 时会涉及活动和居民账户的划分。根据本课题对非正规经济的行业分类,细化 FISAM 的活动账户划分为 29 个部门,居民账户划分为 10 个类别。

基于上述编制思路,本课题最终实际编制了 1992 年、1997 年、2002 年、2007 年和 2012 年 5 个年份非正规经济 SAM,为非正规经济的就业效应研究奠定了数据基础。

四、研究方法设计

(一)SAM 账户乘数

假设 SAM 由 n 个内生账户和 x 个外生账户构成($n+x=d$),表示为 $T_{(d,d)}=\left[t_{ij}\right]_{i,j=1,2,3\cdots d}$,$t_{ij}$ 表示账户 j 向账户 i 的支出。根据账户性质,可以将 $T_{(d,d)}$ 划分为 4 个子矩阵,

$$T_{(d,d)} = \begin{bmatrix} T_{nn} & T_{nx} \\ T_{xn} & T_{xx} \end{bmatrix} \tag{1}$$

其中,T_{nn} 指内生账户交易矩阵,T_{nx} 指外生账户向内生账户的注入,T_{xn} 指内生账户向外生账户的漏出,T_{xx} 指外生账户交易矩阵。(N,X,L,R) 分别代表 $(T_{nn},T_{nx},T_{xn},T_{xx})$ 的列合计向量,$y=(y_1,y_2,\cdots,y_d)\equiv((y_n),(y_x))$ 和 $y'=(y'_1,y_2,\cdots,y'_d)\equiv((y'_n),(y'_x))$ 分别代表 $T_{(d,d)}$ 的列合计向量和行合计向量。

假设 $A_{(d,d)}=\left[a_{ij}\right]_{i,j=1,2,3\cdots d}$ 是 $T_{(d,d)}$ 的平均支出倾向矩阵,其中 $a_{ij}=t_{ij}/y'_j$,$\sum_{i=1}^{d}a_{ij}=\sum_{i=1}^{d}(t_{ij}/y'_j)=1$,那么同样可以将 $A_{(d,d)}$ 划分为 4 个子矩阵:

$$A_{(d,d)} = \begin{bmatrix} A_{nn} & A_{nx} \\ A_{xn} & A_{xx} \end{bmatrix} \tag{2}$$

如此一来,SAM 账户乘数矩阵 M_{nn} 可通过式(3)计算,

$$y_n = N + X = A_{nn}y_n + X = (I-A_{nn})^{-1}X = M_{nn}X \tag{3}$$

其中 M_{nn} 是账户乘数矩阵,描述外生需求 X 的变化对内生账户 y_n 的影响程度。

SAM 就业乘数需要根据活动账户和直接就业系数推算。假设直接就业系数矩阵为 E，那么就业乘数矩阵 Me 可以表示为：

$$Me = E \times M_{rn} \tag{4}$$

其中，E 为对角矩阵，对角线元素为各部门的直接就业系数 $e_i = enp_i/out_i$，即各部门吸纳的就业人数与总产出之比。

就业乘数矩阵元素 me_{ij} 表示 j 部门受外生需求冲击，因经济关联引起部门增加的就业人数。如果对 me_{ij} 按列加总，表示 j 部门受外生最终需求冲击后，引起所有部门增加的就业人数之和；如果对 me_{ij} 按行加总，表示其他部门受外生最终需求冲击后，引起 i 部门增加的就业人数之和。

(二)对非正规经济就业乘数测算过程的说明

第一，根据细化 FISAM 计算账户乘数矩阵，提取中间使用子矩阵。

第二，以直接就业系数作为主对角线的对角矩阵左乘中间使用子矩阵，得到和中间使用子矩阵相同结构的就业乘数矩阵。

第三，计算就业乘数矩阵列和行的均值，得到分行业平均就业乘数。列平均反映某行业受外生需求冲击后，因生产关联而引起本行业和其他行业平均增加的就业，称为"就业影响效应"；行平均反映本行业和其他行业受外生需求冲击后，因生产关联而引起本行业平均增加的就业，称为"就业感应效应"。

第四，就业乘数标准化。即分别以列平均数和行平均数除以总平均数，得到标准化就业乘数。标准化就业乘数大于 1，说明该行业具有较强的就业创造能力。

五、基于 SAM 的非正规经济就业效应分析

(一)非正规经济的直接就业效应分析

直接就业系数矩阵建立在各年份分行业就业人数和产出数据之上。各行业直接就业系数矩阵的对角线元素见表 4。不难发现，各行业非正规经

济与正规经济的直接就业系数都呈现下降趋势。一方面，说明科技进步使
劳动和资本要素的配置更加合理，劳动生产率不断提高；另一方面，说明中
国就业形势日益严峻，"资本替代劳动"现象凸显。

表4　非正规经济的直接就业系数　　　　　　　　单位：人/万元

	1992		1997		2002		2007		2012	
	F	I	F	I	F	I	F	I	F	I
农业	3.30		1.22		1.04		0.51		0.23	
采掘	0.62	0.78	0.22	0.26	0.13	0.13	0.04	0.04	0.02	0.03
制造	0.34	0.28	0.14	0.12	0.10	0.09	0.04	0.03	0.02	0.02
电力	0.33	0.50	0.12	0.19	0.05	0.07	0.01	0.02	0.01	0.03
建筑	0.63	0.25	0.24	0.11	0.17	0.09	0.07	0.05	0.04	0.04
交通	0.79	0.77	0.28	0.30	0.20	0.21	0.17	0.22	0.05	0.06
批发	0.73	0.73	0.47	0.51	0.37	0.39	0.17	0.22	0.05	0.11
金融	0.15	0.20	0.09	0.11	0.06	0.09	0.03	0.04	0.01	0.03
房地产	—	—	0.09	0.08	0.04	0.05	0.02	0.03	0.01	0.02
科学	—	—	0.11	0.13	0.09	0.12	0.04	0.05	0.02	0.04
地质	—	—	—	—	0.31	0.25	0.36	0.32	0.13	0.15
教育	0.49	0.57	0.47	0.57	0.21	0.30	0.10	0.16	0.07	0.14
卫生	—	—	0.28	0.37	0.15	0.24	0.06	0.11	0.03	0.08
国家	0.49	0.68	0.25	0.37	0.13	0.23	0.09	0.17	0.05	0.14
社会	0.37	0.61	0.19	0.32	0.11	0.19	0.05	0.09	0.03	0.06

数据来源：表中 F、I 分别代表正规经济、非正规经济，一代表数据不存在；农业经济部门不存在正规经济
与非正规经济之分。

更重要的是，绝大多数行业非正规经济的直接就业系数高于正规经济，
即单位产出下非正规经济需要雇佣更多的劳动力。非正规经济基本是劳动
密集型，生产过程中很少或不使用资本。另外，中国劳动力资源丰富，低素
质劳动力相对过剩，供给大于需求，正规经济生产过程中倾向于大量雇佣非
正规劳动力，高效率、低成本提升了国际市场竞争力。何况非正规劳动力本
身也备受国外企业青睐。未来，非正规经济依然会不断壮大和演化，并继续
发挥其吸纳就业的核心作用。

(二)非正规经济的就业乘数效应分析

1.非正规经济的就业影响效应分析

从行业角度看,批发零售住宿餐饮、建筑、交通运输仓储邮政、地质勘探水利管理、教育文化艺术和广播电视、国家机关和社会团体及社会服务等行业的就业影响效应较高。这意味着,这些行业受到外部需求冲击后会带动更多其他行业就业人数的增加,即"高影响力行业"。采掘、制造、电力燃气及水的生产和供应、金融房产及科学研究和综合技术服务等行业的就业影响效应较低,即"低影响力行业"。动态地看,就业影响效应在1992—2012年表现得较为稳定,平均效应由1992年0.95略微上升至2012年1.03,其中高影响力行业由1.01上升至1.31,低影响力行业由0.86下降至0.68。

表5 非正规经济的就业影响和就业感应效应测算结果

	1992		1997		2002		2007		2012	
	IM	IN	IM	IN	IM	IN	IM	IN	IM	IN
采掘	0.98	0.33	0.88	0.37	0.75	0.31	0.57	0.27	0.54	0.44
制造	0.97	0.45	0.93	0.91	0.93	1.64	0.90	1.52	0.86	1.81
电力	0.80	0.20	0.83	0.23	0.69	0.15	0.65	0.13	0.76	0.36
建筑	0.99	0.09	0.97	0.12	1.12	0.18	0.98	0.19	1.02	0.31
交通	0.95	0.38	0.95	0.51	1.06	0.79	0.95	0.77	1.05	1.05
批发	1.04	0.64	1.32	1.47	1.38	2.33	1.43	2.56	1.30	3.11
金融	0.72	0.08	0.53	0.12	0.71	0.19	0.57	0.19	0.67	0.30
房产	—	—	0.52	0.09	0.60	0.12	0.45	0.16	0.48	0.23
科学	—	—	0.89	0.12	0.91	0.18	0.70	0.18	0.80	0.28
地质	—	—	—	—	1.10	0.37	1.80	1.09	1.69	1.01
教育	1.04	0.22	1.34	0.56	1.19	0.58	1.20	0.72	1.49	1.12
卫生	—	—	1.22	0.36	1.16	0.41	1.15	0.44	1.28	0.73
国家	1.13	0.24	1.18	0.33	1.15	0.32	1.34	0.57	1.58	0.92
社会	0.88	0.36	1.10	0.61	1.00	0.84	0.94	0.88	1.03	1.24

数据来源:根据直接就业系数和细化FISAM测算得到;IM为影响效应,IN为感应效应。

2.非正规经济的就业感应效应分析

不同于就业影响效应,非正规经济的就业感应效应存在明显行业差异。具体来看,制造、批发零售住宿餐饮的就业感应效应明显高于其他行业。也就是说,其他行业受外生最终需求冲击后,制造、批发零售住宿餐饮更容易受到影响,二者在吸纳非正规就业方面表现得最为突出,其中就业感应效应是同期其他行业的数倍到数十倍,即"高感应行业"。另外,交通运输仓储邮政、地质勘探和水利管理、教育文化艺术广播电视及社会服务等行业在吸纳非正规就业方面发挥的作用逐步凸显。

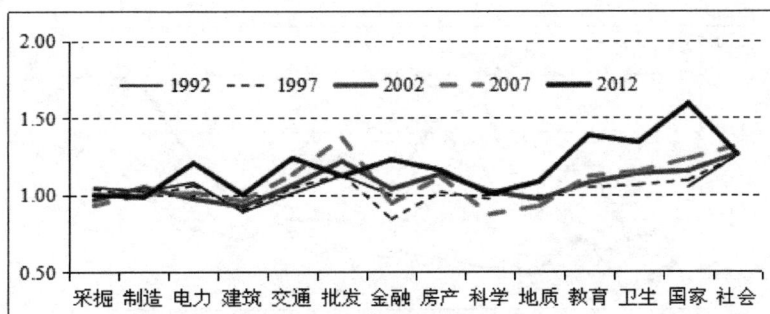

图 2　就业影响效应比较图

动态地看,几乎所有行业非正规就业感应效应都呈现上升趋势。不仅制造、批发零售住宿餐饮、建筑和社会服务等竞争性劳动密集型行业出现大幅上升,而且国家机关和社会团体、教育文化艺术和广播电视等垄断程度较高的行业也出现上升趋势。究其原因,一方面,因为就业形式灵活化程度不断提高,机关事业单位雇用了大量的派遣工和临时工,大型企业为降低成本也使用一定比例的非正规劳动力;另一方面,国家出台的一系列就业政策有助于非正规就业发展。例如,《中华人民共和国劳动合同法》《中华人民共和国就业促进法》和《个体工商户条例》等法律条例的出台,在和谐劳动关系、提升就业水平方面发挥了重要作用,为各行业雇佣非正规劳动力提供了法律和政策支持。

进一步地,我们分析非正规经济的就业影响效应、就业感应效应与正规经济之间的差异。图 2 报告了分行业非正规经济与正规经济就业影响效应的比例关系。绝大多数行业的绝大多数年份,就业影响效应之比大于 1,说明非正规经济的就业影响效应强于正规经济。尽管前文分析显示,某些行业非正规经济的就业吸纳能力并不是很高,但通过与正规经济对比可知非正规经济在吸纳就业方面的作用要强于正规经济。应该说,发展非正规经济有助于带动其他行业正规经济与非正规经济部门的就业。

图 3 报告了分行业非正规经济与正规经济就业感应效应的比例关系。就业感应效应之比没有就业影响效应之比表现得那么突出,非正规经济的就业感应效应没有显著高于正规经济。但 1992 年以来,几乎所有行业内二者之比是不断增加的。这说明,随着中国经济的持续发展,非正规经济逐渐替代正规经济,成为吸纳就业的主渠道。

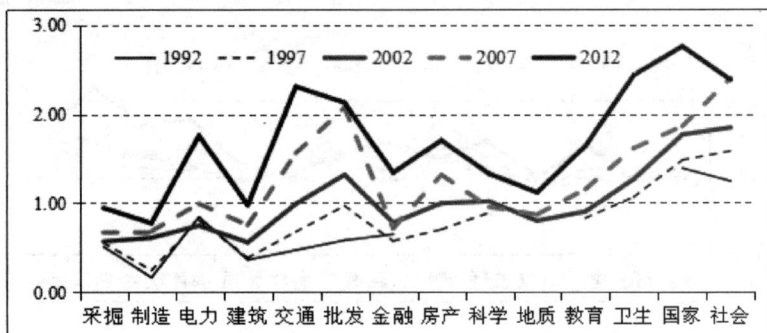

图 3　就业感应效应比较图

3. 非正规经济综合就业创造效应分析

为进一步分析非正规经济与正规经济的综合就业创造能力,我们以各行业总产出为权重,分别对非正规经济与正规经济的就业影响效应、就业感应效应进行加权,构建就业影响指数和就业感应指数。由图 4 可知,1992—2012 年非正规经济与正规经济的就业影响指数和就业感应指数存在不同的变化趋势。

1992—2012 年非正规经济的就业影响指数与正规经济的就业影响指数具有相同的变化趋势,在数值上差异不大,前者稍高于后者。这与前文的分行业分析结果较为一致,证实了非正规经济具有相对较强的就业创造能力。然而,正规经济就业感应指数的变化可分为两个阶段:1992—1997 年

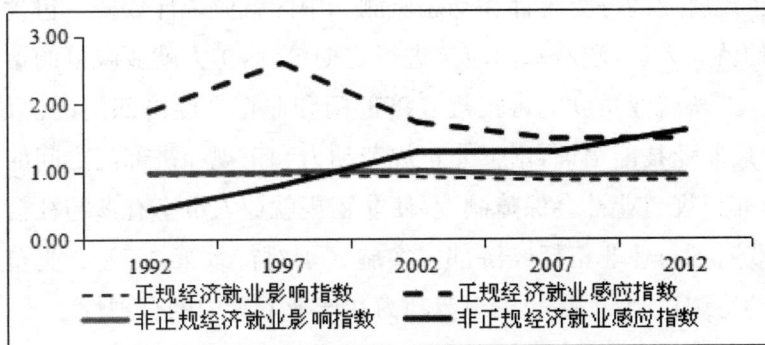

图 4 非正规经济和正规经济就业效应比较图

感应指数快速上升,1997—2012 年感应指数逐步下降。尽管正规经济的就业感应指数一直在高位运行,但近年来逐渐下降的态势说明其创造就业的能力略有下降。与此同时,1992—2012 年非正规经济的就业感应指数一直不断上升,由 0.42 攀升至 1.60,且于 2012 年超过正规经济。总体而言,非正规经济具有更强的就业创造能力。

六、结论与建议

本课题首先在 ILO 和 SNA 基础上界定了中国非正规经济的统计概念,然后设计了 FISAM 的表式框架和编制方法,接着构建了非正规经济就业乘数矩阵,最后基于 1992—2012 年细化 FISAM 分析了非正规经济的就业效应。研究发现:①非正规经济和正规经济的直接就业系数呈明显下降趋势,且绝大多数行业非正规经济直接就业系数高于正规经济。②非正规经济就业影响效应表现较为稳定,尽管非正规经济就业感应效应存在行业差异,但感应效应值一直呈上升趋势。③非正规经济具有较强的就业影响效应,尽管非正规经济就业感应效应没有显著强于正规经济就业感应效应,但二者之比一直处于上升趋势。④就业影响指数和就业感应指数测算结果表明,非正规经济具有更强的就业创造能力。

基于上述结论,特提出以下建议:①建立健全非正规就业统计制度,加强对非正规就业的分类统计和动态监测。中国就业统计数据中包含大量未被分类的就业人员,政府部门应该进行定期统计,扩大就业政策的覆盖面和针对性。②从就业角度完善正规经济部门和非正规经济部门的协调机制。比如,开展职业技能培训,增强非正规劳动力和正规经济部门之间的谈判能力;建立非正规就业社会保障制度,使非正规就业人员享有参与社会保险的权利。③对各行业非正规经济部门实施区别对待政策,完善产业布局与就业布局的协调机制,提高非正规劳动力在产业配置中的合理性。

课题负责人:刘 波
课题组成员:霍兴兴 项 莹 李金昌
胡晓梅 杨秀艳

[参考文献]

[1] 蔡昉,王美艳.非正规就业与劳动力市场发育[J].经济学动态,2004(2).

[2] CHEN M A. The Informal Economy:Definitions,Theories and Policies[R]. Women in Informal Economy Globalizing and Organizing:WIEGO Working Paper,2012:01.

[3] DAVIES R, Thurlow J. Formal-Informal Economy Linkages and Unemployment in South Africa [J]. South African Journal of Economics,2010,78(4).

[4] EC,IMF,OECD,UN,WB. System of National Account 2008[S]. New York,2009.

[5] HART K. Informal Income Opportunities and Urban Employment in Ghana [J]. Journal of Modern African Studies,1973,11(1).

[6] ILO. Measuring Informality:A Statistical Manual on the Informal Sector and Informal Employment [M]. Geneva,2013:4-5.

[7] Morrone H. Formal and Informal Sectors in a Social Accounting Matrix for Brazil[R]. Working Paper, University of Utah, Department of Economics,2012.

[8] Naidoo G P, Fenyes T I. Quantitative Linkages between the Formal

and Informal Sectors in the South African Economy[J]. South African Journal of Economic and Management Sciences，2003，6(4).

[9] RADA C. Formal and Informal Sectors in China and India [J]. Economic Systems Research，2010，22(2).

[10] THIELE R，PIAZOLO D. A Social Accounting Matrix for Bolivia Featuring Formal and Informal Activities [J]. Cuadernos de Economía，2003，40(120).

[11] 郭为,等.被忽视的真实力量:旅游非正规就业及其拉动效应[J].旅游学刊，2014，29(8).

[12] 国家统计局、国务院第三次经济普查办公室.第三次全国经济普查主要数据公报(第一号)[EB/OL]. 2014-12-16.

[13] 胡鞍钢,马伟.现代中国经济社会转型:从二元结构到四元结构(1949—2009)[J].清华大学学报(哲学社会科学版),2012(1).

[14] 黄苏萍,等.我国东北地区非正规就业与经济增长关系研究[J].中国软科学，2009(s2).

[15] 黄宗智.重新认识中国劳动人民——劳动法规的历史演变与当前的非正规经济[J].开放时代,2013(5).

[16] 李宝瑜,马克卫.中国社会核算矩阵编制方法研究[J].统计研究，2011，28(9).

[17] 刘波,徐蔼婷.我国非正规经济投入产出表编制与应用分析[J].统计研究,2018(2).

[18] 任远,彭希哲.2006中国非正规就业发展报告:劳动力市场的再观察[M].重庆:重庆出版社，2007.

[19] 薛进军,高文书.中国城镇非正规就业:规模,特征和收入差距[J].经济社会体制比较. 2012(6).

[20] 王其文,李善同.社会核算矩阵:原理、方法和应用[M].北京:清华大学出版社,2008.

[21] 周红燕,等.非正规就业集聚对我国第三产业发展的影响及实证研究[J].软科学，2011，25(3).

互联网平台动态数据的聚类
方法及其应用研究

一、项目概述

（一）课题研究背景

阿里巴巴研究院 2017 年 3 月发布的《"互联网＋"研究报告》认为，"互联网＋"的新生产要素是流动的数据。与传统的数据集不同，互联网平台动态数据以不同的更新速率连续地流进和流出计算机系统，这些数据是按时间顺序的、快速变化的、海量的和潜在无限的。互联网平台动态数据的聚类方法作为数据挖掘的重要工具，已是当今应用研究的热点。

国内外关于聚类方法的文献浩如繁星，对聚类方法的分类也不尽相同。大体上，主要的聚类方法可以划分为以下几类：划分方法（K-means、K-median 等）、层次方法（如 Birch、CURE 等）、基于密度的方法（经典算法如 DBSCAN、Optics 等）、基于网格的方法和基于模型的方法。这些方法主要用于对静态数据的聚类，动态数据的聚类研究一般是修改现有的用于静态数据的聚类方法使之适用于动态数据，或者是把动态数据转换成静态数据，然后直接把现有的静态聚类方法应用到动态数据的聚类（Jain, Chawla 和 Gionis, Rodrigues 等, Labini, Schikuta, Kriegel 等）。文献（Warren 2005）将动态数据的聚类方法分为三类：基于原始数据的动态数据聚类方法，基于特征的聚类方法和基于模型的方法。

1. 基于原始数据的动态数据聚类方法

基于原始数据的方法是直接以原始动态数据流为对象,建立距离函数,并以此为聚类标准。对于单变量等长序列,Golay 等以欧氏距离为测度提出了 c 均值模糊方法(Fuzzy c-means);对于不等长序列,Moller-Levet 等以 STS 距离为测度,对上述方法进行改进,提出了修正的 c 均值模糊方法;Kumar 等则在假设数据误差为独立高斯分布的前提下,给出了团分层聚类,并将这类方法应用到零售业季节模式识别。对于单变量不等长序列,Liao 等提出了基于 DTW 距离的 k−中心聚类。对于多变量序列,Kosmelj 等提出了重定位聚类程序,解决了商业能源消费的聚类问题。同样是针对能源消费问题,刘晓悦提出 Canopy 和 K-means 相结合的聚类方法,大大地提高了运算速度。

2. 基于特征的方法

基于特征的动态数据聚类方法,指用动态数据的形态特征(极值点位置、分段斜率等)、结构特征(统计特征,包括平均值、方差等统计特征值)和模型特征数据替代动态数据观测值本身,从而进行针对这些特征值计算的聚类方法。为了对香港股票市场数据进行研究,Fu 等提出了以重要点为特征的修正 SOM 方法;Shaw 等则以正则化谱为特征,用分层团方法对风道中的流体速度进行了聚类。

3. 基于模型的方法

这类方法的基本思想是把动态数据流转换成一个或几个模型的参数,然后根据模型的参数进行聚类。对于 AR 时间序列,Maharaj 基于 p 值检验假设,提出了分层团聚类方法;Baragona 对 ARMA 模型以残差的相关性为距离函数,分别用 Tabu 搜索、GA 等方法进行聚类。

尽管国内外研究者在动态数据的聚类研究上已经取得了许多成果,但依然面临以下亟待解决的关键问题:(1)目前的研究更多地集中在计算机领域的数据挖掘,而且大多是针对具体问题的特殊方法,尤其是绝大部分方法都依赖于输入参数的正确设置。因此,如何设计一种无参数的动态数据近似表示方法用于实现数据流的维度约简,同时保留住序列的主要特征,成为动态数据流聚类方法研究的重要前提,是动态数据流聚类方法研究工作中重点要解决的问题之一。(2)现有的相似性度量公式只能容忍一两种轻微程度的形变,无法有效解决相似性形变的问题。因此,如何定义动态数据流的相似测度,使得它对于各种形变具有一定程度的容忍能力,成为动态数据流聚类方法的基础问题。

针对上述问题,本项目将从统计的角度考虑互联网平台动态数据的聚类分析。我们将互联网平台的动态数据抽象成随机过程的不同轨道,并在此基础上提炼数据流的本质特征,如离散型、连续型、Markov 性、平稳独立增量等,从而在一般意义下给出互联网平台动态数据的聚类方法。

(二)研究意义

国际数据公司的统计显示,中国目前拥有的数据量占全球的 14%,但数据利用率不到 0.4%。大量数据仍在"沉睡",未能充分发挥自身价值。2015 年 9 月,国务院印发并对外公布《关于促进大数据发展的行动纲要》,提出"坚持创新驱动发展,加快大数据部署,深化大数据应用,已成为稳增长、促改革、调结构、惠民生和推动政府治理能力现代化的内在需要和必然选择"。互联网平台的动态数据是大数据的重要组成部分,建立在其上的聚类分析被广泛应用于互联网搜索、网络侦查、网络电子商务平台。

二、主要成果

(一)中国老年人口死亡率的建模分析

人口死亡率一直是社会关注的一个焦点问题。随着生活水平的提高和医疗卫生条件的改善,人类死亡率呈下降趋势,寿命不断延长。1981—2010 年,根据《中国统计年鉴》数据显示,我国人均寿命从 66.77 岁上升至 74.83 岁,如果按同样的速度增长,到 2100 年,我国的人均寿命将超过 95 岁,这将给我国社会养老及医疗卫生事业带来巨大挑战。因此,老年人口死亡率的准确预测成为当今的热门话题。

目前,人类死亡率预测模型主要有两类,分别为 Lee-Carter 模型及其改进和时间序列模型。Lee-Carter 模型给出了不同年龄的对数死亡率关于时间的函数关系,其得到了广泛的应用,是当今世界上最流行的死亡率预测模型。但其也有一定缺陷,用一个模型来模拟所有年龄人口死亡率,只能有局部代表意义,一些年龄模型的误差较大,其人口死亡率预测不准确。有文献以中国人口生命表为基础,对 2010 年的人口按年龄死亡模式进行修正,研究发现 2010 年中国人口死亡率下降至 5.58‰。有些学者介绍了预测死亡率常用 Lee-Carter 模型的应用情况,估计其方法及预测原理,并选用该模型对我国未来人口死亡率进行了预测,结果表明未来人口死亡率将持续降低。基于以上讨论并结合以往国内外学者对人口死亡率的研究,本文采用时间序列分析的方法对 60—110 岁老年人口死亡率进行了研究。首先对原序列采用 k-means 聚类的方法,利用余弦相似度对不同年龄死亡率进行分类,进而对每一类分别进行分析建立模型,弥补了直接建模带来的不足。相对以往研究,此方法建立的模型误差较小,预测结果更为精确。

本文研究的老年人口死亡率数据从 http://www.mortality.org/下载,数据为 1963—2014 年 60—110 岁人口死亡率,文中所有算法实现都是由 R 语言来实现。数据较多,首先对数据采用 k-means 聚类方法。由于考虑到人口死亡率的走势图,将 1963—2014 年死亡率走势相近的年龄聚为一类。这样,每类建立一个模型,并用该模型预测该类中其他年龄死亡率。基于老年人口死亡率特点,聚类中的距离采用余弦相似度将数据聚为 3 类,分别为 60—80 岁、81—90 岁、91—110 岁。分别对 3 类数据采用时间序列方法进行分析,分别选取 62 岁、86 岁和 94 岁数据作为每一类的代表序列进行建模,选取 1963—2006 年数据作为建模样本,2007—2014 年数据作为测试样本来评估模型的优劣,并由模型预测 2015—2020 年老年人口死亡率。由 R 软件的单位根检验函数 adf. test 知,62 岁、86 岁和 94 岁死亡率数据的置信水平 P 值依次为 0.8388,0.3807 和 0.5395,从而数据为非平稳序列。对序列进行一阶差分得到的新序列 Yt 的 P 值依次为 0.0212,0.2025 和

0.1560,从而得到 62 岁的一阶差分序列为平稳序列,但 86 岁和 94 岁的一阶差分序列为非平稳序列。然后再对 86 岁和 94 岁数据进行二阶差分,得到序列的 P 值均为 0.0100,则其为平稳序列。

研究表明,老年人口的三类模型:60—80 岁的 ARIMA(1,1,1)模型,81—90 岁的 ARIMA(1,2,1)模型和 91—110 岁的 ARIMA(1,2,1)模型较为准确地描述了不同年龄阶段的老年人口死亡率所呈现的特征。对于高龄阶段人口死亡率的分析,通过先聚类,再对每类进行逐一分析,更好地对人口死亡率的变化规律进行了模型的描述。然后通过人口死亡率与人均寿命之间的转化,得到每个模型的人均寿命预测图。从寿命预测图中可以看出,人均寿命由 1983 年至 2015 年出现逐步上升的趋势,它为保险公司企业退休金及商业保险提供了理论依据,具有一定的参考价值;其次,预测值对国家社会养老保险及医疗卫生预算也有重大意义。

(二)随机死亡率的 O-U 型 Markov 过程模型

随着医疗卫生事业的发展,近七十年,人口寿命一直在持续增加。这一趋势会一直持续下去吗?为回答这个问题,学者提出了大量的死亡率预测模型。Lee-Carter 首次提出简单有效的对数双线性模型模拟对数死亡率,这一模型假设时间趋势和年龄特征同样具有线性递减的趋势,这就是人们常说的 Lee-Carter 对数双线性模型。迄今为止,已有数以百计的关于这一模型的改进版。其中包括 Cairns,Blake,和 Dowd(2006)提出的随机死亡率模型;Booth 等(2002)多因子 Lee-Carter 模型改进版;Butt 和 Haberman(2010)提出的再改进版。然而,这些文献大多着眼于改进时间指数或是在模型中增加其他线性项。正如 Lee-Carter(1992)指出的,Lee-Carter 模型中的线性趋势并不是对数死亡率的本质特征。事实上,按这一模型,对数死亡率最终趋向于零,这是不可想象的"老年人口会增加。即便如此,每个年龄的死亡率都应该有一个下界"(Denton 等,2005)。

作为一个可接受的替代方案,我们用一个由 Levy 过程驱动的 O-U 型 Markov 过程模拟对数死亡率。它的优点是:在较短时间内,它和 Lee-Carter 模型基本相似,但随着时间的推移,死亡率的改变越来越小。Denton 等

(2005)检验了不同时间序列模型对对数死亡率的拟合情况,得出的结论是AR(1) 和 AR(2)"perform reasonably well"。事实上,我们的模型可以离散化为一阶自回归时间序(AR(1)),更为重要的是,我们模型所有参数都有非常明确的直观解释。

利用美国 1974－2010 年死亡率数据,我们构造了一个简单的对数死亡率模型。本质上,它是一个 AR(1)过程,但具有一个非线性的时间漂移项。考虑到死亡率不可能永远连续下降,我们的模型使得死亡率有一个期望的极限值。我们预测,到 2060 年,美国的人均寿命将增加 4 年,达到 83.07岁,这个数据远低于 Lee-Carter 模型的预测值。如果没有戏剧性变化,人类的平均寿命极限值为 88.02 岁。

(三)基于 Focal Loss 损失函数的短文本情感分类研究

随着互联网技术的井喷式发展,各个行业的数据也呈现出大规模的爆炸式增长,如电子商务中用户对产品的评论,BBS 等。这类文本都具有长度限制,一般不超过 150 字,其特性有:稀疏性、不规范性、实时性和网络用语较多等。确定这类文本的情感极性已经成为自然语言处理(NLP)和数据科学的重要任务。国内外的学者利用传统的机器学习和深度学习对文本的情感分析问题做了一系列研究。朱少杰提出一种基于深度学习的半监督RAE 的分类算法,与 SVM 和融合的 SVM 做比较,判断分类效果和学习时间。张冬雯等人在分类的特征选择上选取基于词性和基于词典的两种方法,使用 word2vec 工具使词向量化,根据词之间的相似度判断 word2vec 是否有能力处理语义特征,然后利用改进的 SVM－perf 对文本分类,取得了不错的效果。这种模型很好地表达了词与词时间的语义关系,但是对于词典的选择有很大的依赖性。F Shen 提出了一种新的基于深度学习的文本分类模型,以解决中文 web 文本降维问题,并通过实验验证了该方法的可行性。

由于传统的机器学习分类算法不能很好地对文本的特征进行提取,不能完全表达文本所含有的信息,容易出现局部最优。我们提出利用深度学习方法,如卷积神经网络(Convolution Neural Network,CNN),长短期记

忆人工神经网络(Long-Short Term Memory,LSTM)模型,结合 word2vec
工具对互联网评论数据进行情感分类处理。以传统的机器学习分类算法朴
素贝斯分类器(Naive Bayes Classifier,NBC)和支持向量机(Support Vector
Mechine,SVM)作为对比试验,显著地提高了文本情感分类的准确度以及
训练时间,并对未标签的商品评论数据集进行预测,对互联网用户指出正向
的兴趣推荐。最后针对数据集不平衡情况,利用 Focal Loss 函数优化深度
学习模型,使得模型在训练时更加关注于难分类的样本,提高分类时样本数
少一类的 F1 值。

我们研究了深度学习算法 CNN 和 LSTM 的模型结构,将其在不同的
词向量训练方式下,与传统的机器学习算法 NBC 和 SVM 进行实验对比,
解决了机器学习不能很好地表达词与词之间的语义联系,避免了维数灾难
和减弱了过拟合现象等问题,提高了分类的准确率和训练时间。接着利用
深度学习模型预测了互联网商品的优劣,向互联网用户提供正向的兴趣推
荐。最后,通过使用 Focal Loss 函数改进的 LSTM 模型解决了数据集不平
衡时,正负样本权值贡献和易分类的问题,提高了对于类别数少一类的 F1
值,进一步地优化了模型。

课题负责人:郑　静

课题组成员:张桂军　黄佩佩

李　欢　鲍家勇

[参考文献]

[1] A. K. Jain 2010. Data clustering：50 years beyond K-means. Pattern
Recognition Letters [J]. 31(8)：651-666.

[2] P. P. Rodrigues, J. Gama, J. P. Pedroso 2008. Hierarchical Cluste-
ring of Time-Series DataStreams. Knowledge and Data Engineering,
IEEE Transactions on [J]. 20(5)：615-627.

[3] F. S. Labni. Gravitational clustering：an overview. Dynamics and

Thermodynamics of Systems with Long Range Interactions: Hieory and Experiments [J]. 2008,970(1): 205-221. .

[4] T. Schreck,Tekut. Trajectoiy-based visual analysis of large financial time seriesdata. SIGKDD Explor. Newsl. [J]. 2007,9(2): 30-37.

[5] H. P. Kriegel , P. Krger, J. Sander. Density-based clustering. Wiley-Interdisciplinary Reviews: Data Mining and Knowledge Discovery [J]. 2011,1(3): 231-240.

[6] G. A. Chawlas. kmeans-: A unified approach to clustering and outlier detection [C]// Proceedings of the 2013 SIAM International Conference on Data Mining, SLAM; Texas. ,USA. 2013,189-197.

[7] T. W. Liao. Clustering of time series dataa survey. Pattern Recognition [J]. 2005,38(11):1857-1874.

[8] X. Golay, S. Kollias, G. Stoll, D. Meier, A. Valavanis, P. Boesiger. A new correlation-based fuzzy logic clusteringalgorithm for fMRI, Mag [J]. Resonance Med,1998(40):249-260.

[9] C. S. Moler-Levet, F. Klawonn, K. -H. Cho, O. Wolkenhauer,Fuzzy clustering of short time series and unevenly distributedsampling points, Proceedings of the 5th InternationalSymposium on Intelligent Data Analysis, Berlin, Germany,August 28-30, 2003.

[10] M. Kumar, N. R. Patel, J. Woo, Clustering seasonality patternsin the presence of errors, Proceedings of KDD '02, Edmonton,Alberta, Canada.

[11] T. W. Liao, B. Bolt, J. Forester, E. Hailman, C. Hansen, R. C. Kaste, J. O'May, Understanding and projecting the battle state,23rd Army Science Conference, Orlando, FL, December 2 – 5,2002.

[12] K. Košmelj, V. Batagelj, Cross-sectional approach forclustering time varying data, J. Classification 7 (1990).

[13] 刘晓悦,郭强. 海量用电数据并行聚类分析[J]. 辽宁工程技术大学学报(自然科学版),2016(1)月.

[14] T.-C. Fu，F.-L. Chung，V. Ng，R. Luk，Pattern discoveryfrom stock time series using self-organizing maps，KDD 2001Workshop on Temporal Data Mining，August 26-29，SanFrancisco，2001，pp. 27-37.

[15] C. T. Shaw, G. P. King. Using cluster analysis to classify time-series, Physica D 58 (1992) 288-298.

[16] E. A. Maharaj, Clusters of time series, J. Classification 17(2000) 297-314.

[17] R. Baragona, A Simulation Study on Clustering Time Serieswith Meta-Heuristic Methods[J]. Quad Stat，2001(3)：1-26.

[18] 刘琴,王恺乐,饶卫雄. 不等长时间序列滑窗 STS 距离聚类算法。Journal of Frontiers of Computer Science and Technology1673-9418/ 2015/09(11)-1301-13。

[19] 徐昊,谢文阁.基于向量的点击流聚类算法[J].计算机系统应用, 2014,23(5).

[20] 程军锋.基于人工蜂群算法的数据流聚类研究[J].首都师范大学学报 (自然科学版),2015,36(6).

[22] 江斌.微博自动分类方法研究及应用[D].哈尔滨:哈尔滨工业大 学,2012.

[23] 刘丽清.微博虽"微"足值道尔——微博特性之浅析[J].东南传播, 2009(11)：153-154.

[24] 代六玲,黄河燕,陈肇雄.中文文本分类中特征抽取方法的比较研究 [J].中文信息学报，2004，18(1)：26-32.

[25] 朱少杰.基于深度学习的文本情感分类研究[D].哈尔滨:哈尔滨工业 大学,2014.

[26] Mikolov,Tomas,Chen,etal. Efficient Estimation of Word Representations in Vector Space[J]. Computer Science,2013.

[27] ZHANG D,XUH,SUZ,etal. Chinese comments sentiment classification based on word2vec andSVMperf[J]. Expert Systems with Applica-

tions，2015,42(4):1857-1863.

[28] SHEN F,LUO X,CHEN Y. Text classification dimension reduction algorithm for Chinese web page based on deep learning[C]// International Conference on Cyberspace Technology. IET,2014:451-456.

[29]JI Y L，DernoncourtF. Sequential Short-Text Classification with Recurrent and Convolutional Neural Networks[J]. 2016:515-520.

[30] KIM Y. Convolutional Neural Networks for Sentence Classification [J]. Eprint Arxiv,2014,76(2-3):179-193.

嘉兴新经济统计核算方法及其总量测算

新经济给政府统计工作带来严峻挑战,对统计的全面性、时效性、准确性提出了更高要求。本课题以国家统计局《新产业新业态新商业模式统计分类(试行)》与中国国民核算体系(2002 年版)为标准,结合嘉兴实际,适当补充电子商务等新经济活动类别,通过摸底调查、抽样调查和专项调查等,对嘉兴新经济活动总量核算方法进行研究探索,旨在分析研究新经济发展在嘉兴 GDP 中的份额及贡献。

一、新经济统计研究现状与发展趋势

从国际看,"新经济"一词最早出现在美国 1996 年 12 月 30 日《商业周刊》的一组文章中。自从该词汇产生以来,经济合作与发展组织、欧盟统计局等国际组织,美国、瑞典等发达国家的专家和学者对新经济的概念和内涵进行了一系列研究与探索,同时与新经济相关的一系列新名词,如知识经济、数字化经济、分享经济等也相继出现。美国信息技术和创新基金会(ITIF)从 1999 年开始研究测度和发布《美国各州新经济指数报告》;2001年,法国国家统计局发表了《新经济与国内生产总值增长测算》研究报告。两篇报告的结论是,必须完善 GDP 核算,以跟上新经济不断发展的步伐;在世界各国当前的 GDP 统计数据中,尚未找到"新经济"的身影。

从国内看,根据中央领导指示要求和党中央国务院任务部署,国家统计局于 2016 年 4 月出台的《新产业、新业态、新商业模式专项统计报表制度》对新经济统计进行了纲领性的顶层设计,给出了我国新经济的概念和维度,并在全国范围开展专项统计调查,调查以"三新"为核心的新经济发展情况;同时组织上海、浙江、贵州、重庆、四川和深圳等省(市)开展统计改革创新试点,通过先行先试,为国家建立健全新经济统计指标体系和标准,改进完善新经济统计调查和核算方法提供宝贵经验。2017年1月国家统计局制定并印发了《新产业、新业态、新商业模式统计分类(试行)》,并于7月份修改完善《新产业、新业态、新商业模式统计监测制度(试行)》,为各地区全面、准确及时反映新产业、新业态、新商业模式的发展情况,为政府培育新动能,发展新经济提供决策参考。

二、嘉兴新经济统计调查方法

在全市范围内开展新经济活动单位摸底调查工作,并在此基础上,根据新经济单位已有的统计调查数据状况,按照不同经济活动单位性质分别采用不同调查方式采集新经济核算基础数据。现代农业利用农业普查与专项调查采集核算基础数据。

(一)涵盖个体户与农户的清查摸底

1.调查原则对象范围

坚持在实地统计、统筹联动、不重不漏和实事求是原则下,分专业组织实施新经济活动单位调查摸底工作。调查对象是全市范围内所有法人单位及其产业活动单位、异地产业活动单位和个体户以及农户。调查范围涵盖第一产业、第二产业和第三产业。

2.认定原则和标准

以国务院关于加快发展"三新"的有关要求为指导,根据《中华人民共和国国民经济和社会发展第十三个五年规划纲要》《国务院关于印发〈中国制造2025〉的通知》(国发〔2015〕28号)、《国务院关于积极推进"互联网+"行动的指导意见》(国发〔2015〕40号)等文件为依据确定"三新"活动的范围和分类。具体操作以国家统计局《新产业、新业态、新商业模式统计分类（内部试行）》和嘉兴市补充的商品流通电子商务活动为依据，认定"三新"经济活动单位。结合嘉兴实际，补充商品流通电子商务活动（暂时归入 07 现代生产性服务活动/0702 现代贸易物流服务/070207 网络商品贸易活动）的相关说明为依据，认定"三新"经济活动单位。

3. 调查核实指标内容

主要包括组织机构代码、社会统一信用代码、单位名称、行政区划代码、县市区、镇（街道）、村（社区）、主要业务活动、行业代码、新经济代码、是否全部属于新经济等，对有新经济活动的单位补充调查 2015 年、2016 年营业收入、其中新经济活动营业收入，对有商品流通电子商务活动的单位补充调查 2015 年、2016 年从业人数，电子商务（网店）从业人数。

4. 调查核实工作程序

一是初步筛选疑似"三新"经济活动的法人单位、产业活动单位、个体户，部门提供主管领域掌握的"三新"经济活动单位名单清册，要求各地对这些单位进行认真调查，是否真正属于"三新"经济范畴。二是各地根据"三新"经济概念结合实际情况对"三新"经济活动单位进行补充，确保不重不漏，摸清"三新"经济活动家底。

（二）一套表单位的补充调查

对一套表单位（规模以上工业、有资质的建筑业、限额以上批零住餐业、房地产开发经营业以及规模以上服务业法人单位），就新经济活动发展状况、政策环境及问题建议等方面，以问卷调查的形式开展补充调查。

（三）非一套表单位和个体户的抽样调查

1. 调查对象与内容

调查对象和范围包括摸底调查中有新经济活动的法人单位和个体户。调查内容主要涉及单位（个体）基本情况、经济指标、发展环境三方面内容，本着不重复调查的原则,基本情况部分主要为除了名录库指标项目外的新经济发展状况的基本情况指标;经济指标部分以收入法增加值核算所需要的财务指标为基础,用于总体推算与发展状况分析的定量指标;发展环境部分主要为调查单位新经济活动发展环境、发展状况和存在问题等。

2.抽样方法

根据国家统计局下发的《新产业、新业态、新商业模式统计分类》目录,结合嘉兴实际,制定了嘉兴"三新"经济活动单位摸底调查工作方案,对除农业(农业根据 2016 年全市第三次农业普查资料核算)外的工业和服务业进行了摸底调查,调查摸底总量 16361 家,规模以上单位 1461 家,其中规模以上工业 1173 家、规模以上服务业 154 家和规模以上贸易业 134 家。规模以下法人单位和个体户 14102 家,其中规模以下法人单位 5704 家,个体户 8398 家;产业活动单位 832 家。

在摸底调查的基础上,根据相关的统计抽样原理,以新经济活动大类为分组进行了样本确定和抽样调查。抽样原理:有限总体非重复抽样样本容量的确定计算公式为:

$$n = \frac{NT_a^2\sigma^2}{N\Delta^2 + T_a^2\sigma^2}$$

其中 n 表示抽取样本量,N 表示总体数量,T_a 表示置信水平为 $1-\alpha$ 的统计量,Δ 表示极限误差,σ^2 表示以摸底调查资料计算的总体方差。一般地,取 $\alpha = 0.05$,则 $T_a = 1.96$。

抽样结果:根据抽样原理,在 95% 置信区间(概率度 1.96,抽样控制误差设置值 10%)的情况下,理论抽样结果如下。

表1 2017 年嘉兴市新经济活动单位抽样调查样本容量测算

新经济大类	非一套表企业法人单位			个体户		
	总体	样本量	抽样比(%)	总体	样本量	抽样比(%)
先进制造业	1208	277	22.9	160	63	39.4
新型能源活动	37	9	24.3	0	0	0

新经济大类	非一套表企业法人单位			个体户		
	抽样比	总体	样本量	抽样比	总体	样本量
节能环保活动	222	94	42.3	93	18	19.4
互联网与信息技术服务	412	119	28.9	24	19	79.2
新技术与创新服务活动	570	80	14.0	177	44	24.9
现代生产性服务活动	2248	153	6.8	2595	165	6.4
新型生活性服务活动	704	405	57.5	5336	473	8.9
现代综合管理活动	143	52	36.4	13	0	0.0
总计	5544	1189	21.4	8398	782	9.3

从理论计算表中得到要满足样本代表性,非一套表单位和个体户分别调查1189家和782家即可。通过认真分析,考虑新经济中相关类别单位数量不多,如果按照一定比例抽取的话,样本代表性不高;研究决定非一套表单位中有新经济活动的法人单位和个体户,按照新经济中类分别进行抽样,每个中类调查单位原则上不少于30家。单位数少于60家的,全数调查;大于60家的,根据单位数规模按比例随机抽样。最终确定的调查样本为规模以下法人单位1558家、个体户1282家,规上法人单位1427家,并制定《嘉兴市新经济活动统计调查方案》,组织实施抽样调查。

(四)有特色的专项调查

结合近几年嘉兴商品贸易电子商务和基金小镇等新经济活动发展现状,组织开展基金小镇、商品贸易电子商务专项调查。

三、核算方法

"新经济"增加值指从事新产业、新业态、新商业模式活动的常住单位一定时期内进行生产活动的最终成果。嘉兴新经济活动单位增加值核算根据摸底调查、一套表调查基础资料和非一套表调查单位、个体户抽样调查资料状况,主要采用直接核算法(包括生产法和分配法)和增加值率推算法两种方法。各行业具体核算方法如下。

(一)农业

采用直接核算法,主要利用第三次农业普查单位及规模户的资料,首先筛选出符合设施农业及现代农业服务业的规模户及单位,然后按照生产法进行核算。

首先,筛选新经济活动对象。通过是否经营农业、是否有设施种养、是否为名特优产品、是否为快速发展的农业新服务内容和模式等方面,对农业普查登记的规模户、农业生产经营单位进行筛选。

其次,开展专项调查,对新经济活动进行甄别核定。下发名单至镇级,对涉及农业新经济活动主体进行调查,收集主要农产品的品种、产量、单价及产值,了解其农业新经济的活动特征,并对其农业新经济活动进行编码。

最后,对符合农业新经济活动的单位,分行业进行产值核算,按照2016年度和2015年度的农业增加值率分别对农林牧渔各业的增加值进行测算评估。

(二)工业

计算原则为收入法增加值计算法,一套表单位和非一套表单位略有不同。

1. 一套表单位

采用直接核算法,一套表单位根据成本费用年报相关指标计算增加值后,按照摸底调查得到的规模以上工业单位名单,根据规模以上工业新经济营业收入占比直接推算新经济活动增加值。

2. 非一套单位

采用增加值率法。

新经济活动调查单位增加值=样本单位增加值率×摸底单位新经济营业收入

样本单位增加值率＝样本单位增加值/样本单位营业收入

样本单位增加值＝劳动者报酬＋生产税净额＋固定资产折旧＋营业盈余

其中：

劳动者报酬＝本年应付职工薪酬＋（销售费用＋管理费用＋财务费用）×0.7％

生产税净额＝主营业务税金及附加＋管理费用中的税金＋本年应交增值税＋（销售费用＋管理费用＋财务费用）×0.3％＝应交税费＋（销售费用＋管理费用＋财务费用）×0.3％

固定资产折旧＝本年折旧

营业盈余＝营业利润－投资收益＋（销售费用＋管理费用＋财务费用）×0.9％＋利息支出×0.6％

3. 个体户

新经济活动个体户增加值＝样本个体户增加值率×摸底个体户新经济营业收入

样本个体户增加值率＝样本个体户增加值/样本个体户营业收入

样本个体户增加值＝净收入＋劳动者报酬＋缴纳税金和规费＋本年折旧

其中：

劳动者报酬＝雇员报酬＋用于雇员的伙食支出

生产税净额＝缴纳税金＋规费

固定资产折旧＝固定资产原价×5％

净收入＝营业收入－营业支出－本年折旧

（三）服务业（不包括批零住餐业）

1. 一套表单位

采用直接核算法，根据财务年报相关指标计算增加值后，按照新经济营业收入占比直接推算新经济活动增加值。

2. 非一套单位

采用增加值率法。

新经济活动调查单位增加值＝样本单位增加值率×摸底单位新经济营业收入

样本单位增加值率＝样本单位增加值/样本单位营业收入

样本单位增加值＝劳动者报酬＋生产税净额＋固定资产折旧＋营业盈余

其中：

劳动者报酬＝本年应付职工薪酬

生产税净额＝主营业务税金及附加＋管理费用中的税金＋本年应交增值税

固定资产折旧＝本年折旧

营业盈余＝营业利润－投资收益

3. 个体户

新经济活动个体户增加值＝样本个体户增加值率×摸底个体户新经济营业收入

样本个体户增加值率＝样本个体户增加值/样本个体户营业收入

样本个体户增加值＝净收入＋劳动者报酬＋缴纳税金和规费＋本年折旧

其中：

劳动者报酬＝雇员报酬＋用于雇员的伙食支出

生产税净额＝缴纳税金＋规费

固定资产折旧＝固定资产原价×5％

净收入＝营业收入－营业支出－本年折旧

(三)批零住餐业

1. 一套表单位

采用直接核算法，根据财务年报相关指标计算增加值后，按照新经济营业收入占比直接推算新经济活动增加值。

2. 非一套单位

非电子商务单位：采用增加值率法。

新经济活动调查单位总产出＝摸底单位新经济营业收入×毛利率

新经济活动调查单位增加值＝总产出×增加值率

其中：毛利率和增加值率根据抽样调查调查资料计算获得。

电子商务单位：新经济活动单位增加值＝样本单位人均增加值×摸底单位新经济活动从业人数。其中：人均增加值根据抽样调查调查资料计算获得。

样本单位毛利率＝（样本单位营业收入－样本单位营业支出）/样本单位营业收入

样本单位增加值率＝样本单位增加值/样本单位总产出

样本单位人均增加值＝样本单位增加值/样本单位从业人数

样本单位增加值＝劳动者报酬＋生产税净额＋固定资产折旧＋营业盈余

其中：

劳动者报酬＝应付职工薪酬＋（销售费用＋管理费用＋财务费用）×（批发和零售业 0.3%、住宿业 2.7%、餐饮业 0.9%）

生产税净额＝营业税金及附加＋管理费用中的税金＋本年应交增值税＋（销售费用＋管理费用＋财务费用）×（批发和零售业 0.1%、住宿业 0.9%、餐饮业 0.2%）

固定资产折旧＝本年（期）折旧

营业盈余＝（营业利润×主营业务收入÷营业收入）＋（销售费用＋管理费用＋财务费用）×（批发和零售业 0.8%、住宿业 2.7%、餐饮业 0.4%）

3. 个体户

新经济活动个体户增加值＝摸底个体户新经济营业收入×样本个体户增加值率

样本个体户增加值率＝样本个体户增加值/（样本个体户营业收入－样本个体户营业成本）

样本个体户增加值＝净收入＋劳动者报酬＋缴纳税金和规费＋本年折旧

其中：

劳动者报酬＝雇员报酬＋用于雇员的伙食支出

生产税净额＝缴纳税金＋规费

固定资产折旧＝固定资产原价×5％。

净收入＝营业收入－营业支出－本年折旧。

四、核算结果

(一)调查数据测算结果

按照新经济活动统计调查数据初步测算,2016 年嘉兴新经济增加值 768.53 亿元,占 GDP 比重达 20.3％,比 2015 年提高 1.7 个百分点;按照现价计算,同比增长 17.4％,增速较 GDP 现价增速快了 9.7 个百分点。分三次产业看,第一产业增加值 37.3 亿元,占新经济的 4.8％。第二产业 613 亿元,占新经济的 79.8％,其中,先进制造业增加值 567.5 亿元,占全市新经济增加值的 73.8％,新型能源增加值 6.1 亿元,占 0.8％;节能环保活动中工业部分增加值 39.4 亿元,占 5.1％。第三产业 118.2 亿元,占新经济的 15.4％。

表 2　嘉兴三新经济增加值初步测算情况

	2015 年			2016 年			新经济增加值现价增速％
	增加值(亿元)	占 GDP 比重％	占新经济总量比重％	增加值(亿元)	占 GDP 比重％	占新经济总量比重％	
新经济增加值	654.70	18.6	100.0	768.53	20.3	100.0	17.4
＃一产	32.90	0.9	5.0	37.30	1.0	4.9	13.4
二产	513.95	14.6	78.5	612.98	16.2	79.8	19.3
三产	107.85	3.1	16.5	118.24	3.1	15.4	9.6
＃现代农林牧渔业	32.90	0.9	5.0	37.30	1.0	4.9	13.4
先进制造业	471.11	13.4	72.0	567.50	15.0	73.8	20.5
新型能源活动	4.64	0.1	0.7	6.05	0.2	0.8	30.5
节能环保活动	41.85	1.2	6.4	40.69	1.1	5.3	－2.8

续 表

	2015 年			2016 年			新经济增加值现价增速%
	增加值（亿元）	占 GDP 比重%	占新经济总量比重%	增加值（亿元）	占 GDP 比重%	占新经济总量比重%	
互联网与现代信息技术服务	22.96	0.7	3.5	28.57	0.8	3.7	24.5
新技术与双创服务活动	5.33	0.2	0.8	6.07	0.2	0.8	13.8
现代生产性服务活动	48.22	1.4	7.4	52.64	1.4	6.8	9.2
新型生活性服务活动	16.48	0.5	2.5	17.09	0.5	2.2	3.7
现代综合管理活动	11.21	0.3	1.7	12.62	0.3	1.6	12.5

1. 农业新经济总体情况

据初步测算,2016 年农业新经济增加值 37.3 亿元,占农林牧渔业增加值比重 26.2%,较 2015 年增长 3.3 个百分点,现价增长 13.4%。其中,规模农业经营户增长 10.2%,农业生产单位增长 16.3%。针对农业新经济的发展结构变化,当前应更加注重扶持农业新经济主体的发展。

2. 工业新经济总体情况

从新经济总量看,全市工业新经济活动主要集中于先进制造业大类。2016 年,先进制造业实现增加值 567.50 亿元,占全市新经济增加值的 73.8%;新型能源活动总量相对较小,实现增加值 6.05 亿元,占全市新经济活动的 0.8%;节能环保活动中工业部分实现增加值 39.43 亿元,占全市新经济活动的 5.1%。从增速看,2016 年工业新经济增加值同比增长 19.3%,快于新经济增加值增速 1.9 个百分点,对新经济增长贡献率达 87.0%,拉动新经济增加值增长 15.1 个百分点。其中,先进制造业增加值同比增长 20.5%,快于新经济增加值增速 3.1 个百分点;新型能源活动总量较小但增速最高,达 30.5%,高于新经济增加值增速 13.1 个百分点。

3.服务业新经济总体情况

2016年,全市服务业新经济增加值118.24亿元,占全市新经济增加值比重15.4%;同比增长9.6%,低于全市新经济增加值平均水平7.8个百分点;对全市新经济增长的贡献率为9.1%。从新经济分类看,全市服务业新经济活动主要集中于互联网与现代信息技术服务、现代生产性服务活动、新型生活性服务活动和现代综合管理活动等4个大类。2016年该4个大类的新经济活动分别实现增加值28.57亿元、52.64亿元、17.09亿元和12.62亿元,分别占服务业新经济活动的24.2%、44.5%、14.5%和10.7%。从增长贡献看,互联网与现代信息技术服务总量大、增速快,对新经济增长的贡献最高,2016年对服务业新经济增加值增长的贡献率达54.0%,拉动服务业新经济增加值增长5.2个百分点,成为全市服务业新经济活动增长的主要动力;其次是现代生产性服务业,其贡献率为42.6%,拉动服务业新经济增加值增长4.1个百分点。

五、核算结果的对比分析评估

(一)按浙江省核算方法的测算结果

2016年,浙江省统计局根据国家《新产业、新业态、新商业模式专项统计报表制度》,利用已有的统计调查制度,结合部门行政记录,补充开展专项调查和重点调查等,研究浙江"三新"经济总量测算方法。据此方案,本课题结合嘉兴实际,对全市"三新"经济总量进行了测算。

核算结果1:工业新产业按战略性新兴产业和浙江省高新技术产业分类核算,2016年嘉兴新经济增加值1142.5亿元,占GDP的30.2%,比2015年提高2.9个百分点。一、二、三产的比例为3.3∶77.7∶19.0。

表3 2016年"三新"经济增加值初步测算情况 单位:亿元、%

行业	2015 年		2016 年		占新经济比重	现价增速
	总量	占 GDP 比重	总量	占 GDP 比重		
"三新"经济增加值	960.31	27.3	1142.48	30.2	100	19.0
#一产	32.90	0.9	37.30	1.0	3.3	13.4
二产	748.29	21.3	888.43	23.5	77.8	18.7
三产	179.12	5.1	216.75	5.7	19.0	21.0
一、农业	32.90	0.9	37.30	1.0	3.3	13.4
二、工业	748.29	21.3	888.43	23.5	77.8	18.7
三、批发零售业	116.73	3.3	135.84	3.6	11.9	16.4
四、餐饮业	1.19	0.0	1.32	0.0	0.1	10.6
五、金融业	19.59	0.6	23.87	0.6	2.1	21.9
六、服务业	41.61	1.2	55.72	1.5	4.9	33.9
服务业调查数据	15.02	0.4	16.81	0.4	1.5	11.9
四众调查数据	3.32	0.1	5.34	0.1	0.5	—
信息传输、软件和信息技术服务业	23.28	0.7	33.57	0.9	2.9	44.2

注:工业核算按战略性新兴产业和高新技术产业。

核算结果2:工业新产业按战略性新兴产业和国家高技术制造业分类核算,2016年嘉兴新经济增加值909.3亿元,占GDP的24%,比2015年提高2.0个百分点。一、二、三产的比例为4.1∶72.1∶23.8。

(二)嘉兴与省局核算结果差距分析

3种方法测算的2016年嘉兴市新经济增加值占GDP的比重均超过20%;从现价增速看,无论嘉兴方法(17.4%)还是按浙江省核算方法(第一种方法19.0%、第二种方法17.4%),新经济总量均呈现高速增长态势,且远高于GDP现价增速。但从绝对数看,2016年按照嘉兴方法核算的新经济增加值分别比省标和国标测算结果少了374亿元和141亿元。

表4 2016年"三新"经济增加值初步测算情况   单位:亿元、%

行业	2015年		2016年		占新经济比重	现价增速
	总量	占GDP比重	总量	占GDP比重		
"三新"经济增加值	774.53	22.0	909.30	24.0	100.0	17.4
#一产	32.90	0.9	37.30	1.0	4.1	13.4
二产	562.51	16.0	655.24	17.3	72.1	16.5
三产	179.12	5.1	216.75	5.7	23.8	21.0
一、农业	32.90	0.9	37.30	1.0	4.1	13.4
二、工业	562.51	16.0	655.24	17.3	72.1	16.5
三、批发零售业	116.73	3.3	135.84	3.6	14.9	16.4
四、餐饮业	1.19	0.0	1.32	0.0	0.1	10.6
五、金融业	19.59	0.6	23.87	0.6	2.6	21.9
六、服务业	41.61	1.2	55.72	1.5	6.1	33.9
服务业调查数据	15.0	0.4	16.8	0.4	1.8	11.9
四众调查数据	3.32	0.1	5.34	0.1	0.6	—
信息传输、软件和信息技术服务业	23.28	0.7	33.57	0.9	3.7	44.2

注:工业核算按战略性新兴产业和高技术制造业。

分行业看,第二产业新经济规模差距较大,嘉兴方法核算结果(612.98亿元)明显小于省方法核算结果(第一种888.43亿元、第二种方法655.24亿元),主要原因在于工业新经济分类标准的差异。省方法采用全行业覆盖计算,未剔除其中传统生产经营活动,从而造成工业新经济活动总量有所高估。

第三产业新经济规模差距也较大,嘉兴方法核算结果(118.24亿元)小于省方法核算结果(216.75亿元),差距主要体现在批零业和金融业。批发零售业:省方法直接采用平均增加值率,结合网络零售额占社会消费品零售总额的比重推算存在高估;嘉兴方法因采用直接调查,调查对象因有思想顾虑而少报,且电商贸易因分工细化,毛利率低,增加率低于实体店而导致核算结果存在低估。金融业:嘉兴方法是依据现代金融服务业摸底调查进行推算(含基金小镇)存在低估;而省方法根据省统计局相关调查得到的系数进行推算存在高估。

六、问题与建议

(一)新经济统计核算面临主要困难与问题

新经济活动单位具备跨界融合、混业经营,规模小、数量多、变化快,抗风险能力弱等特性,导致新经济统计面临许多现实困难,最突出的就是"三新"统计制度层面的新经济统计调查体系尚需完善,存在着统计分类标准修订滞后、基本单位名录库更新维护不及时、全面调查有遗漏、抽样调查代表性不强、调查手段不够先进等问题。

1. 新经济统计分类标准还需完善

首先,行业界定还不太清晰。国家统计局制定《新产业、新业态、新商业模式统计分类(试行)》中,以现行《国民经济行业分类》(GB/T 4754—2011)为基础,对其中符合"三新"特征的有关活动进行再分类,将新经济活动划分为9个大类、50个中类、278个小类。但从与《国民经济行业分类》对应的行业分类看,其中242个行业有标记"*",说明该行业中仅部分活动属于新经济内容,而对于这标记"*"的行业中虽然部分行业有特定的说明,但说明比较宽泛、模糊,描述普遍使用了"新一代""智能""节能""自动"等形容词,缺乏针对性和可操作性,很难理解和把握。有36个行业小类为全行业覆盖,但其中部分行业与新经济的范围有差距,如国民经济行业分类中"健身休闲活动(8830)"均属于新经济活动范围,但这一行业大都是茶室、棋牌室,而且这些茶室棋牌室早在20世纪七八十年代就已经存在,很难与新经济联系到一起等。

其次,部分新经济活动还有遗漏。电子商务活动作为一种新的商业模式发展迅速,在市场交易规模、用户活跃度和市场覆盖范围都形成了对传统市场销售方式的替代,"线上线下"融合发展的趋势已十分明显。因此,"电子商务活动"可以说是一种非常典型的"三新"经济活动,但并未纳入国家的"三新"活动范围。

此外,部分新经济分类范围还较小。《国民经济行业分类》中对现代金融服务业界定的统计范围包括网络借贷信息中介业务、风险投资、天使投资、创业投资基金、风险投资基金、股权众筹、第三方支付服务业、保理服务和融资担保服务等新型投融资方式,该类活动主要为生产经营服务,其投融资领域过于单一,行业覆盖范围较小。而在这些新金融活动之外,传统的金融机构如银行、保险、证券、基金和信托等同样存在大量的创新服务产品。如将居民闲置的资金通过基金、信托和保险等形式在一级市场、二级市场从事的股权、货币、消费信贷和其他融资租赁活动,这些活动本质上也是一种新型便民服务业,同时又具备了新金融的特点,也应该是现代金融服务的题中之意。

2. 统计单位名录库建设还跟不上新经济统计需要

当前的统计单位入库登记,无论是单一产业活动单位,还是跨界经营的多产业活动单位,均先以主要产业活动确定所属行业类别,再根据唯一确定的行业类别按法人单位属地进行统计。这种模式可有效避免同一法人单位在不同行业不同地区的重复统计,但对于跨界经营的多产业活动单位,其主要产业活动外的其他新经济活动往往被"淹没",在统计上无法独立完整反映。面对各种经济要素嵌入式、辐射式、融合式等新经济特征,新经济活动单位跨界融合、混业经营,规模小、数量多、变化快等特性,导致以法人单位为主,兼顾产业活动单位的统计单位名录库组织模式难以适应新经济统计需要,新经济活动统计对统计单位名录库中单位经营活动的描述提出更高要求,使得统计单位名录库的更新维护困难重重,其对新经济统计的作用难以充分发挥。

3. 非一套表单位"关停并转"变化太快增加了统计调查工作难度

调查中发现部分调查单位摸底的时候是正常营业的,但是到了正式调查阶段可能就已经停业或者找不到人的情况。同时,面广量大的小微企业和个体户财务资料不健全;调查对象尤其是小微企业和个体户配合程度不高,拒绝调查或存有抵触情绪,存在瞒报、漏报或简单估算的情况,增加统计调查工作难度,直接影响新经济统计调查数据质量。

4.新经济统计对基层统计队伍建设提出新挑战

新经济统计与传统统计工作相比,在统计观念、统计对象、统计手段和统计方法上都有很大的变化。新经济活动单位的认定和统计调查是一项全新的统计工作,对基层统计人员的业务素质要求更高,但基层统计人员综合素质参差不齐恰恰是客观存在的现状,基层统计人员对新经济调查的理解不一、工作认真负责程度不一、调查访问经验不一等因素,都将影响最终的调查结果。同时,传统的层层布置落实的调查组织方式,对新经济调查效率、效果都产生影响。此外,新经济统计复杂性和艰巨性也使得基层统计力量薄弱与统计工作任务重的矛盾更加突出。

(二)进一步加强新经济统计核算工作建议

1.建立健全新经济活动统计范围和分类标准

根据新经济的动态变化,不断完善新经济行业分类,进一步明确新经济的内涵、特征、活动划分和具体范畴,增减统计观测内容,优化重点领域划分,建立易识别可操作的新经济活动统计范围和分类标准;统计内容和统计指标的概念要界定清楚,做到操作简便易行。修订完善《国民经济行业分类》,按照行业开展新经济统计的需要,对相关行业划分进一步细化,强化分类说明,让新兴产业、新型业态和新商业模式中的统计对象都能对号入座,提高基层统计人员执行的可操作性。

2.细化统计单位名录库建设内容

采用行业法和企业法建立新经济活动单位名录库。以全国第四次经济普查为契机,由法人统计原则向法人与产业活动单位并重转变,参考战略性新兴产业和文化及相关产业企业认定标准,按照新经济统计划分标准,对统计单位名录库进行更新完善,增加新经济单位标志和剥离出相关新经济指标,形成新经济活动单位名录库,通过定期更新维护,为新经济统计调查和核算提供必要条件。

3.强化"三新"统计制度方法的培训宣传

针对"三新"统计工作涉及面宽、覆盖领域广、工作要求高、新情况新问题多等情况,各级统计部门要切实强化"三新"统计制度的培训宣传强度,创新培训形式,提高调查对象配合程度,提升培训效果。通过开展统计法律法规和业务知识讲座、现场调查观摩、经验交流、"三新"统计知识竞赛等形式,多渠道多层面强化"三新"统计制度的培训。同时,还要强化工作保障。各级统计机构要积极争取各级政府支持,确保责任到位、人员到位、措施到位、经费到位和技术保障到位。"上面千根针,下面一条线",只有把最原始、最基础的工作做实做细,才可以应对复杂的"三新"统计工作。

4.加强部门协作和大数据挖掘

既要在全面深入推进统计改革创新的基础上,加强新经济统计监测,防止漏统,更要像推动服务业统计工作一样,加强新经济统计部门协作,建立新经济统计工作领导小组,明确各部门工作职责,加强新经济统计工作协同管理和考核。同时,充分利用"互联网+"、大数据、云计算等新技术带来的机遇,加强与各行业主管部门和大数据企业、电商平台、物流快递企业在数据收集、整合和分析方面的合作,建立健全"三新"信息共享平台,实现统计与现代信息技术的深度融合,破解统计数据获取难、质量低等问题,从而形成新经济部门统计工作合力,确保新经济工作质量和效率。

课题负责人:宁自军
课题组成员:沈周明　钱亚畅　蒋明祥
　　　　　　金　珉　朱光花　马柏林
　　　　　　吴德彪　陈洪波　李　冰
　　　　　　常生群　唐　琦　周巧巧

税收视角下浙江省实体经济税源 变化分析报告

实体经济①是经济发展的根基。在供给侧结构性改革的持续推进下，浙江省实体经济活力迸发。实体经济发展质量进一步提高、产业结构向服务业扩张方向优化发展、新动能驱动贡献不断增大、企业投资状况开始回暖、消费驱动成为新的产税热点等特点，均是实体经济领域当前的动态变化方向。与此同时，浙江省实体经济存在发展不均衡，动产投资回落，以及复杂多变的国际经济环境等因素，都为后期实体经济发展质量的不断提高带来挑战。

一、浙江省实体经济发展概况

(一)实体经济税收贡献显著提升

2017 年浙江省入库实体经济税收 8897 亿元，同比增长 12.96%，高出全省税收增速(11.59%)1.37 个百分点。其在全省税收收入中所占的比重突破 2012—2016 年间 90.5%—90.8% 的徘徊区间，达到 91.9%。实体经济对浙江省的税收贡献在 2017 年度有了显著提升。

---

① 根据经济学家成思危的界定，实体经济指不包括金融业的全部经济形式。

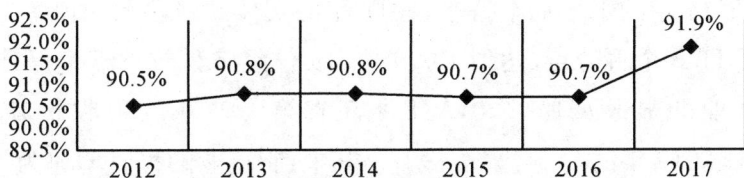

图 1 实体经济税收占比情况图

(二)三次产业结构向服务业扩张方向优化发展

分产业结构来看,实体经济税收收入中第二产业占比仍高于第三产业,而第三产业的税收占比已逐步提升至逼近第二产业。数据显示,实体经济税收中第二产业的占比为 50.1%,较上年下降了 2.5 个百分点;第三产业的占比为 49.8%,较上年提高了 2.7 个百分点。其中:信息产业在实体经济税收中的占比为 4.5%,在 2016 年度提升 0.4 个百分点的基础上,又提升了 0.7 个百分点;租赁与商务服务业在实体经济税收中的占比为 6.3%,在 2016 年度提升 1.1 个百分点的基础上,又提升了 0.6 个百分点。

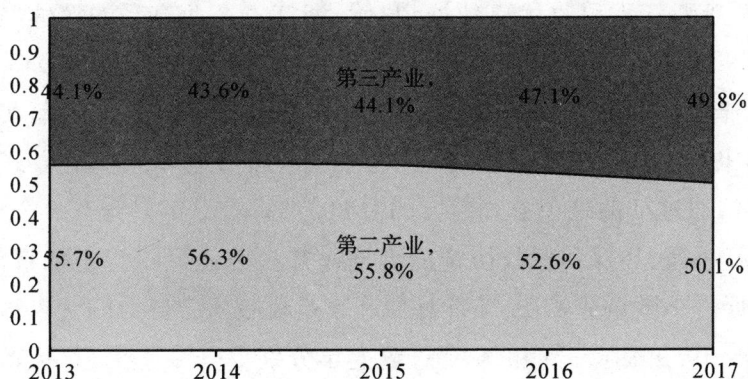

图 2 实体经济税收占比情况图

(三)制造业复苏推动实体经济税收贡献度企稳回升

由图 3 可见,2013—2017 年的 5 年间,实体经济对税收收入的贡献度经历了逐步下降(2013—2015 年)、企稳回升(2016 年)和快速上升(2017年)三个阶段。2016 年实体经济税收贡献率较 2015 年回升了 1.2 个百分点,但与 2014 年的水平基本持平;2017 年的实体经济税收贡献率,较 2016 年提升了 11.3 个百分点,达到 102.1%。实体经济税收贡献率提升的背后是第二产业的显著回暖。2017 年浙江省第二产业的税收贡献率达到 31.8%,较 2017 年的 3.6% 显著提升。其中:制造业的税收增速为 11.4%,其税收贡献率达到 37.1%(上年同期税收贡献率为 -2.4%),对实体经济税收贡献的提升起到了至关重要的作用。

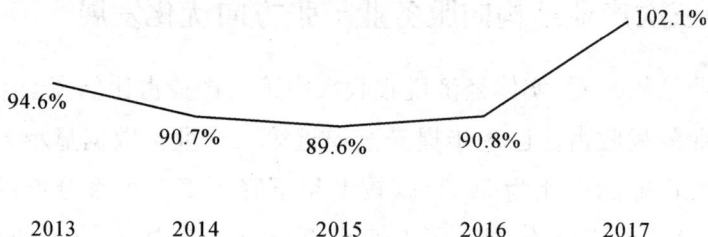

图 3　实体经济税收贡献度

(四)税收优惠持续助力实体经济发展

2017 年浙江省税收优惠数据①显示,浙江省企业享受的实体经济税收优惠②1292.7 亿元,占全部税收优惠的比重约 67%,同比增长 29.3%,持续助力浙江省实体经济发展。具体来看:一是通过征前减免方式落实的税收优惠占比提升,2017 年实体经济税收优惠中,通过退库减免的方式落实的占 13.3%,通过征前减免方式落实的占 86.7%,较上年提升 0.5 个百分点;二是高新、小微、环保和税收协定的占比提升。从政策归类来看,鼓励高新技术、促进小微企业发展、节能环保和享受税收协定待遇的优惠占比分别为 36.7%、10.9%、6.3% 和 4.6%,较上年分别提升 2.4 个、1.1 个、0.6 个和 4.4 个百分点。

(五)行业税收结构持续优化

浙江省实体经济税收中,制造业(41.8%)和批发零售业(12.1%)的税

---

① 国地税减免税收数据(不含地税个人房产交易减免)。

② 按政策区分,剔除金融类政策的为实体经济税收优惠。

收贡献率达到半数以上,但其占比逐年下降,分别较上年下降了 0.7 个和
0.7 个百分点。与此同时,商务服务业、科学研究和技术服务业等第三产业
的行业税收比重则在不断提升。从 2017 年税收增收贡献率的行业分布来
看,制造业、信息传输软件和信息技术服务业、租赁和商务服务业等行业的
税收增收贡献率分别达到 37.1%,10.8%和 11.1%,这 3 个行业对实体经
济整体的税收增长贡献了 6 成的拉动力,新经济与传统经济共同发力推动
实体经济发展。并且,从以 2012 年为基准年的行业结构相似系数来看,
2015 年起税收数据所反映的行业结构正在加速变化(见图 4)。

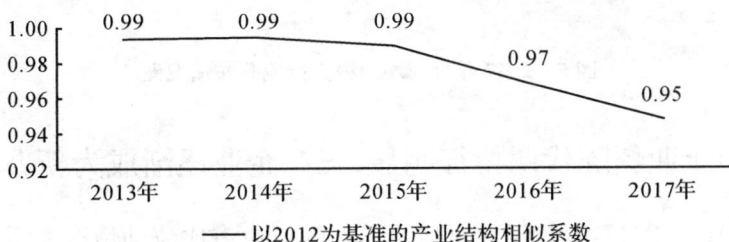

图 4 以 2012 年为基准年的行业结构相似系数势图

二、实体经济税源变化

(一)新增企业户数持续增长,信息及科研产业纳税人占比提升

浙江省(不含宁波)国税部门①的纳税登记显示,自 2012 年起,新增的纳
税人②正在以年均 20.18%的增速持续增长。从 2017 年新增纳税人的行业
分布来看,信息产业、租赁和商务服务业以及科学研究和技术服务业的占比
达到 32.21%,占年度新增纳税人的比重近 1/3。其中信息产业、科学研究
和技术服务业的占比为 16.12%,较上年提升了 1.87 个百分点。

---

① 以下具体税源分析均使用国税部门(不含宁波)数据。
② 当年新办企业减当年注销企业。

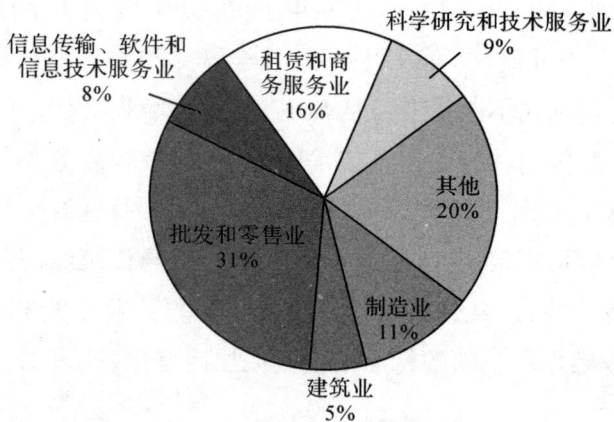

图5　2017年度新增纳税人行业分布情况图

（二）企业新陈代谢特征明显，三产企业逐渐成为新办热点

从2012—2017年浙江省新增纳税人的行业占比波动情况来看，新增制造业、农林牧渔业的企业占比显著缩小；新增批发零售业企业的占比基本持平；新增信息传输软件和信息技术服务业、租赁和商务服务业、科学研究和技术服务业、文化体育和娱乐业等三产行业的新增企业占比则处于显著攀升趋势。

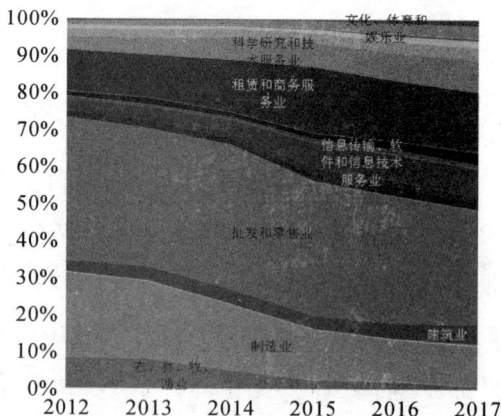

图6　2012—2017年度新增纳税人行业占比波动图

(三)供给侧改革显成效,实体经济获利能力大幅高于总体

2017 年申报的企业所得税年报(2016 年度)数据显示,实体经济的营业收入同比增长 10.8%,高于总体 0.7 个百分点;管理费用同比增长 15.5%,低于总体 0.2 个百分点;财务费用同比下降 9.0%,降幅高于总体 0.4 个百分点;利润总额同比增长 34.4%,高于总体 8.2 个百分点。在供给侧改革相关政策的持续发力下,实体经济的运营能力、负债情况、获利能力等均高于总体。传统产业中的制造业、交通运输仓储和邮政业和批发零售业利润总额分别同比增长 12.8%,47.1% 和 15.4%;新兴产业中的信息传输软件和信息技术服务业和科学研究和技术服务业利润总额分别增长 43.5% 和 57.1%。

三、基于门槛模型的比较分析

(一)变量的选取与数据来源

本文基于浙江省 11 个地市 2015—2017 年分季度的面板数据进行实证分析。数据来源于浙江省统计局网站和浙江省国地税的会统报表、电月报等相关报表。变量是基于现有文献,并结合数据的可获得性和完整性选取的。

表 1　变量定义表

变量名称	变量代码	变量定义
地区生产总值	GDP	地区经济发展状况
海关代征税收	CI	反映进口情况
出口退税	ER	反映出口情况

(二)面板门槛模型

根据实体经济税收收入规模是由国内经济形势和进出口形势所共同决

定的前期假设。为探索在控制出口情况下,不同规模进口对地区生产总值与实体经济税收发展过程中是否存在门槛,本研究采用 Hansen 的面板门槛模型进行检验。将实体经济税收(TAX)作为被解释变量,将地区生产总值(GDP)作为主要解释变量,将衡量进口水平的地区海关代征税收(CI)作为门槛变量,将出口退税(ER)作为控制变量建立单一面板门槛计量模型如下:

$$TAX_{it} = \alpha + \beta_1 GDP_{it} I(CI \leqslant \lambda) + \beta 2 GDP_{it} I(CI > \lambda) + \beta_3 ER_{it} + \varepsilon_{it}$$

其中:i 表示地区,t 表示时期,λ 表示未知门槛变量,$I(\cdot)$ 表示示性函数,当 GDP 满足括号中的条件时,$I=1$,否则 $I=0$。根据 Hansen 的研究,利用面板门槛模型不仅能估计出不同地区生产总值的发展差异的门槛值,而且能够对门槛值的正确性及内生"门槛效应"进行显著性检验。估计门槛值时,首先将 GDP 的 n 个观测值作为门槛值进行 OLS 估计,这样就得到 n 组估计量($\beta_1(\lambda)$,$\beta_2(\lambda)$)以及残差平方和 SSR(λ);其次,利用网格搜索法,选择 λ 使得 SSR(λ)为最小残差平方和,这样就得到待估计的参数($\overline{\beta}_1(\lambda)_1 \overline{\beta}_2(\lambda)$)。对单一门槛显著性检验的原假设 $H_\circ$:$\beta_1 = \beta_2$,检验统计量 $LR = \dfrac{SSR^* - SSR(\overline{\lambda})}{\delta^2}$。其中:$SSR^*$ 为原假设成立下参数的残差平方和,$\delta^2 = SSR(\overline{\lambda})/n(T-1)$ 为 ε_{it} 方差的一致估计量。Hansen 建议采取 bootstrap 法来获得统计量 LR 的渐进分布并获得临界值,如果拒绝原假设,则接着进行双门槛以及多门槛效应的检验,以确定采纳的模型是否存在多个门槛值。

(三)实证检验结果

1. 季度实体经济税收与 GDP 的观察情况

实体经济的税收来源于地区生产总值,地区生产总值是实体经济的实际税源。从下图中的季度地区生产总值和实体经济税收的对比情况来看,自 2015 年起实体经济税收收入和地区生产总值都处于不断上行的态势中,但实体经济税收与 GDP 存在滞后关系,这一现象也与税收反映的企业上一期实际发生业务的原理相一致。同时,出口退税所反映的出口形势与实体经济税收的相关性明显较强,海关代征所反映的进口形势总体趋势与实体经济税收发展基本一致。

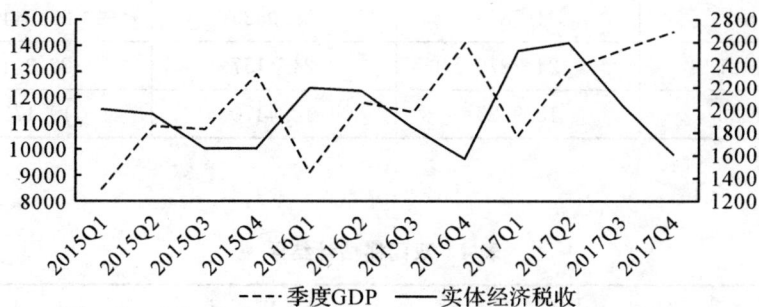

图7 季度实体经济税收与地区生产总值

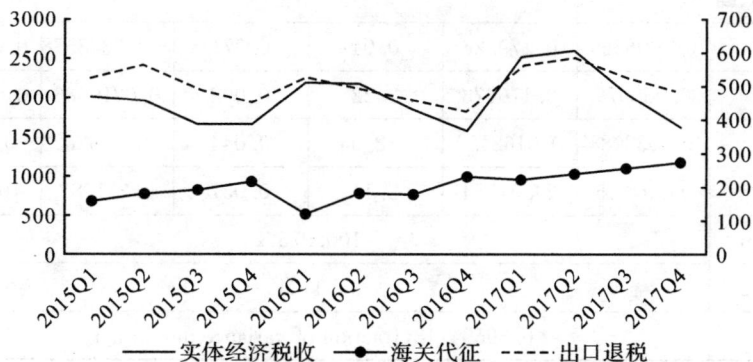

图8 季度实体经济税收与海关代征税收、出口退税

2.门槛检验结果

由下表可见,实体经济税收增长中,海关代征(CI)的双门槛效应显著,而单门槛的效应不显著。门槛值估计结果为 24.7879 和 18.9625。

表2 门槛检验情况表

Threshold	RSS	MSE	Fstat	Prob	Crit10	Crit5	Crit1
Single	1.98e+05	1647.2908	20.22	0.1167	22.5910	31.5447	45.9077
Double	1.39e+05	1154.6146	51.20	0.0100	26.8828	32.4931	43.6651

注:采用 bootstrap 反复抽样 300 次得到 P 值和临界值。

表3 门槛值

model	Threshold	Lower	Upper
Th-1	24.7879	18.9625	26.3449
Th-21	24.7879	24.4157	26.3449
Th-22	18.9625	18.4470	19.1700

表4 双门槛估计结果

B	Coef.	Std. Err.	t	P>|t|	{95% Conf.	Interval}
ER	2.84833	0.3587749	7.94	0.000	2.138098	3.559168
_cat#c.GDP						
0	0.0006569	0.179326	0.04	0.971	−0.0348578	0.0361715
1	0.056979	0.176673	3.22	0.002	0.0219086	0.0918871
2	−0.0330887	0.0162456	−2.04	0.044	−0.0652623	−0.0009151
_cons	51.94215	24.57554	2.11	0.037	3.271582	100.6127
sigma_u	100.97562					
sigma_e	34.412499					
rho	0.89594118(fraction of variance due to u_i)					

由估计结果可见：

(1)反映出口环节的出口退税与实体经济税收正相关,且显著性极强,其系数为 2.85,即出口退税规模每扩大 1 亿元,实体经济税收规模即扩大 2.85 亿元。

(2)当季度海关代征规模在 18.96 亿元以下时,GDP 对实体经济的拉动不显著。

(3)当季度海关代征规模位于 18.96 亿元—24.79 亿元之间时,GDP 与实体经济的系数关系十分显著,且系数为 0.06,即 GDP 每增长 100 亿元,对应的实体经济税收可以增长约 6 亿元。

(4)当季度海关代征规模在 24.79 亿元以上时,GDP 对实体经济的系数显著,但其系数为−0.03,其作用原因可能与进口规模的持续走高存在冲

击部分 GDP 对实体经济拉动力的可能性,具体原因还需要通过其他研究的
开展来进一步检验。

四、实体经济发展存在的薄弱点

(一)地区间实体经济发展不均衡

从实体经济的地区分布情况来看,各地无论从税收规模上还是税收增
速上均存在很大差异。税收规模上:杭州市和宁波市两地对全省税收的贡
献率高达 54.17%(其中杭州 30.36%,宁波 23.81%);嘉兴、绍兴、温州、金
华和台州对全省税收的贡献率达到 35.67%;余下湖、舟、丽、衢 4 个地区仅
占 1 成。税收增幅上,2017 年税收增幅在 15% 以上的有 1 个地区,介于
10%—15% 之间的有 7 个地区,介于 5%—10% 之间的有两个地区,增幅在
5% 以下的有 1 个地区。且增幅最高的地区和最低的地区的增速差为
12.29 个百分点。

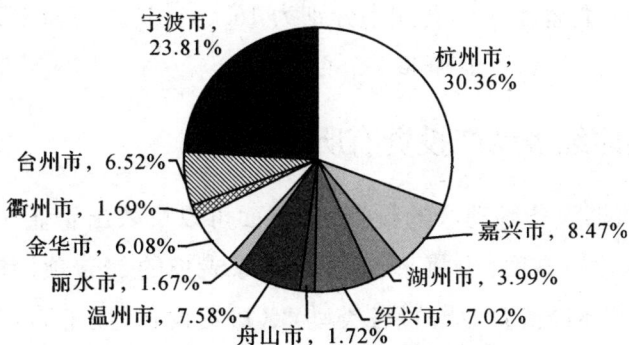

图 9 2017 年实体经济税收规模分布情况图

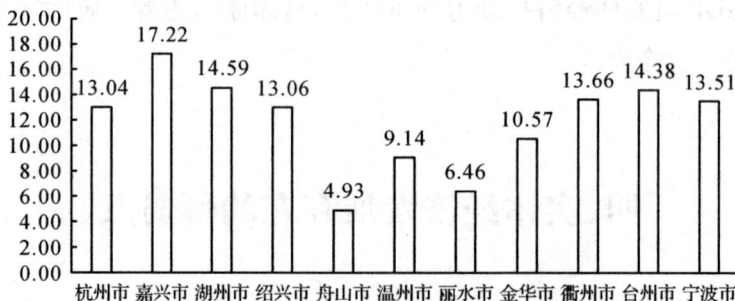

图 10   2017 年分地区实体经济税收增速图

(二)部分行业获利能力下降

根据 2017 年企业申报的年报数据显示,大部分行业的利润率都是正的,但农林牧渔、住宿餐饮和教育的利润率分别为－0.4%、－1.3%和－1.4%。从行业利润率的变动情况来看,除住宿餐饮、居民服务、公共管理等领域的企业销售利润率是增长的以外,农林牧渔、租赁和商务服务业、科学研究和技术服务业、教育、卫生和社会工作、文化体育和娱乐业,以及公共管理这七个行业大类的利润率是下降的。其中租赁和商务服务业、文化体育和娱乐业、公共管理本年的利润率分别为 16.9%、16.8%和 17.6%,分别较上年下降了 6.3 个、4.4 个和 3.4 个百分点。

(三)实体经济动产投资有所回落

企业对机器设备等动产的投资,一方面可以反映出企业对于行业发展的预期程度;另一方面,也将形成未来税源成长的部分预期。数据显示,2017 年全省实体经济企业购置各类动产(机器设备、汽车等)2504.9 亿元,较上年同期的 2605.8 亿元下降了 100.9 亿元,同比下降 3.9%。

其中:第二产业动产投资占实体经济动产投资 6 成以上,但同比下降18.7%;第三产业动产投资同比上升 40.3%。

第二产业中,采矿业、制造业、电力热力燃气及水的生产和供应业的动产投资均有不同程度的下降,且制造业中除酒饮料和精制茶制造业(10.7%)、通用设备制造业(8.1%)和汽车制造业(9.8%)等少数几个行业的动产投资是同比增长的以外,其余制造业行业均有不同程度的下降。

第三产业中,在批发零售业的动产投资则同比下降 4.9% 的同时,除房地产、居民服务、住宿餐饮等 2016 年 5 月营改增扩围行业的动产投资大幅增长以外,交通运输仓储和邮政业(36.5%)、信息传输软件和信息技术服务业(53.3%)、租赁和商务服务业(81.5%)、科学研究和技术服务业(70.3%)以及文化体育和娱乐业(185.3%)等行业均有不同程度的提升。

五、基于税收视角的发展建议

(一)抓重点,切实增强实体经济发展后劲

一是充分落实国务院各项减税措施,部门联动保障政策全覆盖,确保政策落地见效,让广大纳税人在政策规定的框架内及时收益。二是经济和社会发展的需要,问计问需。通过税收政策鼓励创新,支持企业技术改造;改善服务,进一步降低实体经济成本。三是通过政府的引导和政策扶持,吸引各类资本为实体经济赋能。通过制度环境和政策措施的不断完善,提振实体经济投资情况。并通过构建促进创业投资发展的制度环境、市场环境和生态环境,加快形成有利于创业投资发展的良好氛围,确保构建具体可操作且真正利好的投资环境。

(二)补短板,推动形成区域产业发展新格局

一是在各地产业结构深化转型的过程中,结合地方产业优势和产业特色,关注三次产业的融合趋势以及服务业在产业发展进程中的重要作用。在综合考虑资源禀赋、市场需求和国家政策等因素的前提下,在产业互补的基础上增强区域竞争优势,推动形成因地制宜、区域联动、错位竞争的产业发展新格局。二是建议加大政策扶持力度,以培育优质税源为核心,集合土地、财政、金融、资本、税费于一体,将优势资源集中向新兴产业倾斜,支持新经济新业态企业集聚发展,加快新材料、人工智能、5G 等技术研发和转化,

支持和引导分享经济发展,增添经济发展动力和国际市场竞争力。

(三)强弱项,加快创新驱动传统产业转型升级

积极对接新技术新业态新模式,以多种方式支持企业进行技术改造、推动传统产业生产、管理营销、融资模式变革,提高企业"融智"能力,培育更多精益求精的"浙江工匠",树立更多享有美誉的"浙江品牌",不断提高我省经济发展的质效和竞争力。以创新加快传统产业转型升级,推动我省实体经济向中高端迈进,逐步实现经济增长方式的根本性转变。通过提高全要素生产率,依靠技术进步来取得经济社会的发展,在引进新技术的同时注意较好地对新技术的消化吸收和深化利用,并且努力研发具有自主产权的新技术,提高全要素生产效率,促进产业结构进一步深化转型。与此同时,注重高技术人才的引进,为地方技术发展提供人才保障和支撑。

课题负责人:沈加潮
课题组成员:张懿瑛　张之阳
**　　　　　何　静　沈兰君**

提高农民财产性收入研究^①
——基于浙江省农民财产性收入统计分析

财产性收入占居民总收入的比重,是衡量一个国家和地区居民富裕程度的重要标尺。党的十七大报告首次提出"创造条件让更多群众拥有财产性收入",党的十八大指出"多渠道增加居民财产性收入",十八届三中全会明确提出"赋予农民更多财产权利",十九大再次强调"拓宽居民劳动收入和财产性收入渠道"。为了实现农民财产性收入的有效增长,各地纷纷采取措施,稳定持续地增加农民财产性收入和占人均可支配收入的比重,对于进一步缩小城乡收入差距、推动城乡融合发展,都具有十分重要的意义。

一、当前农民财产性收入的主要特征和短板

《全面实施乡村振兴战略高水平推进农业农村现代化行动计划(2018—2022年)》(浙委发〔2018〕16号)提出,"农村居民可支配收入五年新增10000元、达到35000元以上,城乡居民收入比、农民收入与低收入农户比均缩小2∶1以内""深入实施农民持股计划,大力发展合作经济,让资源变资产、资金变股金、农民变股东,加快补齐农民财产性收入短板"。从我省农村居民可支配收入和收入构成看,2013—2017年,城乡居民人均可支配收入比值从2.12降至2.05;工资性收入比值从2.07降至1.86;经营净收入比值在1.22—1.27之间;财产性收入比值虽从11.0降至9.63,但在10.0

---

① 本文为2018年度浙江省统计青年研究课题部分研究成果。

左右徘徊,是主要短板;转移净收入比值从 2.65 扩大至 2.95。因此,要实现省委提出的城乡收入比值控制在 2.0 以内,补齐农村居民财产性收入短板显得十分迫切和重要。

增加农民财产性收入有农民自身因素,更有体制机制因素。

(一)农民自身因素

1. 增幅总体高于农民收入,且增幅锐减

2014—2016 年,我省农民人均财产性收入增幅分别为 18.8%,12.0%,8.9%,虽分别比当年农民收入增幅高 8.1 个、3 个、0.7 个百分点,但增幅锐减,三年下降 9.9 个百分点,2017 年还低于农民收入增幅 0.64 个百分点。

2. 占比总体虽增但甚缓,且低

2013—2017 年,农民财产性收入占比分别为 2.61%,2.80%,2.88%,2.90%,2.88%,占比总体虽增但甚缓,且低。2017 年较 2016 年占比反而下降了 0.02 个百分点。占比始终没有超 3%。

3. 城乡收入差距逐渐缩小,且财产性收入差距仍然很大

2013—2017 年,城乡居民人均可支配收入比值从 2.12 下降到 2.05,工资性收入比值从 2.07 下降到 1.86,经营性收入比值小于 1.27,而财产性收入比值虽从 11.0 下降到 9.63,但始终在 10 左右,差距仍然很大,是主要短板。

4. 收入相对集中,且渠道单一

农民财产性收入由利息净收入、红利收入、储蓄性保险净收益、转让承包土地经营权租金净收入、出租房屋净收入、出租其他资产净收入、自有住房折算净租金和其他等构成。我省农民财产性收入来源主要集中在红利收入、出租房屋净收入两项,2013—2017 年,红利收入占财产性收入的比重分别为 31.29%,25.23%,33.39%,46.07%,37.05%,出租房屋净收入占财产性收入的比重分别为 27.13%,28.36%,36.35%,31.57%,34.96%。两项

合计占财产性收入的比重分别为 58.42%，53.59%，69.94%，77.64%，72.01%。

5.现金积累不足,且利息理财收入少

我省农民收入虽然较高,但支出比重也较大,农户家庭现金节余不足。2013—2017 年,我省农村居民人均节余分别为 4691 元、4875 元、5017 元、5507 元和 6863 元,为同期城市居民人均节余比值分别为 2.52,2.70,3.00,3.12 和 2.82,呈总体逐年扩大的态势。由于现金积累不足,2013—2017 年,利息收入占财产性收入比值分别为 26.48%,26.15%,15.46%,10.57%,11.70%,占比总体逐年下降,且下降幅度较大。

(二)国家制度因素

1.农村金融制度不完善,金融市场发育不足

近年来,随着"互联网＋"的推广和网络工具的盛行,资本和金融市场迅速发展,但就目前金融服务供给的区域而言,主要仍局限于一些大中型城市,对小城市、农村甚至更偏远地区而言,资本和金融市场发展相对滞后。这更容易造成农民投资渠道变窄、获取投资信息来源不足等现象,以至于农民参与投资理财的积极性大大降低。即便在网络通信工具已经相当普及的部分农村地区,农民仍以银行储蓄作为理财的首选。一方面,以我国农村的现有金融机构种类为出发点分析,目前农村的金融机构仍以储蓄银行、农村信用社等为主,而一些大商业银行、政策性银行业务尚未拓展至农村,在农村增加对农村证券机构、保险机构等产品的认识度更是难上加难。因此,即便"互联网＋金融"时代已经到来,农民实现财产性收入增加的渠道仍旧十分有限。另一方面,我国目前农村金融机构的贷款门槛较高,手续复杂。农村商业银行也是以盈利为目的,它们出于自身利益考虑,偏向于把资金贷给效益信誉较好的中小企业。这容易造成对农民金融借贷的排斥,使得对农民发放的贷款少、程序复杂、借贷利率高。原本农民希望通过贷款来实现自己的"创业梦",却因为自身的财力、物力有限,没有足够的担保物或抵押物完成贷款流程,农民的"创业梦"也就被扼杀在萌芽状态了。这种现象不利

于农民的发展,反而催生民间不规范借贷。民间借贷的实施流程主要单纯地依靠道德来约束,一旦发生纠纷时,由于法律意识较为淡薄,农民难以通过合法、有效途径来保护自身利益,严重制约着农民投入再生产和财产性收入的增加。

2. 农村土地制度不完善,土地权属还不够明晰

我国现行《宪法》明确规定,农村土地为农民集体所有,集体的基本单位是行政村(部分为村民小组)。既然是农民集体所有,农民集体就应当享有包括经营权、使用权、收(受)益权和处置权在内的完整所有权。但我国现行《土地管理法》又规定,农村集体建设用地必须先通过国家征用,转为国有土地后才能入市交易,农村集体不能直接向市场供应土地。也就是说,农民以及农村集体经济组织没有土地的最终处置权。因此,目前农村土地产权仍然处于主体界定不清的状态,农民土地财产权益的实现受制于多重障碍。从法律意义上讲,农民以及农村集体经济组织的土地所有权是不完整的。国家可以根据需要增收农民的土地,对于增收的范围、支付的对价以及转让后的增值收益,农民基本没有话语权和自主权。农民无法公平分享土地增值带来的收益,基于土地的农民财产性收入具有极大的不确定性。党的十八届三中全会通过的《中共中央关于全面深化改革若干重大问题的决定》(以下简称《深化改革决定》),提出要"赋予农民更多财产权利"。党的十九大进一步提出,要巩固和完善农村基本经营制度,深化农村土地制度改革,完善承包地"三权"分置制度。但上述精神具体如何落实还有待于基层的实践和探索,至今尚未出台具体的可操作性全省性的规范化文件。农村与城市土地制度的二元性,不可避免地带来一系列制度性障碍。土地租赁者的短期化行为,使农民的土地流转收入普遍低位固化,农民难以获得更多的土地财产性收入。我国《物权法》明确界定农民的宅基地使用权为用益物权。《深化改革决定》也强调要"保障农户宅基地用益物权",但农民住房财产权的抵押、担保、转让还不能正常实现,更多的时候受制于政府的行政命令和红头文件,农民获得财产性收入的更多渠道仍需要不断探索。

二、提高我省农民财产性收入的建议

本研究就农民财产性收入统计来源构成进行分析,对提高我省农民财产性收入提出如下建议。

(一)加强保障力度,增加余钱,提高利息、理财收入

要提高利息、理财净收入,就要增加农民的存款。一要减少农民支出,尤其是非日常生活的刚性支出,最主要是医疗出支和教育支出。从目前实行的城乡居民医疗保障制度,同样生病后,农民居民的支出压力要比城镇大得多,建议降低农民医疗保险报销起点,提高报销比例;参照对本省籍学生就读高校种养类涉农专业实施免学费的政策,建议各市、县(市、区)出台对所在地农村学生就读高中、本市市属高校、非市属高校的学费减免优惠政策,以减少农民教育支出。二要加强对农民投资理财的培训教育,引导农民树立正确投资理财观,提高农民投资理财水平。一般农民对于通过理财手段获取收益的方式缺乏基本的了解和认知,体力劳动获取报酬的不易,加上对投资理财未知风险的恐惧,严重阻碍了农民参加投资理财的可能性。由于农民的受教育程度普遍偏低,对资本和投资理财的认识相当肤浅甚至一无所知,对收入增长的理解仍局限于通过尽可能多的体力劳动"多劳多得"和现金收入,对于理财的全部理解就是发工资存银行,直接表现在对银行存款数字变化的关心。要将增加农民财产收入相关金融投资知识纳入新型农民职业技能培训,将理财理念融入农民思想头脑。三要鼓励金融机构不断丰富金融产品,为农民提供金融理财服务。农民通过打工等渠道积累了一定的个人和家庭资产,这是金融机构理财产品开发的重要潜在市场。金融机构要不断开发适合农民生产和生活特征的金融理财产品,增加农民投资增收渠道,促进农民个人和家庭资产的合理配置,是增加农民财产性收入的重要创新。

(二)发展集体经济,增加分红,提高红利收入

"红利收入"主要是通过村级集体股份制经营分红所得,几乎没有通过投资股市所得。

认真贯彻发展村级集体经济的各项政策,落实好村集体留用地等措施,以县为单位调节村集体资金资源使用,鼓励集体经济组织以购买物业、兴建标准厂房出租等低风险项目,争取集体受益最大化、安全化。积极探索偏远地区利用山海协作、对口帮扶等机制,跨县发展"飞地"集体经济项目,实现高效互利发展。完善和活化集体资产股份权能,积极引导、推进村股份经济合作社按照章程规定开展集体经济收益分配,让更多的成员获得分红收益,调动农民发展集体经济的积极性。

积极发展农村多种形式的股份制或股份合作制组织,加快集体经济股份合作制改造,通过明晰产权,增加农民持股。拓宽农民持股增收渠道,支持发展以村集体经济组织为主导的土地股份合作社、资产资源收储公司、村庄运营公司等,鼓励农民以自有的土地承包权、林权、房产、资金等入股集体经济组织和各类企业,倡导政府财政扶持农村企业资金作为村集体股份,探索村集体和农户稳定的利益分享模式。鼓励农业新型经营主体以相互持股的方式,参与农村产业融合发展、分享产业链收益。

据统计,2017 年全省有 1569 个村开展股份合作社收益分红,分红村仅占全省行政村的 5.7%。如何提高"红利收入",从各地实践看,对有分红的村来说,要创新分配机制,加强监管,确保集体资产保值增值,探索以股权增厚的形式,将新增的集体经济收入追加量化为成员股权,让农民获得更多的分红收益,努力形成村经济合作社常态化分红机制和"户户持股、年年分红"格局。

(三)加快土地确权,增加流转率,提高转让、退出承包土地经营权租金和补偿净收入

2013—2017 年,"转让承包土地经营权租金人均净收入",(2017 年)最高时为 81 元,(2013 年)最低时为 42 元,占财产性收入在 9%—13% 之间,

比例相当低。要提高"转让承包土地经营权租金人均净收入",下一步要重点抓好三个环节:一是抓紧完成农村土地的确权工作。按照《物权法》的规定对农村土地承包经营权进行登记颁证,建立城乡统一的不动产登记制度,依法落实农民的土地财产权,让农民的财产权益依法得到有效保护。二是进一步提高土地流转率(2017年全省流转率达到55.4%),要通过政策引导和服务优化,鼓励和支持农户以土地(林地)经营权、林权等入股,引导企业、科研单位、工商资本与普通农户开展股份合作经营,切实保障农户共享增值收益。要探索土地承包经营权集合信托方式,以土地合作社为主体设立财产权信托,获得收益后再依据信托合同分配给受益人。三是加强组织领导,提高土地流转率、增加租金收入。镇、村两级要切实发挥组织、协调作用,加强规划引导,促进集中统一规模流转;要以家庭农场、农民专业合作社和工商企业为重点,选择优质承租对象,从而在提高土地流转率、增加租金收入。

(四)注重服务引导,增加总量,提高出租房屋净收入

从我省农民"出租房屋净收入"看,最低时的2013年占比为27.13%,最高时的2017年占比为34.96%,是当前我省农民财产性收入的重要来源。要保持和提高农民的"出租房屋净收入",必须在存量和增量上同时发力。一是确保存量不减。要通过美丽乡村建设、小城镇综合整治等,不断提升人居环境,营造良好的经营环境。二是努力扩大增量。要持续扶持鼓励发展养生养老业、农村电子商务业、来料加工业等以房屋出租为基础的农村新型业态,尤其是要引导和鼓励乡贤等外出务工人员,利用优美的农村环境返乡创办一、二、三产业融合发展的现代民宿业。

(五)加大改革力度,增加渠道,提高出租其他资产净收入

鼓励村经济合作社在农民自愿的前提下,以出租、联营、合作等多种方式盘活利用村集体闲置房产、闲置农房及集体建设用地、"四荒"资源等,发展新产业新业态,增加农民财产性收入。引导进城落户农民依法自愿有偿转让土地承包权、宅基地使用权、集体收益分配权,增加农民的资源拥有量。积极探索同权同价、同等入市、流转顺畅、收益共享的农村集体经营性建设

用地入市制度,提高农民在农地入市中收益比例。

从统计数据分析看,2015 年我省农民"出租其他资产净收入"很少,占农民财产性收入不到 4.5%。要进一步加大对农民拥有的产权赋能活能的改革,探索宅基地赋能显能改革。一要扩大农地直接入市。要总结德清农地直接入市经验,抓紧修订《土地法》,扩大农地入市试点范围,让更多农村集体经营性建设用地实现与国有土地同等入市、同权同价。建立城乡建设用地"合理竞争、差异保障、优势互补"的多层次用地市场,让农民通过农地入市获得更多的财产性收入。二要推开宅基地制度改革。义乌市在农村宅基地制度改革试点中,积极探索实现宅基地权益和"户有所居"的多种形式,共安置高层公寓 5220 套,既保障了农户住房需求,又增加了农民财产性收入。义乌还参照农地"三权分置"的做法,探索了宅基地所有权、分配权、使用权的"三权分置",为宅基地流转提供了可能。三要推进土地征收制度改革。扩大农地直接入市规模,缩小征地范围,规范征地程序,完善对被征地农民合理、规范、多元保障机制,提高土地征收标准,确保被征地农民得到足够的补偿,保障农民公平分享土地增值收益。规范被征地农民基本生活保障与相关养老保险制度的衔接。

(六)探索农村房产交易,增加效能,提高自有住房折算净租金

虽然"自有住房折算净租金"这个部分对农民收入增加没有实质性的好处,因为其体现的不是现金收入,是一个虚拟的收入,但能体现出来,说明农民的房屋"值钱"了。所以,要进一步加快农民宅基地和房产的确权登记发证,研究探索赋予农民房屋(包括宅基地)抵押、担保的权能;要研究出台鼓励政策,对长年在城市(镇)工作且已购商品房的农民,可借鉴绍兴"闲置农户激活"和桐庐"空心村二次创业"的方式,由村集体将其在农村的闲置房屋按评估值统一收购,或转租给村集体,由村集体统一向外招租。要依托农村优良的生态环境、互联网的普及和农村房屋租金相对于城市偏低的优势,开发养生养老项目,或吸引城市创业人员到农村租住农民空置房创业,吸引企业总部或商务会所转移到环境优美的农村。要允许承租人在符合规划及不影响周边住房的前提下,对承租房进行修缮和改建,通过房屋(宅基地)所有

权、使用权和经营权的权能显现,让农民和集体享受到因房屋(宅基地)财产带来的更大效益。

(七)完善农民财产性收入统计制度

从统计制度看,"自有住房折算净租金"是统计来源的七个部分之一,是指现住房产权为自有住房的住户为自身消费提供住房服务的折算价值扣除缴纳的各项税费后得到的净租金。这一部分在我省城镇统计中已有体现,2013—2017 年,其占城镇居民财产性收入比重分别达 62.74%、61.73%、56.94%、55.02%、52.97%,而在农村因农民的住房有别于城市的商品房,故还没有体现出来,均为零。建议有关部门进一步研究完善统计方法和口径。

课题负责人:张世云

课题组成员:郭红冬

杭州共享住宿入住影响因素分析及其预测
——基于 Airbnb 爱彼迎平台数据

一、引　言

　　随着"互联网＋"和社会生产力水平的不断发展,衍生了一种新的经济形态——共享经济。共享经济是利用互联网等现代技术,实现资源优化再配置,减少资源浪费,降低成本的模式。我国的共享经济相较国外虽然开展的较晚,但却发展迅速,展现了良好的生机。2018 年 6 月 21 日,国务院总理李克强主持召开国务院常务会议,部署促进分享经济健康发展,推动创业创新便利群众生产生活。据国家信息中心分享经济研究中心估计,我国共享经济保持高速增长,2017 年我国共享经济市场交易额约为 49205 亿元,比上年增长 47.2%,到 2020 年中国共享经济的总规模将占到中国 GDP 的 10%左右,到 2025 年中国共享经济的交易总规模将达到 GDP 的 20%左右。由此看出,共享经济在未来对我国的经济发展贡献巨大。

　　随着共享经济实践与理论的不断发展,国内住房分享日渐普及,行业持续升温,在市场交易规模、融资量、参与人数等方面都取得了重大突破。初步估算,2017 年我国共享住宿市场交易规模达 145.6 亿元,比上年增长 70.6%,融资额约为 5.4 亿美元,比上年增长约 180%。目前,国内共享住宿市场整体处于起步阶段,未来发展潜力巨大。《2018 中国共享住宿发展报告》中提到 2017 年主要共享住宿平台的房源数量约 300 万套,参与者人数约为 7800 万人,其中房客 7600 万人。报告中还提到,我国共享住宿行业初具规模,业务创新不断涌现,整体处于快速上升阶段,头部企业正在脱颖而出。

目前对于共享住宿的研究,从概念、运营模式、发展进程到社会影响等各个方面都做了很多工作,成为了一个跨学科综合性课题。国外 Jones D. 等人(2011)在调查香港游客对中国内地分享住房的偏好时,发现年轻、接受中高等教育、中等收入水平的女性是中国内地分享住房的主要目标群体;Chen L. 等人(2013)对台湾游客的调查发现,选择分享住房的游客呈现出核心家庭、获得良好教育及中低阶层的特征;Zhihua Zhang 等(2017)利用地理位置加权法对影响 Airbnb 平台房价的主要因素进行了定量研究。国内的共享住宿研究主要以定性分析为主,顾彦(2017)指出目前住房分享市场成立较早、规模较大的活跃平台大概可以分为三个梯队:第一梯队是小猪短租、途家网等;第二梯队包括 Airbnb、中国、木鸟网等;第三梯队主要包括大量的、长尾的特色品牌和民宿联盟等。而王漪(2017)则指出,现阶段国内住房分享平台呈现途家、小猪、Airbnb 三足鼎立的局面。虽然共享住宿已经广受市场认可,但其发展仍面临诸多问题,如邱榕等(2016)从国情、房源及市场这些因素出发,分析了 Airbnb 在我国发展存在的问题,其中信任缺失和房源质量参差不齐这两个问题最为严重。

因此,针对国内共享住宿定量研究的不足,本文以历来有"上有天堂,下有苏杭"美誉的杭州市作为研究对象,分析杭州市共享住宿的发展、入住率等影响因素,提出基于 XGBoost 算法的共享住宿入住率预测模型,从而为杭州共享住宿发展提供科学建议和决策支持。

二、数据来源

官方界定共享住宿主要指以互联网平台为依托,整合、分享海量的、分散的住宿资源,满足多样化住宿需求的各种经济活动的总和。由此可见,互联网平台在共享住宿中的重要性。目前,国内共享住宿业务开展较好的互联网平台有 Airbnb、途家、小猪短租等。其中,Airbnb 平台作为共享住宿平台的主力军,占整个中国用户群体的 83％,其中房东平均年龄 32 岁,30 岁以下房东占比 45％。

由于本案例研究对象的发展尚处于起步阶段,不利于开展问卷调查。因此本文以 Airbnb 作为研究共享住宿的数据平台,获取网站上展示的杭州市 307 个共享住宿信息,以及 2018 年第一季度的每日住房可订情况,将每月的不可订比例作为每月的入住率。

经过数据收集及整理发现,评论为空的房源在总房源中所占比例较低,且房源的入住率也较低,可以认为,评论为空是新房源的缘故。因此,直接删除评论数为空的房源。基于此,本文最终确定了 281 个不重复房源。通过对房源入住率的分析,发现约 7 成房源的入住率超过 60％,如图 1 所示。从图 1 中也可发现:入住率低于 20％的房源仅占 3.6％,整体而言,杭州市在线房源的入住率较好,说明现阶段杭州市共享住宿的发展较为乐观,从而研究杭州市房源的入住率具有重要的现实意义。

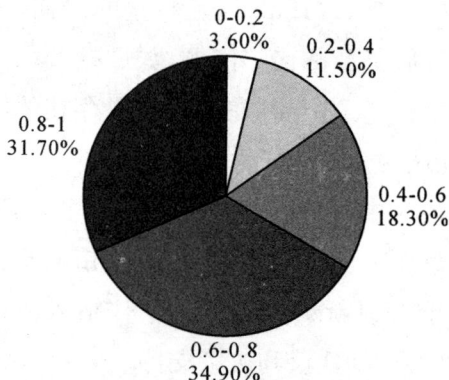

图1 杭州市在线房源入住率饼图

为了便于消费者更加直观地判断房源,在接下来的模型构建中,因变量入住率则根据计算出来的数值大小将其转换成高、中、低三个程度,即入住率低于 0.33 设为低,0.33 到 0.66 设为中,高于 0.66 则设为高。

为了具体分析杭州市共享住宿入住的影响因素,本文利用网络爬虫技术获取每个房源的特征信息作为自变量,共计 22 个。自变量大致分为两类:一类为“硬件设施”,即描述房屋内部特征,比如卧室数、床数、卫生间数和最多可住人数；另一类为"软件设施"，描述房屋的各性能，如价格、评论数、图片数等。具体描述如表1所示。其中，综合评分取值为4，4.5和5三种，且以4.5和5居多。鉴于此，对于综合评分变量采取随机替换为4.5和5的随机填补法；浏览数变量，采用均值填补法补充缺失值。

表1　各变量的具体描述一览表

序号	自变量	解释及取值	序号	自变量	解释及取值
1	评论数	房客对房源的评价数	12	是否整套	1代表是，0代表否
2	回复率	房东对房客的回复概率	13	综合评分	用户给出的综合评分，以5分制表示
3	卧室数	共享住宿里的卧室数	14	清洁费	共享住宿对应的清洁费
4	床数	共享住宿里的床位数	15	服务费	共享住宿对应的服务费
5	卫生间数	共享住宿里的卫生间数量	16	入驻时间	截至2018年3月，入驻平台的总时长
6	最多入住人数	可接纳房客数量的最大值	17	图片数	平台上展示时用到的图片总量
7	浏览数	共享住宿的近一周浏览该房源的用户次数	18	语言数	房东所掌握的语言数量
8	价格	共享住宿所对应的交易价格	19	是否有自我介绍	1代表有，0代表没有
9	是否是超赞房东	1代表是，0代表否	20	是否有房屋介绍	1代表是，0代表否
10	是否可自助服务	1代表是，0代表否	21	是否有住房守则	1代表是，0代表否
11	是否有交通介绍	1代表是，0代表否	22	是否有助手	1代表是，0代表否

接下来，本文将基于XGBoost算法构建多分类预测模型，具体分析上述因素对杭州市共享住宿入住率的影响，并对入住率进行预测，评估模型的预测效果。

三、共享住宿入住率的多分类预测

由 Tianqi Chen 在 2015 年提出的 XGBoost 算法作为如今的新起之秀，在数据挖掘领域熠熠生辉。XGBoost 全名 Extreme Gradient Boosting，作为监督学习，可以处理回归和分类两类问题。因此本文选用 XGBoost 算法作为预测模型。

XGBoost 是在 GBDT 基础上发展起来的，通常以决策树或者回归作为基学习器。XGBoost 是递归模型，每次建立模型都是在上一次的模型基础上建立的，并且以损失函数（loss function）作为模型建立参考，损失函数越大，则说明模型越不稳定。每一次建立模型的目的就是要减少误差，如果建立的模型能够让损失函数不断下降，则说明模型性能在不断提高。

模型的目标函数表示为：

$$\mathrm{Obj}(\Theta)=\sum_{i}^{n}l(y_i,\hat{y}_i)+\sum_{t=1}^{T}\Omega(f_t)=L(\Theta)+\Omega(\Theta) \tag{1}$$

其中，$L(\Theta)$ 为训练误差，$\Omega(\Theta)$ 为正则项。优化误差项，以便于减小误差，提高模型的精度；优化正则项是为了简化模型，简单模型往往未来变动较小，预测更加稳定。但是没有办法同时训练很多树，所以采取逐步增加的方式，先固定之前学习到的，再在其基础上添加一颗新的树。

则目标函数可以改写成：

$$obj^{(t)}=\sum_{i=1}^{n}[l(y_i,\hat{y}_i(t-1)+f_t(x_i)]+\Omega(f_t)+const \tag{2}$$

表示常数项，对目标函数进行泰勒展开，如：

$$obj^{(t)}=\sum_{i=1}^{n}[l(y_i,\hat{y}_i(t-1)+g_if_t(x_i)+\frac{1}{2}h_if_t^2(x_i))]+\Omega(f_t)+const \tag{3}$$

其中，$g_i=\partial_{\hat{y}(t-1)}l(y_i,\hat{y}_i(t-1)),h_i=\partial_{\hat{y}(t-1)}^2l(y_i,\hat{y}_i^{t-1})$。

对泰勒展开的目标函数，遍历每个特征的分裂点，计算该分裂条件下的前后目标函数变量值，最后确定目标函数变化值最大的为分类条件。

（一）模型构建

目前很多平台可以实现 XGBoost 算法，常见的如 R，python，Java 等。本文选用 Python 作为实现工具，对 Airbnb 网站的共享住宿数据进行模型构建。模型的优化选择本质上就是模型的参数选择过程，为模型选择最优参数，才能不断提高模型的性能。XGBoost 算法的参数大致分为 3 种类型：通用参数，Booster 参数和学习目标参数。其中 Booster 作为控制每一步迭代的参数，对模型的性能影响较大，对模型具体的参数解释如表 2 所示。在建立模型之前，将 281 条数据分为训练集和测试集，其中训练集为 221 条数据，测试集为 60 条数据。

表 2　Booster 参数之分类模型参数

参数	解释	取值范围
learning_rate	收缩率，防止过拟合	取值范围[0,1]
n_eatimators	迭代次数，即决策树的数量	$(1,\infty)$
gamma	节点分裂所需的最小损失函数下降值	$[0,\infty)$，越大算法越保守
Max_depth	树的最大深度	3—10，默认为 6
Max_leaf_nodes	树上最大的节点	和 Max_depth 互为替代
Min_child_weight	决定最小叶子节点样本权重和	取值范围为$[0,\infty]$
Max_delta_step	每棵树权重改变的最大步长	通常不需要设置，但是对于各类别样本数据不平衡时，还是很有帮助的
subsample	训练模型的子样本占样本的比例	$(0,1]$
Colsample_bytree	每棵随机采样的列数占比	$[0.5—1]$
Colsample_bylevel	树的每一级的每一次分裂，对列数的采样	$(0,1)$

上述参数中，对模型影响最大的参数为 eta（学习速率）和 n_eatimators（迭代次数）。对模型而言，n_eatimators 越大，说明学习越充分，模型的性能也会提高；但是，过大的迭代次数会浪费资源，也会导致过拟合现象。所以选择合适的迭代次数显得尤为重要，既可以让模型处在一个良好的性能，

同时也可以达到最好的效率。eta 参数的设置和 n_eatimators 的参数选择有关，为了能够快速迭代找到其他最优的参数，通常先将 eta 设置较大，当其他参数确定了之后再尽可能地选择较小的学习速率以获得最优的性能。

选择最优参数的过程，实际是参数的排列组合过程，不同的参数组合拟合程度也是不同的。为了找出最优的参数组合，本文利用网格搜索法，通过遍历所有的参数组合选定最优的参数组合（调参过程如图 2 所示），分别设置树的最大深度、最小叶子节点样本权重和、gamma 值、类别数目、训练模型的子样本占样本的比例和每棵随机采样的列数的占比为[3,10]、[1,10]、[0,0.5]、[3,8]、[0.6,1]和[0.6,1]，搜索步长从大到小。对每一个参数进行网格搜索法调参，最终获得最佳参数如表 3 所示。

表 3　模型最终确定参数

参数	取值
eta	0.2
N_estimators	150
Max_depth	5
Min_child_weight	5
gamma	0
Num_class	5
Colsample_bytree,subsample	0.8

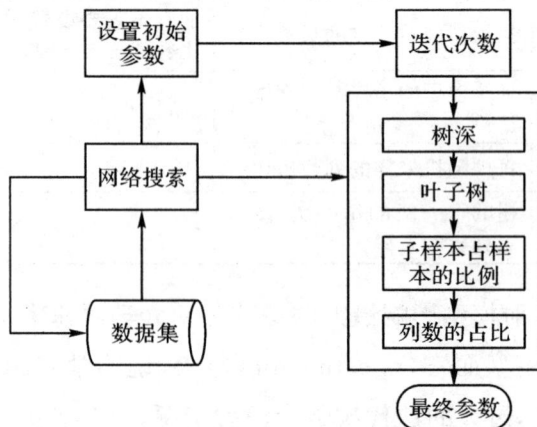

图 2　网格搜索调参流程图

(二)结果及分析

XGBoost 模型作为预测模型,算法较为复杂,只能得到最终的预测结果,其中自变量和因变量之间的关系无从得知。因此,本文利用 XGBoost 包中的 important 函数来获取各变量的重要性大小,从而得出各变量对预测结果所贡献的权重比重。如图 3 所示。

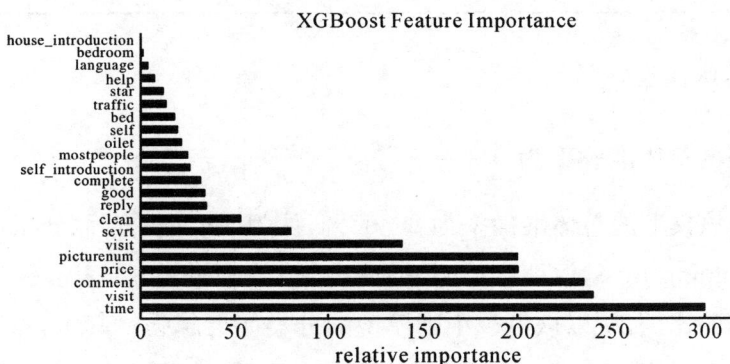

XGBoost Feature Importance

图 3 模型特征重要性排序图

从图中可以看出,特征重要性依次为入驻时间,访问量,评论数,价格,图片数,浏览数,服务费,清洁费,回复率,是否超赞房东,是否整套,是否有自我介绍,最多可住人数,卫生间数,是否可以自助服务,床数,是否有交通介绍,星级评分,是否有助手,语言数,卧室数,是否有房屋介绍。

其中,入驻时间、访问量、评论数、价格、图片数、浏览数、服务费、清洁费、回复率和是否超赞房东,对入住率高低的影响较为重要,也体现了房客选择房源的着重点所在。而星级评分、是否有助手、语言数、卧室数和是否有房屋介绍这 5 个因素的重要性最低,不仅说明了这些变量对入住率高低的影响较低,也体现了如今 Airbnb 的主要客源还是国内的。

(三)模型评估

利用测试集对模型进行检验,可得混淆矩阵如表 4 所示。

表4 模型混淆矩阵

预测 \ 真实	低	中	高	总和
低	4	2	1	7
中	0	16	2	18
高	0	3	32	35
总和	4	21	35	60

1. 总体模型评估

模型的总体准确率为：$P_{总} = \dfrac{4+16+32}{4+2+1+0+16+2+0+3+32} \times 100\% = 86.67\%$，该模型的总体准确率为 86.67%，认为该模型的预测效果较好。

Hamming Loss(汉明损失)是描述多分类的评价指标，表示所有分类中错误样本的比例，所以该值越小则模型的分类能力越强。其中，$|D|$ 表示样本总数，$|L|$ 表示标签总数，x_i 和 y_i 分别表示真实结果和预测结果，xor 表示异或运算。根据公式得出模型的 Hamming Loss 为：

$$\text{Ham min gLoss}(x_i, y_i) = \frac{1}{|D|} \sum_{i=1}^{|D|} \frac{\text{xor}(x_i, y_i)}{|L|} = 0.13 \tag{4}$$

显示模型的整体分类错误较低，模型的整体拟合程度较好。

2. 各分类评估

研究了模型的整体效能之后，对每一个分类进行讨论。本文所研究的是三分类问题，对于多分类问题需要对二分类做类似推广，将每个类别单独视为"正"，其他类别视为"负"，得出每个类别的精确度、召回率，以及精确度与召回率的调和平均值 F1，如表5所示。

表5 不同类别的精确度、召回率和F1

入住率	精确度(%)	召回率(%)	F1
低	100	57.14	1.96
中	76.19	88.89	0.8205
高	91.43	91.43	0.9143

可以看出，入住率中和高的各项指标都较高，显示该模型对这两类的拟合程度较好，而与入住率为中和高相比，入住率为低的召回率较低，但是 F1 值和精确度较高。由于 F1 值是对精确度和召回率的调和平均值，是综合了两个指标的评判指标，F1 值越高，则说明模型较理想。入住率为低的 F1 值为 1.96，较高。则说明 XGBoost 模型不仅在整体上表现优异，在每个类别上也表现良好。

四、结 论

本文基于 Airbnb 网站上 281 个房源信息，运用 XGBoost 算法对杭州市的共享住宿进行入住率预测。

考虑到共享住宿入住率目前研究的不足，提出使用 XGBoost 算法对入住率进行多分类预测，从模型的各项评判指标来看，模型的拟合效应较好，可以作为判断入住率高低的依据，从而为消费者提前选择合适的共享住宿提供参考。为了提高模型的性能，本文使用网格搜索法，寻找最优参数组合，提高模型的预测准确度。

从模型的特征重要性评估结果显示：(1)重要性排名前 3 位的为入驻时间、访问量和评论数，也说明在共享住宿的选择上价格并不是影响消费者的重要因素，选择共享住宿，是为了体验时下年轻人十分注重的社交体验机会。入驻时间可以体现房源的存在价值，时间越久，消费者会更加倾向于该房源。访问量和评论数可以作为评判房源吸引力的直接指标，是房源预订与否的重要因素。(2)重要性排名后 3 位的是语言数、卧室数和是否有房屋介绍。其中，语言数直接体现了我国的国外市场没有打开，为了让我国的共享住宿事业有更好的发展，应适当地拓展国外客户，吸引国外消费者的青睐；卧室数和是否有房屋介绍，则显示了消费者对于房间的具体构造关注度较低，人文情怀才是人们选择共享住宿的着重点。

本文提出的共享住宿入住率预测模型，有助于共享住宿房东针对不同时期的入住采取措施，制定对应的策略，也可以查缺补漏，在有关方面采取针对性的提高策略,以更好地达到共享。另一方面,为消费者提前制定出行计划提供数据支持,致力于让更多的消费者可以选择到满意的共享住宿,让出行更加便利。

参考文献

[1] 李泓,汪国钦. 共享经济发展模式与前景探究[J]. 农村经济与科技,2016,27(15):28-30

[2] 国家信息中心分享经济研究中心,中国互联网协会分享经济工作委员会. 中国共享经济发展报告 2018[R]. 2018-2.

[3] 国家信息中心分享经济研究中心. 中国共享住宿发展报告 2018 [R]. 2018-5.

[4] DAVID L. JONES,Jing Jing GUAN. Bed and Breakfast Lodging Development in Mainland China：Who is the Potential Customer? [J]. Asia Pacific Journal of Tourism Research,2011,16(5).

[5] LI-Chan Chen,SHANG-Ping Lin,CHUN-Min Kuo. Rural tourism：Marketing strategies for the bed and breakfast industry in Taiwan[J]. International Journal of Hospitality Management,2013,32.

课题负责人:薛　洁
课题组成员:辛金国　姚雨萌
　　　　　　吴　霞　郑　鑫
执　笔　人:薛　洁　姚雨萌
　　　　　　吴　霞